삶이 고통일 땐
타인을 사랑하는 게 좋다

삶이 고통일 땐 타인을 사랑하는 게 좋다

나를 구하는
인간관계의 과학

WONDER DRUG

앤서니 마자렐리 ·
스티븐 트리지악 지음
소슬기 옮김

윌북

일러두기

• 국내에 번역 출간된 책은 한국어판 제목으로 표기했으며, 미출간 도서는 원어를 병기했습니다.
• 단행본은 『』, 기사, 논문은 「」, 잡지와 신문은 《》, 영화, 노래 등은 〈〉로 표기했습니다.

우리 아이들을 위해

김지용

정신건강의학과 전문의

『빈틈의 위로』 저자

진료실에서 환자들에게 종종 듣는 두 가지 질문이 있다. 하나는 "타인인 당신이 내 고통을 어떻게 이해할 수 있냐"는 것, 다른 하나는 "타인의 고통을 듣는 일이 힘들지 않으냐"는 것이다. 앞으로 두 질문에 더 자신 있게 답할 수 있게 되었다. 과학은 이미 증명했다. 우리는 서로의 고통을 뇌로 느낄 수 있고, 타인을 위하는 일이 곧 나를 구하는 길이라는 것을. 우리는 서로에게 공감한다. 그렇기에 나는 오늘 하루도 몇 차례나 울컥할 뻔했고, 참았던 눈물이 책의 첫 장에서부터 터져 나왔다. 타인의 고통을 경청하고 함께 그 감정을 느끼는 일이 힘든 순간도 있지만, 거의 모든 시간에 나는 이 일이 좋다. 지치지 않는다. 그리고 그 이유를 확실히 알게 되었다. 내가 지치지 않았던 것은 타인을 사랑하는 일이었기 때문이라는 것을. 앞으로 진료실에서 자주 말하게 될 것 같다. "지금 삶이 괴로우니 타인을 사랑해봅시다"라고.

전홍진

삼성서울병원 정신건강의학과 교수 · 부학장

『매우 예민한 사람들을 위한 책』 저자

우리는 다른 사람이 어떤 고통을 짊어지고 다니는지 모른다. 그러니까, 충분한 관심을 기울여 물어보기 전까지는 말이다. 인스타그램 속 사람들은 세상을 다 가진 듯 행복한 표정으로 맛있는 음식을 먹고 즐거운 시간을 누리는 것처럼 보인다. 이런 모습을 보며 나만 혼자 남겨진 외로움과 소외감을 느끼게 되기도 한다. 하지만 사실 우리는 각자 크고 작은 내면의 고통을 지니고 있다. 이는 어린 시절부터 지녀온 고민일 수도 있고, 살면서 맞닥뜨리게 된 갈등이나 아픔일 수도 있다. 그렇지만 세상의 모든 일이 그렇듯, 고통에도 오직 나쁜 면만 있는 것은 아니다. 고통은 분노를 불러오기도 하지만 우리의 생존과 행복에 꼭 필요한 능력, '공감 능력'의 자양분이 되기 때문이다. 연구에 따르면, 시련을 경험한 사람은 타인의 감정을 헤아리는 동감 능력이 더 뛰어나며, 어려움에 부닥친 타인을 도우며 공감을 발휘할 가능성도 더 크다. 이는 인간의 자연스러운 본능이다. 그리고 우리의 본성에 따라 타인에게 관심을 기울일 때, 우리는 실제로 고통을 덜 느끼고, 면역력을 높이고, 우울감에도 덜 시달리게 된다. 바로 이것이 삶이 고통일 때 타인을 사랑해야 하는 단순한 이유일 것이다. 이 책은 우리에게 타인의 곁이 되어주면서 내 삶의 고통을 극복하는 방법을 알려준다. 마음이 괴로운 모두와 함께 읽고 싶은 책이다.

정희원

서울아산병원 노년내과 교수

『당신도 느리게 나이 들 수 있습니다』 저자

손해 보는 '호구'가 되지 말아야 하고, 불편한 사람은 바로 '손절'하는 것이 지금의 시대정신이 아닌가 싶다. 노래 가사에서도, 책에서도 어느 때보다 '나'를 강조하고, 사람들은 관계를 맺으려 노력하기보단 홀로 시간을 보낸다. 이처럼 나를 지키려 노력하니, 한국인은 모두 건강하고 행복해야 할 것 같지만 현실은 그렇지 못하다.

이 책은 탄탄한 과학적 증거를 기반으로 고립의 시대에 가장 필요한 진실을 일깨운다. 오로지 내게만 집중하는 삶이 나를 위하는 길이 아니며, 공감과 이타적인 행동은 꾸준한 운동과 튼튼한 허벅지만큼이나 건강과 장수와 행복의 열쇠라는 사실을 말이다. 저자들은 자상한 트레이너처럼 나의 공감과 이타심을 점검하고 발달시키는 법을 알려주며, 누구나 공감을 '연습'해 나를 구하는 길을 선택할 수 있음을 보여준다. 실로 외로움의 시대를 지나는 우리에게 나침반이 되어주는 책이다.

제임스 도티

스탠퍼드대학교 신경외과 교수

『닥터 도티의 삶을 바꾸는 마술 가게』 저자

강력한 과학과 깊은 통찰로 끝내 우리를 희망으로 이끈다. 공감이 우리의 회복력을 증진하며, 나아가 더 좋은 삶으로의 변화를 이끈다는 걸 명백히 보여주는 역작이다.

스콧 갤러웨이

뉴욕대학교 스턴경영대학원 교수

『거대한 가속』 저자

사람은 서로의 곁이 되어줄 때 가장 행복할 수 있다. 이 책은 냉소적이고 자아도취적인 지금의 개인주의 너머를 상상할 힘을 길러주며, 타인과의 연결에서 삶의 의미를 찾아야 할 많은 이유를 일깨워준다. 누구에게나 권하고 싶은 우리 시대의 필독서.

3부

주는 사람이 되는
7가지 로드맵

처
방

데이터가 없다면,
당신은 그저 의견을 내는 또 다른 사람일 뿐이다.

W. 에드워즈 데밍

통계학자 · 경영 사상가

동감Empathy 타인의 감정을 이해하고 공유하는 능력

공감Compassion 동감을 바탕으로 다른 사람의 괴로움을 덜어주기 위해
이타적으로 행동하는 것

저는 앤서니 마자렐리입니다. 그냥 매즈라고 불러주세요.

제가 의대에 다닐 무렵 공감은 교육과정에 포함돼 있지 않았습니다. 공감이라는 강의도 없었고, 시험 문제로 다뤄지지도 않았죠. 공감을 배운 건 의사가 된 뒤 병원 복도와 환자 대기실에서였습니다. 의사로서 환자를 대할 때도 공감이 발휘하는 힘을 목격했지만, 가장 깊이 그 힘을 체감했던 건 제가 환자 쪽 상황에 놓였을 때였습니다.

2013년, 저는 산과 병동으로 허둥지둥 서둘러 달려갔습니다. 아내 조앤은 예정일을 며칠 앞둔 만삭이었는데, 몇 시간 동안 아기

의 움직임이 느껴지지 않았기 때문입니다. 우리 부부는 최악의 상황을 떠올리며 공포에 질렸습니다. 하지만 우리를 담당한 간호사는 절대로 당황하는 모습을 보이지 않았어요. 계속 침착하고 차분한 목소리로 우리에게 말을 건넸습니다.

산과 전문의 역시 초음파 기계를 굴리며 들어와 자기소개를 하고 불안을 달래주는 목소리로 이야기했습니다. 그의 진단에 따르면 우리는 '정말 나쁜 상황일지도 모릅니다'와 '다 괜찮아질 겁니다'의 사이 어딘가에 있었으나, 의사는 침착하게 이야기했습니다.

"많이 놀라셨을 텐데, 바로 병원을 찾아주신 건 정말 잘하신 거예요. 지금부터 필요한 치료를 시작하겠습니다."

하지만 상황은 나아지지 않았습니다. 모든 방법을 총동원해도 아기의 심장 박동은 들려오지 않았습니다. 산과 전문의에게 가장 힘든 일은 아마 부모에게 아기의 죽음을 말하는 일일 것입니다. 우리 아기는 세상에 나올 준비를 마친 듯했으나, 만남이 며칠 남지 않았을 때 갑작스레 세상을 떠나버렸습니다.

당시 느낀 극심한 슬픔은 사는 동안 결코 잊지 못할 것입니다. 환자를 돌보며 똑같은 상황을 겪어본 적이 있었으나, 환자의 입장에 서보니 모든 것이 달랐습니다. 그 뒤로 이 경험을 수백 수천 번 마음속에 되새겼습니다. 그리고 그날 우리가 겪은 슬픔만큼이나, 의료진에게 받았던 따뜻한 보살핌도 기억할 것입니다. 공감은 우리가 생각하는 것보다 훨씬 힘이 셉니다. 사람들이 떨리는 목소리로 건네던 위로의 말들, 불안을 달래주는 어조, 진심이 담긴 다정한 손길, 희망이 사라졌을 때 함께 침묵하던 순간까지도 우리에게는 무척이나 소중했습니다. 어둠과 절망뿐일 때는 아주 작은 빛도 곱

절로 커다란 위안이 된다는 걸 깨달았습니다. 상실의 고통이 찾아올 때마다, 감사하게도 고마운 기억이 함께 샘솟았고, 이는 차갑게 얼어붙은 마음을 녹이는 힘이 되어주었습니다.

❁

저는 스티븐 트리지악입니다. 스티브라고 부르셔도 됩니다.

저는 중환자를 치료합니다. 집중치료 병동에 있노라면 인생 최악의 날을 맞이한 사람들을 만나게 됩니다. 정확히 말하자면, 많은 환자와 정말로 '만나지는' 못하는데, 보통 제가 등장했을 때는 환자에게 의식이 없기 때문입니다. 제 환자들은 죽음과 가장 가까이에 있는 사람입니다. 20년 동안 집중치료 병동에서 일하며 제가 깨달은 한 가지는 생명이란 실로 연약하다는 것입니다.

언젠가 열아홉 살 환자가 우리 병동에 온 적이 있습니다. 저는 그날 홀로 딸을 키우는 어머니에게 당신의 딸이, 당신의 유일한 아이이자 가장 친한 친구이며 우주의 중심인 그 아이가 다시는 깨어나지 않을 것이라고 말해야 했습니다. 그날 밤 집으로 돌아오면서 생각했습니다. '이 일을 더 할 수 있을지 모르겠다.'

의료계 종사자는 감기만큼 흔하게 번아웃 증후군에 시달립니다. 이는 현실이며 심각한 문제입니다. 주요 증상은 이인증(자아에 대한 인식을 잃어버리거나 실감이 따르지 않는 병적인 상태), 감정 소진, 아무리 열심히 노력해도 나아지지 않을 것 같은 암울한 기분 등입니다. 저는 이 증상을 전부 겪었습니다. 번아웃 증후군에 시달리는 의사는 의료 과실을 저지를 가능성이 두 배 더 높다고 합니다. 그리고 의료 과실은 환자를 사망케 하는 가장 주요한 이유입니다. 의사는 자살률이 가장 높은 직업군 중 하나이고, 번아웃 증후군이 중요한 요인이 됩니다.

인정하기 싫었지만, 내가 어두운 길로 접어들었으며 방향을 돌리지 못한다면 얼마 버티지 못할 거라는 생각에 짓눌렸습니다. 애써 숨기고 있었기에 동료들은 제가 얼마나 지쳤는지 몰랐습니다. 그만둔다는 선택지를 진지하게 고려하지도 못했습니다. 제겐 부양해야 할 아이가 넷이나 있고, 갚아야 할 대출이 있으며, 의사는 평생 직업이니 말이죠. 하지만 제 상태를 해결해야 했습니다. 그렇지 않으면 나와 환자를 위험에 몰아넣게 될지도 모르니까요.

번아웃 증후군에 관한 조언을 찾아보니, 증상 완화를 위해 '자연 속을 거닐고, 요가와 명상을 하고, 휴가를 갈 것'을 제안했습니다. 그러니까 더 좋은 의사가 되려면 기본적으로 환자에게서 멀어져야 한다는 이야기였죠. 남을 돌보는 시간을 줄여 자신을 더 돌볼 때, '나를 위한 시간'을 더 보낼 때 번아웃 증후군을 극복할 수 있다는 것이었습니다.

글쎄요, 저는 그 말에 의심이 들었습니다. 말이 안 됐죠. 직장에서 겪는 번아웃 증후군에 대한 해결책이 직장에서 도망가는 것이 될 수는 없으니까요. 그건 밥벌이를 계속해야 하는 사람이 지속적으로 활용할 수 있는 방법이 아니었습니다. 게다가 '내 문제'에 골몰하는 동안 저는 가까운 동료들과 가족들에게서 멀어지고 고립되었고, 이는 되레 상태를 악화시켰습니다. 결국 이렇게 묻지 않을 수 없었습니다. 그동안 행복과 건강에 관해 배웠던 모든 것이 틀린 것은 아닐까? 나에게 집중하는 일이 오히려 나에게 도움이 되지 않는다면? 나를 덮친 번아웃과 절망감에서 벗어나려면 근본적인 것부터 바꿀 필요가 있었습니다.

바로 그때, 마치 운명처럼 매즈가 전화를 걸어왔습니다. 함께 공감과 이타적 행동의 효능을 연구해보지 않겠냐고 제안하더군요. '좋은 사람'이라는 소리를 듣는 것 외에, 공감이 주는 실질적 이득이 있을까? 있다면 어떻게 측정할 수 있을까? 그런 생각이 들었지만, 냉큼 제안을 수락했습니다. 당시에는 깨닫지 못했습니다만 매즈는 치명적인 수렁에 빠져있는 제게 구명줄을 던져준 셈이었죠.

의대에 입학해서 수련을 받을 때, 늦은 밤 병원 복도에서 선배들에게 환자나 보호자와 지나치게 가까이 지내지 않는 법을 배운 기억이 납니다. '소진되고 싶지 않다면' 너무 마음을 쏟지 말고 스스로를 지키라고 했죠. 이는 교과서에는 나오지 않는 의대의 숨은 교육과정 중 하나일 겁니다. 저는 환자에게 공감한다고 생각했습니다. 하지만 사실 늘 감정적으로 거리를 두었고 임상 프로그램에만 마음을 쏟느라, 막상 기계와 연결된 사람에게는 관심을 기울이지 않았던 것 같습니다. 그래서 제가 몹시 지쳤던 걸까요?

이런 태도의 뿌리에는 타인에게 지나치게 공감하고 배려하다 보면 결국에는 심적 부담만 커질 거라는 믿음이 있습니다. 하지만 과학은 우리에게 다른 이야기를 들려주었습니다.

매즈와 저는 의료 분야의 구글이라고 할 만한 펍메드PubMed에서 논문을 검토하기 시작했습니다. 한 연구가 다른 연구로, 또 다른 연구로 이어졌고 총 1000건이 넘는 논문 초록을 검토했습니다. 연관성 높은 연구들을 모았더니, 처음에는 한 줌이던 데이터가 280건 넘게 늘어났죠. 공감에 관한 연구를 이처럼 총체적으로 살펴본 것은 우리가 처음일 겁니다. 그 결과 대단히 반직관적인, 믿을 수 없이 놀라운 사실들을 발견했습니다. 지난 4년간의 연구를 한 줄로 요약하자면 이렇습니다. "공감은 건강과 행복의 열쇠이며, 우리는 이타적으로 행동할 때 굉장한 신체적, 정신적, 사회적 이득을 얻는다."

여러 연구를 이어서 살펴보는 내내 거듭 놀라면서도 희망이 샘솟았습니다. 증거는 명확했죠. 번아웃 증후군을 치료할 방법은 도피가 아니었습니다. 몸과 마음의 회복력을 키우는 가장 좋은 방법은 내가 아닌 타인에게 집중하고, 더 많이 공감하는 일이었습니다. 공감의 힘은 즉각적이면서도 강력합니다. 한 연구에 따르면 의료진이 환자에게 40초만 더 공감해도 양쪽 모두에게 긍정적인 변화가 있었습니다. 환자는 물리적으로 고통을 덜 느끼고, 더 빨리 회복했으며, 의사도 번아웃을 덜 느꼈죠. 공감은 모두에게 방패막이 되어주었습니다.

이런 연구 결과들에 고무된 저는 저를 대상으로 실험을 해보기로 했습니다. 환자에게 필요한 정보만 전달하는 대신 지지와 응원의 말을 건네고, 무엇이 제일 걱정되는지 묻고, 도울 방법을 찾았습니다. 과로에 지친 동료를 배려하고 양보했으며, 가족과 친구들에게 관심을 쏟으며 함께 더 좋은 시간을 보내기 위해 노력했지요. 그러자 빠른 속도로 무기력의 어두운 안개가 걷히기 시작했습니다. 마음에서 마음으로 전해지는 신뢰와 친밀함을 느꼈고, 그것이 든든한 껍질처럼 저를 감싸는 듯했습니다. 내가 누군가에게 보탬이 되고 의지가 되는 사람이라고 느껴졌습니다. 이는 일과 삶에 대한 의욕으로 이어졌고, 저는 잃어버린 웃음과 기쁨의 감각을 되찾았습니다. 이 모든 게 의도적인 공감을 실천하고 생겨난 변화였습니다.

그 어느 때보다 분열되고 경쟁적인 우리 사회는 현재 '공감 결핍'에 시달리고 있습니다. 우리는 일단 '나'부터 살길을 찾고, 지친 몸과 마음을 달래줄 순간적인 쾌락을 소비하느라 바쁘죠. '자기돌봄'에도 열심이지만, 어째선지 점점 더 많은 사람이 우울과 번아웃, 만성 스트레스에 시달립니다.

관습대로 생각하자면, 남보다 내가 중요하고, 나에게 도움이 되는 일을 해야 합니다. 하지만 수많은 과학적 증거는 다른 방향을 가리킵니다. 눈 더미처럼 쌓인 데이터가 뒷받침하길, 우리가 삶에서 얻고자 하는 모든 것은 타인에게 집중하고 에너지를 쏟을 때 얻을 수 있습니다. '적자생존'이나 '이기적 유전자'에 대한 세간의 오해와 달리, 우리 몸과 뇌는 '이타적'으로 행동할 때 건강하며 행복하도록 설계되었기 때문입니다. 우리 모두는 살아온 배경이 어떻든 공감으로 커다란 혜택을 얻을 수 있습니다. 공감하며 친밀한 관계를 쌓을 때, 우리는 말 그대로 더 느리게 노화하고, 더 건강하고, 더 행복감을 느끼며, 오래 살 수 있습니다. 현실감 떨어지는 '좋은 이야기' 정도로 들리나요? 하지만 이는 추상적인 주장이 아니라 증거가 바탕이 되는 100퍼센트의 과학입니다.

독자들은 우리가 이 책을 통해 무엇을 달성하려는지 궁금하실 겁니다. 간단합니다. 우리는 공감이 자신을 구하는 최고의 약이라는 사실을 증명할 것입니다. 더불어 누구나 공감을 '선택'할 수 있고, 이타적 행동으로 자기 몸과 뇌를 긍정적으로 변화시킬 수 있음을 보여줄 것입니다. 그리고 일상에서 공감의 놀라운 효능을 구현할 수 있도록 과학에 기반한 삶의 방식을 제시하려 합니다. 이는 지속 가능하며 구체적인 7가지 로드맵으로, 3부에서 자세히 다룰 것입니다.

현대 과학과 의학의 데이터에 따르면, 개인의 행복을 결정짓는 요인은 다름 아닌 '친밀한 관계'입니다. 그리고 그 관계의 토대가 되는 것이 바로 공감이죠. 우리는 타인에게 마음을 열고 손을 내밀 때 손해 보는 것 없이, 오히려 많은 것을 얻을 수 있습니다.

공감은 거래가 아니며, 다만 변화를 불러옵니다. 스트레스를 낮추고, 신체 생리 작용을 조정해 건강한 삶을 살고, 깊은 유대 관계에서 기쁨을 느끼고, 어려움이 닥쳤을 때 다시 일어서는 회복탄력성을 키우고, 심지어 더 많은 돈을 벌게 하는 삶의 방식입니다. 하루하루 이어지는 일상을 긍정적인 정서와 더 나은 건강이라는 선순환 속에서 살도록 만듭니다. 공감의 과학을 이미 삶 속에서 깨닫고 실천하고 있는 이들도 있을 겁니다. 매즈와 저는 그들을 '주는 사람A Live to Giver'이라고 부르기로 했습니다.

과학에 따르면 주는 것이 움켜쥐는 것보다 훨씬 좋습니다. 공감은 모든 사람에게 효과가 있는 원더 드럭Wonder Drug, 즉 특효약입니다. 수많은 질환에 효과적인 치료제이며 부작용도 없죠. 당신이 외롭고 우울하거나, 공허하고 암울한 상태라면, 혹은 지겨운 일상에 소진되어 당장 어딘가로 떠나버리고 싶다면, 우리는 이 약을 처방할 것입니다. 온 지구에 사는 사람에게 일일이 이 처방을 내리고 싶습니다. 다만 (아직은) 그렇게 할 방법을 못 찾았으므로, 대신 이 책을 내놓습니다.

이 책은 세상에서 가장 직관에 반하는 자기계발서입니다. 독자 여러분은 나를 돕는다는 목표를 놓아버림으로써 나를 돕는 방법을 배우게 될 것입니다. 나아가 타인을 사랑하는 일이 곧 나를 구하는 일이라는 사실을 알게 될 것입니다.

1부

진단

The Diagnosis

행복한 이기주의자는
존재하지 않는다

서로 사랑하지 않으면
우리는 죽을 것이다.

W.H. 오든
시인

1

'나' 중심 문화의
소용돌이

우리에게도 한때는 다른 사람을 서로 돕던 문화가 존재했다. '위대한 세대1901~1927년 사이에 미국에서 태어난 세대로, 대공황의 여파와 제2차 세계대전을 겪으며 미국 부흥을 이끌었다—옮긴이'라 불리던 이들은 제2차 세계대전이 벌어지던 1940년대에 폭정을 끝내고자 싸웠으며, 1960년대에 인권 운동가들은 목숨을 바쳐 사회정의를 실현하고자 했다. 히피족, 베트남전 반대 운동가들은 평화, 사랑, 이해를 기반으로 문화혁명을 일으켰다.

　하지만 사랑의 여름Summer of Love 1967년 여름 샌프란시스코에서 '사랑과 평화'라는 슬로건 아래 일어났던 히피 공동체. 히피 문화를 지지하는 청년, 예술가, 지식인 등 10만 명 이상이 집결하여 공동생활을 하고 축제를 벌였던 사회현상—옮긴이이 끝나가고, 베이비붐 세대가 태어난 뒤부터 분위기는 급격히 변하기 시작했다.

1976년, 작가이자 문화비평가인 톰 울프는 잡지 《뉴욕》에서 1970년대를 '자기중심 시대the Me Decade'라 정의했다. 서로 의지해 건강과 안녕을 지킨다는 이상은 점차 나를 가장 중요시하는 개인 주의로, 개인적 성취를 궁극적인 성공으로 떠받드는 쪽으로 바뀌 어갔다.

이런 흐름은 '탐욕의 시대'라 할 수 있는 1980년대로 이어진 다. 1987년에는 배우 마이클 더글러스가 탐욕스러운 금융가로 등 장한 영화 〈월스트리트Wall Street〉가 개봉해 큰 인기를 끌었다. "탐 욕은 좋은 것"이라는 대사로 유명한 고든 게코는 그 시대의 비공식 마스코트라 할 수 있다. 개인적 부의 축적을 강조하던 1980년대는 권리를 구속받지 않을 것을 중시하는 1990년대, 모두가 자기감정 과 욕구를 우선시하는 일명 '자존감의 시대Self-Esteem Decade'로 흘러 갔다.

21세기에 들어서면서는 너 나 할 것 없이 소셜미디어를 사용 하기 시작했다. 점심 메뉴에 관해 쉴새 없이 포스팅하고 유튜브 채 널을 개설하고 셀카를 올렸다. 모든 사람이 공론장에서 자기 의견 을 말할 수 있게 되었다. 《타임》은 2006년 올해의 인물로 '당신You' 을 선정하며 표지에 거울을 실었다. 하지만 아무리 서로 일상과 셀 카를 공유해도 관계와 불안은 개선되지 않았다. 그 반대였다.

나 중심 문화는 '최고의 삶을 살아라', '너의 열정을 좇아라'라 고 외치는 메시지와 마음챙김 문화를 흡수하면서 또 한 번 진화했 다. 자신에게 집중하고 공을 들일 때 행복을 찾을 수 있다고 주장하 는 여러 유명인이 등장했고, '자기돌봄self-care'은 우리를 치유하는 만병통치약으로 부상했다. '나'를 가장 중요하게 여기는 것이 건강에 유익하다는 과학적인 데이터가 있다면, 아마 이런 경향은 더 심각해졌을 것이다. 하지만 그런 데이터는 어디에도 없다.

사실을 말하자면, 나에게만 집중하는 것은 나에게 도움이 되지 않는다. 나에게 집착하는 일은 도리어 나를 해칠 수 있다. 연구에 따르면, '나'에게 몰두하는 경향은 신체 및 정신 건강, 정서적 안녕감, 직업적 성공 등 거의 모든 지표를 나빠지게 하는 요인이었다. 우리는 자기를 우선시하는 문화에 익숙해져 '내 것'에만 가치를 부여하고, 그 외의 것들은 경시하게 되었다. 그러나 바로 이런 태도가 사회와 개인에게 외로움과 공허함을 불러일으켰으며, 그 결과 불안이라는 유행병을 촉발했다. 앞으로 그 증거를 목격하게 될 것이다.

콜레스테롤 수치보다 인간관계

오늘날 미국에서는 2100만 명이 요가를 한다. 이는 20년 전보다 2배 늘어난 수치다.[1] 명상을 하는 인구는 1800만 명이다. 사람들은 마음과 신체를 단련하여 스트레스를 줄이면서 자기를 돌본다는 요가와 명상의 개념을 받아들였다. 하지만 문제는 명상과 요가 같은 많은 자기돌봄 도구들이 고립을 추구한다는 점이다. 자기돌봄과 마음챙김 자체를 비난하려는 건 아니다. 혼자만의 시간을 갖는 일은 물론 중요하며, 명상은 건강에 유익하다. 하지만 그러한 자기돌봄이 '나를 위한 시간'을 점점 더 늘릴 뿐이라면, 그때는 위험할 수 있다.

행복과 건강 면에서 볼 때 완전히 자기중심적인 자기돌봄은 타인중심적인 타인돌봄other-care만큼 효과가 없다. 수많은 연구에서 나의 관심이 자기 내부가 아니라 외부를 향할 때, 다른 사람과 접촉하거나 협력하고, 타인을 도울 때 스트레스가 줄어드는 효과가 있음을 증명했다. 과학이 밝혀낸 회복력의 중요한 핵심은 '관계'다.

혼자서 하는 활동을 지향하는 경향에는 기술 변화의 탓도 있을 것이다. 우리는 역사상 그 어느 때보다 많은 시간을 혼자 화면을 쳐다보며 보낸다. 이런 경향은 당연히 청소년에게까지 이어진다. 1991년부터 2016년까지 샌디에이고주립대학교와 조지아대학교에서 미국 청소년 110만 명을 대상으로 진행한 연구[2]에 따르면 2012년 소셜네트워크 사용이 폭발적으로 증가한 뒤부터 청소년의 심리적 안녕이 큰 폭으로 빠르게 감소했다. 안녕감 점수가 가장 낮은 청소년은 소셜미디어, 게임 등에 시간을 더 많이 쓰고 운동이나 얼굴을 맞댄 소통, 협업 과제 등에 시간을 적게 쓴 아이들이었다. 행복한 아이일수록 화면 앞에서 보내는 시간이 적었다. 그리하여 최근 플로리다주는 14세 미만 청소년의 SNS 계정 개설을 금지하는 법안을 통과시키기도 했다.

현대인은 온라인에서도 살아가야 한다. 온라인에서 관계를 맺는 일의 편리함과 장점도 분명히 존재한다. 하지만 기계에만 몰입해서는 실제로 안녕감을 주는 인간관계를 맺지 못한다. 고립감과 외로움은 우리의 영혼을 부순다. 우리는 자기돌봄에 집착하고 건강에 몰두하지만, 그리 잘 해내는 중은 아니다. 미국인을 대상으로 한 통계를 종합해보면 이렇다.

- 45세 이상의 35퍼센트가 만성적인 외로움을 느낀다.
- 8퍼센트만이 이웃과 의미 있는 대화를 한다고 보고했다.
- 32퍼센트만이 이웃을 믿는다고 말했고, 밀레니얼 세대의 경우는 18퍼센트였다.
- 우울증 비율이 증가하고 있다.
- 1999년 이후 자살률이 30퍼센트 올랐다. 매년 4만 5000명이 자살로 생을 마감한다.
- 10대 청소년 자살률이 70퍼센트 증가했다.
- 매년 7만 2000명이 마약 중독으로 사망한다.
- 기대 수명이 떨어지는 중이다.

아마 과학사상 최장기(80년 이상) 연구는 하버드 성인 발달 연구Harvard Study of Adult Development(연구 후원자 이름을 따 하버드 '그랜트 연구'라고도 한다)일 것이다. 이 연구는 1938년 하버드대학교 2학년생 268명을 대상으로 시작했다. 연구진은 그들의 인생 궤적을 오랜 기간 정기적으로 추적하여 건강과 행복을 좌우하는 핵심 요인을 밝히고자 했다(초기 연구 대상은 전부 남자다. 당시까지만 해도 하버드대학교에 여학생이 없었기 때문이다). 연구에 처음 참여했던 학생 중 지금까지 살아남은 사람은 극소수지만, 연구진은 개인의 건강, 활력, 장수의 비결에 관한 명확한 결과를 얻어낼 수 있었다. 매사추세츠종합병원 정신과 전문의이자 하버드의대 교수인 로버트 월딩거는 현재 그랜트 연구의 책임자로서, 테드x 강연에서 연구 결과를 이렇게 요약했다.[3]

"우리를 더 행복하고 건강하게 해주는 원천은 친밀한 사회적 관계입니다. 외로움은 우리를 죽입니다. 참가자의 50대 때 생활을 조사했을 때, 그들이 앞으로 어떻게 늙어갈지 예측할 수 있는 요인은 중년의 콜레스테롤 수치가 아닌 인간관계의 만족도였습니다. 80대에 가장 건강한 사람은 50대에 인간관계가 가장 만족스러웠던 사람이었습니다."

친밀한 관계는 건강과 장수에 중요한 핵심일 뿐 아니라 정서적 안녕감에도 중요하다. 40년 동안 그랜트 연구를 지휘했던 조지 베일런트는 이런 명언을 남겼다.

"하버드 그랜트 연구에 쏟은 75년과 2000만 달러의 결론은⋯ 짧은 한 문장으로 정리할 수 있다. '사랑하면 행복해진다.'"

외로움은 계속해서 극도의 스트레스를 받는 것과 비슷한 신체 반응을 유발한다. 혈액에서 순환하는 코르티솔(스트레스 호르몬) 수준을 증가시키며, 시간이 지남에 따라 심혈관 질환 및 암의 요인인 만성 전신 염증을 유발할 수도 있다.

혼자 하는 활동은 때로 유익하지만, 반드시 도움이 되는 것은 아니다. 반면 공감하고 서로 도우며 친밀한 관계를 맺는 일은 외부를 차단하고 홀로 내면을 깊숙이 파고들 때보다 효과적으로 스트레스를 낮추며, 건강과 웰빙을 증진하는 데 더 유리하다. 프랑켄슈타인이 만들어낸 괴물도 이렇게 말하지 않았던가. "외로움 나쁘다. 친구 좋다."

이기주의는 위에서 아래로 흐른다

우리 문화에 자기중심성은 얼마나 퍼져 있을까. 1790년부터 2012년까지 미국 대통령의 국정연설 226건을 분석한 미시간대학교 연구자들에 따르면,[4] 1950년대부터 대통령 연설에는 본인이나 집단의 성공 사례를 인용하는 맥락에서 '제가' '저를' '저의'처럼 자기중심적 대명사가 확실히 증가하기 시작했고, 1970년대부터는 그 변화 속도가 급속히 빨라졌다.

연구자들은 국정연설뿐만 아니라 책과 노래 가사 속에서도 자기중심적 언어가 다분히 많이 사용된 현상에 주목했다. 대통령은 그 나라의 풍조를 만든다. 대통령이 '저' '저의' '저를' 이라는 언어를 자주 쓰는 일은 그 나라의 국민에게 영향을 끼친다. 이 현상을 위에서 아래로 번지는 '이기주의 경제학egonomics'이라고 부르기로 하자.

각 가정에서는 부모가 자녀에게 영향을 준다. 최근 하버드대학교 교육대학원에서는 미국에 있는 33개 학교의 중고등학생 1만명을 대상으로 연구를 진행했다.[5] 연구자들은 아이들에게 다음 세가지 중 가장 중요하게 여기는 것에 순위를 매기게 했다.

1. 높은 점수를 받는 일
2. 자신의 행복
3. 다른 사람을 배려하는 일

그러자 거의 80퍼센트의 학생이 높은 점수 혹은 행복을 1순위로 골랐다. 다른 사람을 배려하는 일을 고른 학생은 20퍼센트에 불과했다. 그리고 친구들도 대부분 자기와 똑같이 생각하리라 믿었다. 거의 모든 학생이 1순위로 꼽은 핵심 가치는 '근면'이었고, '공정'과 '친절'은 그보다 훨씬 뒤였다.

흥미로운 점은 부모가 아이들에게 우선시하도록 가르쳤다고 생각하는 가치와 아이들이 실제로 꼽은 가치의 차이였다. 많은 부모가 아이에게 배려심을 심어주려고 노력했으며, 성취보다 도덕과 윤리를 강조했다고 주장했지만, 실제로 아이들이 받은 메시지는 그렇지 않았다. 사실은 이러했다. 학생들의 80퍼센트는 자기 부모가 다른 사람을 배려하는 일보다 성취와 명예에 더 높은 가치를 둔다고 믿었다. 저녁 식사 자리 대화에서 부모님의 질문이 귀에 들리는 듯하다. "시험은 잘 봤고?" "경기에서 이겼니?" 하지만 이렇게 묻는 법은 없을 것이다. "오늘 친구들을 배려했니?" 대다수 청소년은 부모가 배려하는 일에 진심으로 신경 쓴다고 믿지 않는데, 어쩌면 부모가 배려하는 모습을 통 보지 못해서 일 수 있다. 학생들의 3분의 2는 선생님이 '우수한 성적'을 가장 가치 있게 여긴다고 믿는다. 15퍼센트만이 선생님이 '배려심'을 가치 있게 여긴다고 생각했다. 배려를 우선시하지 않는 청소년(어른들에게 그렇게 배우지 못했는데 왜 그러겠는가?)은 동감의 가치를 낮게 평가하며, 자원봉사를 하거나 낯선 사람을 돕거나 친구의 공부를 도와줄 가능성이 작다.

밀레니얼 세대와 젠지 세대는 연애나 결혼에 이전 세대만큼 관심을 쏟지 않는다. 인디애나대학교의 저명한 과학자 사라 콘라스는 1988년부터 2011년까지 대학생 2만 5000명을 대상으로 진행된 성인 애착 유형 연구의 메타분석[6]을 진행했다. 메타분석이란

해당 주제에 관해 최대한 많은 연구를 모아 통계치를 하나하나 살피는 것을 뜻한다. 타인과 어떻게 관계를 맺는지 보여주는 '성인 애착 유형'은 보통 어릴 때 부모와의 관계에 기반해 형성된다. 가장 건강한 애착 유형은 '안정형'으로, 상대에게 마음을 열고, 믿고, 애정을 준다. 불안정한 애착 유형에는 '무시형(관계에 관심 없음)', '집착형(요구하고 의지하고 매달림)', '혼란형(상처 입을까 봐 지나치게 두려워함)'이 있다. 콘라스의 연구 결과에 따르면, 1988년에 안정형 애착 유형에 해당하는 사람은 49퍼센트였으나, 2011년에는 42퍼센트로 떨어지며 감소세를 보이고 있다. 가장 많이 증가한 유형은 관계 맺는 일에 관심을 두지 않는 무시형이었다.

콘라스는 또 다른 메타분석[7]에서 미국 대학생 1만 3000명 이상이 참여한 연구 데이터를 종합했다. 그 결과 다른 사람의 기분에 대한 이해력, 즉 타인의 입장이 되어보는 동감 능력이 1979년부터 2009년까지 가파르게 하락하고 있으며 이 감소세가 시간이 지날수록 거세지고 있음을 발견했다. 동감은 보통 타인을 위한 행동의 전제조건이 되므로, 이 연구는 미국 젊은 층 공감 능력의 현주소를 보여준다. 2016년 퓨리서치 여론조사[8]에서 발견한 바에 따르면 미국인의 3분의 1은 다른 사람에게 공감하는 일을 핵심 가치로 고려조차 않는다.

나 중심 문화가 퍼진 지도 50년, 우리는 공감하는 능력을 잃는 중인지도 모른다.

• 잃어버린 편지 실험 •

'계획 없이 타인을 돕는 일'은 이타성을 측정하는 독특한 지표다. 이는 마음에서 우러나 익명으로, 이득이 없어 보일 때도 무작위로 친절을 베풀고 공감하는 행위를 말한다. 유아차를 들고 지하철 계단을 오르는 누군가를 돕거나 잃어버린 지갑을 돌려주는 행동 등이 그런 사례다. 2001년과 2011년에, 연구자들은 미국의 도시 37곳과 캐나다의 도시 26곳으로 향했다.[9] 그리고 각 지역에서 봉투에 우표를 붙이고 주소를 명확하게 쓴 편지 60여 통을 '잃어버렸다'. 그 도시에서 유동 인구가 많고 붐비는 카페, 산책로, 공중전화 부스(2011년에는 부스의 수가 줄었다) 곳곳에 편지를 눈에 잘 띄게 놓아둔 것이다. 2001년에는 3721통, 2011년에는 3745통의 편지가 거리에 뿌려졌다.

잃어버린 편지의 2001년 평균 회수율은 56.5퍼센트였다. 캐나다는 53.6퍼센트였고 미국은 그보다 살짝 높은 58.7퍼센트였다. 2011년에는 상황이 바뀌었다. 평균 회수율이 50.3퍼센트로 떨어졌는데, 미국에서만 9.2퍼센트가 감소했다. 캐나다의 회수율은 일정했다. 미국 사람들은 10년 동안 타인을 도울 의향이 거의 10퍼센트나 준 것이다. 우리는 매년 1퍼센트씩 도움의 손길을 잃었다!

왜 2001년에는 사람들이 타인을 돕는데 더 적극적이었는지 설명하는 이론이 있다. 연구를 이끈 미시간주립대학교의 키스 M.햄프턴은 9·11 테러로 인해 적어도 한동안은 미국에서 시민 참여도와 친사회적 행동이 증가했다고 설명하는 연구를 인용한다. 미국종합사회조사의 서베이에 따르면, 사람들이 서로에게 갖는 신뢰는 2012년에 최저점을 찍었다. 대침체Great Recession2007년부터 2009년까지 진행된 세계적인 경기침체—옮긴이를 겪으면서 빈곤율과 소득 불균형이 높아지자 공공불신이 퍼졌고 이유 없이 돕는 행동이 줄어들었다. 하지만 다시 강조하지만, 캐나다는 회수율이 크게 떨어지지 않았다. 대침체의 여파를 마찬가지로 느꼈는데 말이다. 우체통이 줄어서 그런 것이 아니냐고 할 수도 있겠으나, 적절한 변명이 되진 않는다. 해당 지역의 유동 인구는 조금도 감소하지 않았고 거주 인구도 크게 변하지 않았기 때문이다. 여러 징조가 가리키길, 우리는 낯선 사람에게 친절을 베풀기 위해 잠시 짬을 낼 의지를 잃어 가는 중이다.

성공하면 행복해진다는 착각

당신이 꾸는 꿈속에 오직 당신만 존재한다면,
그 꿈은 너무 작다.

에이바 두버네이

스티브는 최근 고등학생인 딸에게 이른바 명문이라 불리는 대학교들의 졸업 연설을 분석하게 했다. 스티브의 딸은 연사들이 학교를 갓 졸업한 학생들에게 전하는 말을 정교하게 한 문장씩 살폈다. 그들이 한 이야기는 '네게 가장 좋은 것을 해라'였을까, '다른 사람을 돕자'였을까? 예상대로 연사들이 졸업생에게 들려주는 말 중 '다른 사람을 돕자'는 이야기의 비율은 25퍼센트도 되지 않았다. 조언 상당수는 이러했다.

"여러분은 폭탄과도 같습니다. 열정을 갖고 열심히 일하면, 세상을 폭파시킬 수 있을 겁니다!"

만약 누군가 졸업생에게 이런 말을 들려준다면 어떨까?

"여러분은 출세하려고 경쟁자를 뭉개거나 밟지 않아도 됩니다. 더 매력적인 짝을 얻으려고 부자가 될 필요도 없습니다. 사실 남을 이기고 올라가는 일 같은 건 여러분을 해치고, 성공하지 못하게 막을 겁니다. 이기적인 목표에 매몰되지 않고 타인을 돕는다면 훨씬 더 행복해지고, 어쩌면 돈도 더 많이 벌 겁니다."

이 연사는 야유를 들으며 무대에서 쫓겨날지도 모른다. 다른 사람을 도움으로써 성공한다는 메시지는 야심 찬 젊은이가 자주 듣는 말이 아니니까. 하지만 성공을 추구하라는 말은 오히려 스트레스와 불안을 유발할 수 있다. 특히 어디에 자신의 열정을 쏟아야 할지 아직 모르는 20대 초반에는 더욱 그렇다.

콘라스는 자신의 에세이 『주는 기쁨The Joy of Giving』에 이렇게 썼다.

"주는 사람은 줌으로써 삶의 의미와 목적을 강하게 느낀다. 연구에서 드러난 바에 따르면 삶의 목적의식이 확고한 사람은 그렇지 않은 사람보다 더 오래, 행복하게 산다."[10]

자문해보자. 내 삶의 목적, 즉 내가 살아가는 '이유'는 무엇인가? 이에 대한 답을 찾는다면 부유하는 마음을 다잡을 수 있을 것이다. 이유를 찾을 수 없다면 삶이 혼란스럽고 불안하며 당혹스러울 것이다. 어쩌면 회사에서 승진하거나, 인스타그램 팔로워가 10만 명이 되면 괜찮아지리라 생각할지 모른다. 하지만 승진과 팔로워는 목표이지, 삶의 이유는 아니다. 자아를 부풀리는 게 목적이 될 수는 없다. 비대해진 자아가 '내가 여기 있는 이유는 무엇인가?'라는 질문에 답을 내어주진 않기 때문이다.

작가이자 《뉴욕 타임스》 평론가인 데이비드 브룩스는 테드 강연[11]에서 우리가 이력서에 쓸 덕목(성취, 수상)이나 추도사용 덕목(내 장례식에 온 사람들이 나에 관해 이야기할 것들)을 추구하면서 겪는 내적 갈등에 관해 이야기했다. 이타적인 태도와 행동은 이력서용 덕목과 추도사용 덕목 모두에 요긴하다. '주는 사람'은 친구는 물론 낯선 사람에게도 배려와 사랑을 받을 뿐 아니라, 직장 동료와 상사에게도 좋은 인상을 남겨 승진에도 유리하기 때문이다. 이 주장을 뒷받침하는 구체적인 과학적 증거는 뒤에서 자세히 살펴볼 것이다. 확실한 건 '행복하면 성공할 것이다'라는 사실이다. 그 반대가 아니라.[12]

우리는 서로를 위해 만들어졌다

나 중심 문화에서 나타나는 특히 음흉한 양상은 지나친 개인주의다. 이는 자기 행복과 충족감, 자아실현(가장 나은 내가 되어야 한다는)이라는 '고결한' 개념을 삶의 목표로 삼아야 한다는 사고방식이다. 이 생각에 따르면 우리는 혼자 걷고, 자신의 힘과 의지로 목적지에 도착해야 한다. 나 중심 문화의 자기돌봄을 옹호하는 자기계발서들은 자기 경험을 최우선으로 두고, 언제나 '이것이 내게 이로운가?'를 끊임없이 물어야 한다고 강조한다.

2019년 테드 강연[13]에서 데이비드 브룩스는 이렇게 말했다.

저는 우리 문화가 말하는 거짓말에 속아 넘어갔습니다. 첫 번째 거짓말은 직업적 성공이 성취감을 준다는 것입니다. 저는 직업적으로 상당히 성공했지만… 거기서 기쁨은 얻지 못했습니다. 두 번째 거짓말은 내 행복은 스스로 만들 수 있다는 것입니다. 대단한 성과를 올리면, 몸무게 7킬로그램을 감량하면, 더 좋은 집을 사면 행복해진다고 말입니다. 자기 충족이라는 거짓말이죠. 하지만 임종을 앞둔 모든 사람이 말하듯, 사람은 삶에서 맺는 깊은 관계 속에서 행복해집니다. 자기 충족을 포기할 때요. 세 번째는 능력주의라는 거짓말입니다. 능력주의는 우리가 이루는 성취가 곧 우리 자신이라는 메시지를 전하죠. 능력주의에서 느낄 수 있는 감정은 조건부 사랑이며, 이때 우리는 사랑받는 길을 '획득'해야만 합니다.

우리는 개인적인 목표를 좇으며 그 과정에서 행복을 느끼고 공허함을 채우고자 한다. 하지만 이런 방식으로는 타인의 감정과 욕구, 어려움을 보지 못할 뿐 아니라 자신의 '깊은 갈망(브룩스에 따르면 이는 유대감이다)'도 알아채지 못하게 된다. 전 세계의 종교가 대부분 돕고 공감하라는 교리를 공유하며, 영혼을 채워주는 거대한 무언가에 소속돼 있다고 느끼게 해주는 데는 이유가 있다.

지나친 개인주의라는 소용돌이는 지위를 높이고, 사회적 성공을 거머쥐면 사랑받고 행복해진다는 거짓말로 우리를 유혹한다. 그리하여 우리는 자기 가치를 사회의 잣대에 비추어 가늠하는데, 이는 자신의 가치 평가를 남에게 넘기는 셈이다. 어째선지 우리는 행복이 개인의 책임이라고 생각하면서도, 사회에서 검증받고 인정받을 때만 자신을 긍정적으로 여긴다. 지나친 개인주의가 유발하는 모순은 감정에 큰 타격을 준다. 우리는 성취감의 원천을 혼동한다. 갖은 노력 끝에 조건부 사랑을 받게 되더라도, 결코 깊은 만족을 얻지는 못할 것이다. 자기 행복에만 집중한다면 어떤 지위에 오르든 우리는 계속 불안하고 공허할 것이다.

브룩스는 회고록 『두 번째 산』에서 이렇게 말했다.

"자기중심적으로 사는 사람들은 결국 그들의 삶에 무언가가 빠져 있음을 깨닫는다. 사람은 어떤 식으로든 자신의 깊이와 삶의 넓이를 마주한다. 그리고 오직 감정적이고 도덕적이고 영적인 양식만이 갈구를 채워준다는 사실을 깨닫는다."[14]

많은 사람이 시간과 돈이 좀 더 있다면 행복할 거라고 생각한다. 사실 수많은 연구에서 발견한 바에 따르면, 우리는 시간과 돈을 다른 사람에게 줄 때 행복해진다. 우리는 줌으로써 값을 매길 수 없는 자기긍정감과 소속감을 얻는다. 콘라스는 『주는 기쁨』에서 이렇게 썼다.

"사람들은 주고 또 주는 상호작용 속에서 마음이 맞는 사람을 만나고, 유대감을 느끼고, 외로움을 해소하며, 다른 사람에게 도움받을 수 있다는 믿음을 갖는다. 사회적 관계가 건강과 장수의 비결이다."

극장 문을 나서며 희망을 느꼈던 영화를 떠올려보자. 아마 도

입부에서 주인공은 홀로 방황할 것이다. 방어적이거나 냉소적일 수도 있다. 하지만 홀로 방황하는 또 다른 타인을 만나고, 두려움에 떨면서도 함께 문제를 통과하며 삶의 이유를 찾게 될 것이다. 결국 이들은 배우고 성장하며 함께하는 삶 자체에서 기쁨을 찾는다.

반면 어떤 탐욕스러운 얼간이가 비트코인으로 떼돈을 번 영화를 보고서는 마음 속에 온광이 차오르는 것을 느낄 수 없다. 극장을 나서면서 그 어마어마한 돈으로 무엇을 할지, 개인 비행기와 최고급 승용차, 도금한 화장실의 화려함을 상상할지도 모른다. 하지만 정말로 나 중심 문화의 화신 같은 그 공허한 삶을 원하는가? 그는 아마 오래지 않아 부하에게 뒤통수를 맞을 것이다.

마지막으로 한 번만 더 브룩스의 말을 인용하려 한다.

"우리 문화에 재앙에 가까운 지나친 개인주의가 횡행하고 있다. 우리는 관계를 추구하는 사고방식으로 옮겨가야 한다. 이기심, 자기에게 몰입하는 행위가 정상으로 취급받는 까닭에 우리는 분열되고 소외되었다. 이것이 우리의 현주소다. 우리는 골짜기 아래로 떨어졌다."

다행히도 우리는 골짜기를 기어 올라갈 수 있다. 우리는 인간의 본성을 되살림으로써 나 중심 문화를 벗어던질 수 있다. 인간은 홀로 생존을 위해 분투하도록 태어나지 않았다. 우리는 서로를 위해 만들어졌다.

저는 딸들에게 말합니다.
"진정 강한 사람은 타인을 도울 수 있는 사람이란다.
친절과 공감은 강한 사람이 지니는 삶의 태도지."
나약한 사람은 절대 다른 사람을 보살피지 못합니다.

버락 오바마

2

다정한 타인이
살아남는다

호모 사피엔스는 작은 부족에서 시작해 거대한 문명으로 성장했다. 이는 우리가 고기 찌꺼기를 차지하기 위해 죽기 살기로 싸웠기 때문이 아니라, 모닥불에 둘러앉아 매머드 스테이크를 나누고 서로 도왔기 때문이다. 인류학자 마거릿 미드는 최초로 문명이 나타난 징후를 짚어달라고 하자, 사람이 만든 도구 따위를 꼽지 않았다. 대신 고고학 발굴지에서 발견한 1만 5000년 된 넙다리뼈를 꼽았다. 그 뼈는 부러졌다가 나은 흔적이 있었다. 이 고대의 환자는 추락한 자리에 그대로 남겨져 포식자에게 잡아먹히지 않았다. 같은 부족의 누군가가 그를 안전한 곳으로 옮겨와 나을 때까지 돌봐준 것이다. 미드는 말했다. "문명은 어려움을 직면한 누군가를 돕는 데서 시작됩니다."

현대인은 자기 충족이라는 개념에 낭만적인 애착이 있다. '나 중심 문화'는 개인적인 권력을 획득하는 느낌에 호소한다. 미국이 가장 처음에 한 선언도 '독립'이지 않은가. 나 중심 문화가 확실히 자리를 잡은 1970년대에 클린트 이스트우드는 전형적인 카우보이를 연기했다. 그는 '확고한 개인주의'의 화신이었다. 1973년 〈황야의 스트렌저〉를 시작으로, 이스트우드의 서부극들은 지나간 자리마다 애통함과 수많은 사상자를 남기는 불가사의한 방랑자 이야기를 보여준다. 이스트우드는 한쪽 눈을 가늘게 뜨고 함축적인 대사를 내뱉는다. 강해지고 싶다면 연연하지 말 것, 얽히지 말 것, 망설이지 말고 쏠 것.

1859년 찰스 다윈은 『종의 기원』에 이렇게 썼다. "그러한 성향을 타고난 남자는… 자연선택을 받아 후손을 늘릴 수 있으리라 보기 어렵다." 정확하다. 관계 맺기를 거부하고, 총싸움을 좋아한다면, 생식을 할 만큼 오래 살아남지 못할 것이다.

사실 '적자생존'이라는 표현은 다윈이 만든 게 아니다. 다윈과 동시대를 살았던 영국의 철학자 허버트 스펜서가 이 표현을 처음 썼다. 스펜서는 건장한 근육질 남자들이 역사를 만들어 갈 거라고 믿었다. 지금 우리는 그 생각이 얼마나 빗나갔는지 잘 알고 있다. 다윈은 힘이나 적응 능력이 생존을 보장한다는 발상을 거부했다. 그리고 동감, 공감, 이타성이 사회적 성공을 보장한다고 믿었다. 다윈은 이렇게 썼다. "잘 공감하는 구성원이 가장 많은 공동체가 가장 크게 번성하고 가장 많은 자손을 양육할 것이다." 서로 보살피고 돕는 공동체는 번창하고 성장한다. 서로 두려워하고 탓하는 공동체는 자취를 감추기 마련이다. 다윈이 썼듯, 서로 희생하며 베푸는 사람으로 구성된 부족은 "다른 대다수 부족에게서 승리를 거둘 것이며 이것이야말로 자연선택일 것이다."

크리스토퍼 쿡은 『공감하며 성공하는 사람The Compassionate Achiever』에서 다윈이 말한 공감의 필요성에 관해 이렇게 썼다.

"다윈은 공감을 가리켜 인간이 타인의 고통을 목격할 때 '거의 항상 나타나는 본능'이라고 불렀다. 그는 공감이 모두가 공유하는 자연스러운 본능이라고 믿었다. 다윈의 이론을 오직 '적자생존'이 라는 자극적인 꼬리표를 붙여 가르친다면, 인류의 성공이 공감 수 준에 달려 있다는 다윈의 이론을 완전히 오해하게 된다."

다윈 이론의 핵심 개념을 더 정확히 말하자면 '다정한 자가 생 존한다'는 것이다. 쿡은 이렇게 썼다. "'다정한 자의 생존'으로 만들 어진 집단에서 '공감하는 사람'은 실패하기보다는 성공할 것이다."

생물학자 에드워드 O. 윌슨은 테스토스테론 수준이 높은 남 성의 '뭉개고, 죽이고, 파괴하고 싶어 하는' 충동을 가리켜 '구석기 시대의 저주'라 했다. 인류의 조상들이 〈더티 해리〉클린트 이스트우드 가 주연을 맡은 범죄 누아르 영화—옮긴이처럼 행동했다면 사회는 붕괴했을 것이다. 하지만 우리 종은 협동하고 돌보며, 진화를 이룬 끝에 지금 에 이르렀다. 윌슨이 『인간 존재의 의미』에 쓴 것처럼 '집단 안에서 는 이기적인 개인이 이타적인 개인을 이기지만, 이타적인 개인이 모인 집단은 이기적인 개인이 모인 집단을 이긴다.'[1]

부처는 말했다. "헤어짐은 세상에서 가장 큰 고통이며, 공감은 세상의 가장 진정한 힘이다." 하지만 우리 문화는 인정사정 볼 것 없이 홀로 우뚝 서는 이가 강해지며, 다른 사람을 배려하다가는 취 약해진다는 미신을 믿고 있다. 다른 사람의 이런저런 일에 마음을 쓰지 않아야, 자신을 보호할 수 있다고 말이다. 하지만 다윈은 클린트 이스트우드와 나 중심 문화가 등장하기 훨씬 전에 선언했다. "우리는 생물학적으로 서로를 돕도록, 그리고 다른 사람을 도움으로써 개인으로서는 물론 종으로서도 혜택을 얻도록 설계되었다."

호전적인 검투사처럼 행동하는 '적자'만이 살아남도록 진화했다는 발상은 사실이 아니다. 우리는 서로 돕도록 진화했다. 이는 자연 어디에서나 확인할 수 있다. 동물의 왕국만 봐도 무리지어 함께 사냥하는 종이나 포식자가 나타나면 무리에 경고 울음을 보내주는 종을 쉽게 볼 수 있다. 동물 뿐만이 아니다. 버섯을 보자! 곰팡이가 모인 거대한 균사체는 나무와 식물의 뿌리를 점령하며, 네크워크를 통해 더 수월하게 영양분을 공유하고 주변에 도사리는 위험에 관해 소통한다. 인간에게도 서로 돕는 본능이 있다. 다른 사람을 도울 때 몸과 마음의 건강에 이로운 호르몬이 쏟아지는 것은 돕는 행위에 진화적 이점이 있다는 증거다.

우리는 공감과 이타심이라는 충동에 따를 때 건강하고 행복할 수 있다. 자기중심적 문화에 종속되는 건 다윈이 말한 '자연스러운 공감 본능'을 거스르는 일이다. 이는 우리를 불안하게 하고 우울하게 하며 아프게 한다. 호모 사피엔스는 서로 협력하도록 타고났다. 바로 그 덕분에 진화에 성공했기 때문이다.

우리 안의 선한 천사

성악설 혹은 성선설, 당신은 어느 쪽을 믿는가? 아이들을 보면 인간은 타고나기를 배려심이라고는 없는 것처럼 보이기도 한다. 어릴 때 형제와 있었던 일이나 집에 있는 자녀들을 떠올려보자. "서로 양보해야지!"라고 아무리 얘기해도 별 소용이 없다. 아이들은 욕구와 갈망을 솔직하게 표현하기에 자기중심적으로 보일 수 있다. 그러나 '이기적'이라고 할 수는 없다. 연구 결과에 따르면 두 살배기 아이들마저도 무언가를 얻을 때보다 줄 때 더 큰 기쁨을 느낀다.

브리티시컬럼비아대학교의 사회심리학자 엘리자베스 던이 설계한 사례 연구[2]를 보자. 던과 연구진은 만 2세 이하의 아이 열두 명을 연구실로 초대해 귀여운 동물 솜인형들을 소개해줬다. 그리고 '여러분과 마찬가지로 인형도 과자를 좋아한다'고 말해준 뒤, 인형에게 아이들이 좋아하는 골드피쉬 크래커를 먹였다(연구자들은 냠냠 소리를 내며 인형이 먹는 연기를 했다).

아이들에게 인형과 충분히 친해질 시간을 준 뒤, 연구진은 아이와 인형 앞에 빈 그릇을 놓았다. 그리고 아이에게 크래커 8개를 주며 인형과 나누고 싶은지 물었다. 이 연구를 진행하는 내내 아동 심리 전문가가 아이들을 가까이서 지켜보며 감정 반응을 살폈다. 아이들은 과자를 받았을 때 행복감을 드러냈지만 과자를 인형에게 줄 때, 특히 자기 그릇에서 크래커를 꺼내 인형의 그릇에 직접 담아줄 때 훨씬 큰 행복감을 보였다. 연구진은 이렇게 결론을 내렸다.

"이 연구는 두 살짜리 아이들도 비용이 드는 친사회적 행동을 할 때 감정적인 보상을 받는다는 사실을 보여준다. 이러한 결과는 우리가 타인에게 무언갈 줄 때 긍정적인 정서를 경험하는 현상이, 인간이 협동성과 사회성을 발휘하는 근본적 작동 기제라는 주장에 근거를 제공한다."

'비용을 들여' 남에게 주는 일, 즉 개인적인 희생에서 얻는 내재적 기쁨을 연구하기에 아이들은 완벽한 대상이었다. 아직 너무 어려 나눔에 대한 사회화가 되지 않았고, 나 중심 문화가 미치는 영향을 받지도 않았다. 아이들이 귀한 자원을 나눠주며 기쁨을 느낀다는 사실은 인간이 서로를 위해 태어났다는 사실을 뒷받침한다. 우리는 주는 일에서 기쁨을 느끼도록 타고났다.

무엇이 행복을 가져다줄까

어머니는 늘 말했다. "받는 것보다 주는 게 좋단다." 이 조언은 사실이었다.

던은 하버드 경영대학원의 마이클 노턴과 함께 사람들이 타인을 위해 돈을 쓸 때 어떤 감정적 혜택을 얻는지 일련의 연구를 진행했다.[3] 이를 위해 무려 136개국의 저소득층과 고소득층 사람들을 불러모았다. 연구 방법은 다양했다. 한 연구에서는 참가자에게 과거에 타인에게 돈을 썼던 일을 회상하면서 그때 얼마나 행복했는지 평가해달라고 요청했다. 또 다른 연구에서는 캐나다와 남아프리카공화국 참가자에게 자선단체를 위해 혹은 자신을 위해 물건을 사게 한 뒤 그들의 경험을 조사해보았다. 그 결과 사람들은 문화나 경제적 맥락에 상관없이, 자신보다는 타인을 위해 소비할 때 행복감을 느꼈다고 보고했다.

우리는 다른 사람을 위해 마음과 지갑을 열 때 마음속 깊이 차오르는 따뜻함을 느낀다. 타인을 위할 때 느끼는 이런 따스함은 인류 모두에게 해당되는 보편적인 현상이며, 한편으로는 개인적인 이득이 되는 행위임이 밝혀졌다. 하버드대학교 연구자들은 142개 나라에서 사람들의 '사회자본social capital'을 측정했다. 세계 인구의 95퍼센트를 살펴본 결과, 신뢰와 지원 수준이 높고, 친구와 가족을 돕고, 자원봉사를 하고, 서로를 믿는 공동체일수록 삶의 만족도와 긍정적인 정서가 더 높았다.[4] 긍정적 정서란 긍정적 감정을 경험하고, 타인은 물론 삶에서 맞닥뜨리는 도전과 긍정적으로 교류하는 경향을 말한다. 자신에게 의지할 존재가 있으며, 자신도 누군가에게 그러한 존재라고 보고한 참가자의 경우 나이, 성별, 소득, 종교, 결혼 여부, 교육과 상관없이 신뢰 문제를 겪는 사람보다 더 행복하고 스트레스를 덜 받았다. 참가자의 국가가 가난하거나 부유한지, 제일세계인지 제삼세계인지는 상관이 없었다. 나를 지지하는 공동체가 있다는 느낌, 곤경에 처했을 때 누군가 나를 도와줄 것이라는 믿음은 사람을 행복하게 만든다. 이는 하버드에 있는 양반들이 내린 시시한 결론처럼 보일지도 모른다. 그러나 여전히 세상에는 "믿을 건 오직 자신뿐"이라고 조언하는 사람들이 많다. 다른 사람을 끊임없이 의심하는 이들은 늘 최악을 예상하기에 손해 보지 않고, 배신당하지 않을 수 있을지 모른다. 하지만 다른 이를 도울 때 마음속 깊이 느껴지는 따뜻함을 음미하거나, 친밀한 관계가 주는 많은 혜택을 얻지는 못할 것이다.

타인은 지옥일까?

우리는 다른 사람에 대해 섣불리 가정하는 경향이 있다. 이는 불행히도 전 인류가 공유하는 보편적인 특성이다. 우리는 타인의 이타성을 과소평가하면서, 그가 누구든 나보다 덜 순수할 거라고 믿는다. 하지만 이런 부정적인 가정은 고정관념일 뿐이다. 예를 들어보겠다.

우리는 한 정당이 다른 정당보다 시민에게 더 공감한다고 믿는다. 현재 미국의 정치는 역대 최고로 분열돼 있는데, 공화당이 민주당에 대해 섣불리 가정하고, 그 반대도 마찬가지인 탓이다. 우리가 한 정당의 당원일 때 유일하게 논리적인 가정은 우리가 그 정당의 이상과 가치에 동의한다는 사실이다. 그러나 내가 지지하는 정당이 선하고 친절하므로 다른 정당은 악하고 잔인하다고 가정하는 건 비논리적이다.

2016년 미국 대선 기간, 펜실베이니아주립대학교의 연구자들은 각 정당의 당원이 상대 정당의 공감 수준을 어떻게 판단하는지 살펴보기로 했다. 다섯 번에 걸친 조사[5] 결과, 연구에 참여한 당원들은 일관적으로 민주당이 공화당보다 공감적이라는 생각을 갖고 있었다(민주당 당원이 이 의견을 더 적극적으로 내세우긴 했다). 하지만 각 정당 당원이 공감에 대해 갖는 개인적인 가치와 신념을 평가했을 때, 결과는 전반적으로 상당히 비슷했다. 즉, 개인 수준에서 민주당과 공화당의 공감 수준은 비슷했다. 실제가 아닌 인식의 차이가 정치적 고정관념을 과장했던 것이다.

우리는 여성이 남성보다 잘 동감한다고 믿는다. 오레곤대학교의 연구자들은 이 고정관념을 검증하기 위해 실험을 고안했다. 대학생들에게 다른 사람의 감정 상태를 묘사하는 일을 과제로 주며 동감 능력을 시험해본 것이다.[6] 그 결과 여성은 남성 참가자보다 감정 상태를 정확하게 맞추는 경향을 보였다. 특히 다른 여성에게 동감할 경우 더욱 그러했다. 이번에는 17세에서 42세 사이의 여성과 남성 108명이 참여했던 또 다른 실험을 보자. 연구진은 참가자들에게 다른 사람의 감정을 묘사하는 과제를 주면서, 그중 절반에게는 정확히 맞출 시 보상금을 줄 거라고 말했다. 대조군인 나머지 절반에게는 보상을 제안하지 않았다. 결과가 어땠을까? 돈은 명백한 동기로 작용했다. 보상을 약속하자 여성과 남성 모두 동감 정확성이 올라갔고, 흥미롭게도 이전 연구에서 나타난 성별 차이를 완전히 지워버렸다.

실험을 통해 우리는 남자도 의지만 있다면 여자만큼 동감할 수 있음을 알게 되었다. 하지만 연구에 참여한 남자들이 동기가 있을 때만 동감 능력을 발휘했다는 점은 안타까운 사실이다(모든 남자가 그렇다는 건 아니다). 여자들은 외적인 보상을 기대할 수 없을 때도 동감 능력을 발휘한다(모든 여자가 그렇다). 우리는 여성들과 이 조사 결과에 대해 논의해보았는데, 그들은 여성이 타인을 염려하고 공감하는 일 자체에 보상이 있음을 잘 인지하는 경향이 있다고 설명해주었다.

우리는 사회경제적 지위가 높은 계급이 낮은 계급보다 똑똑할 거라고 가정한다. 하지만 이 생각은 정서 지능과 공감 능력만을 살펴보아도 완전히 틀린 것임을 알 수 있다. 캘리포니아대학교 샌프란시스코 캠퍼스의 연구[7]에 따르면, 동감 정확도를 측정하는 실험에서 소득과 사회적 지위가 평균이나 그보다 낮은 사람은 거들 먹거리는 부유층 비교군보다 훨씬 높은 점수를 받았다. 여러 연구 결과에 따르면, 역경을 경험한 사람은 타인의 어려움을 더 잘 감지 하며, 더 높은 공감 능력을 지니는 경향이 있다.

타인의 속셈

우리는 종종 온 세상을 중고차 시장으로 본다. 나는 운 나쁜 구매자이고, 타인은 사기를 치려고 호시탐탐 기회를 노리는 중고 차 판매상처럼 보는 것이다. 누구나 자기 잇속을 챙기기 마련이고, 사람들은 이득을 위해 무자비한 일도 하게 된다고 말이다.

하지만 프린스턴대학교의 연구에 따르면, 사람들은 타인의 자기중심적 성향을 상당히 과대평가하고 있다.[8] 연구진은 실험을 위해 모집한 대학생들에게 미국 혈액 공급이 최저치를 기록했다는 심각한 정보를 담은 뉴스를 읽게 했다. 그리고 헌혈을 독려하면서 절반에게는 헌혈에 대한 보상으로 15달러를 줄 거라고 알려 주고, 나머지 절반에게는 보상을 말하지 않았다. 그 결과 보상을 듣지 못 한 집단에서는 참가자의 63퍼센트가, 보상이 있을 거라 들었던 집 단에서는 73퍼센트가 헌혈에 자원했다. 연구진은 10퍼센트의 차 이를 만든 현금 보상이 사람들의 헌혈 의지를 독려할 수 있는 효과 적인 유인책은 아니라고 판단했다. 하지만 연구진이 참가자들에게 현금 보상이 사람들의 헌혈 의지에 어떤 영향을 미쳤을 것 같은지 묻자, 참가자들은 보상을 받는 쪽과 받지 않는 쪽의 지원이 두 배

이상 차이가 날 것으로 예상했다. 사실은 과반수가 아무 보상 없이도 헌혈에 자원했지만, 대부분 돈을 받아야만 마음을 돌릴 거라고 가정한 것이다. 타인이 실제보다 더 자기중심적일 거라는 예상은 종종 착각이거나 과장된 것일 수 있다는 걸 상기하자.

성경에서는 "구하라, 그러면 얻을 것이다"라고 말한다. 하지만 현실에서 우리는 도움을 요청하는 게 민폐를 끼치는 일이 될까 봐, 나약하다는 신호로 보일까 봐, 혹은 무시당할까 봐 주저하게 된다. 하지만 이 또한 과장된 걱정일 수 있다. 컬럼비아대학교 연구진은 사람들이 자기가 도움을 요청했을 때 응답을 받게 될 가능성을 실제보다 낮게 평가한다고 설명했다.[9] 연구진은 대학생 52명을 동원해 실험을 꾸몄다. 뉴욕 거리를 지나는 사람들에게 2쪽짜리 설문지를 채워달라는 요청을 하게 한 것이다. 실험에 참가한 학생들은 설문지 5개를 완성하려면 적어도 20명에게는 요청해야 할 것 같다고 예상했다. 연구진은 낯선 사람에게 휴대전화를 빌려달라고 하거나, 학교 캠퍼스를 가로질러 체육관으로 데려다 달라고 하거나, 방향을 알려달라고 하는 등 요청 내용을 바꿔가며 이 실험을 반복했다. 이 '직접 요청' 연구는 형태를 달리해도 일관적인 통계치를 얻을 수 있었는데, 실험 참가자는 매번 도움을 요청받은 사람이 응할 확률을 50~66퍼센트 과소평가했다.

솔직히 우리도 이 실험 결과를 보고 적잖이 놀랐다. 바쁜 도시 사람들이 아무 이득도 없이 선뜻 멈춰 서서 긴 설문에 답해주거나, 길 잃은 사람을 데려다주거나 하지 않으리라 생각했기 때문이다. 우리도 섣부른 가정이라는 함정에 빠진 것이었다.

'주는 사람'이 되기 위한 개인적인 패러다임 변화를 끌어내는 방법은 '내게 가장 좋은 것이 뭘까'보다 '우리 서로에게 가장 좋은 게 뭘까'를 고민하는 일이다. '저 사람 꿍꿍이가 뭔데 저러지?'라고 생각하기보다, '우리가 서로에게 어떻게 도움이 될까?'라는 질문을 채택해보자. 그쪽이 우리 모두에게 더 유리하며, '적자'의 수호성인 인 다윈도 자랑스러워할 것이다.

최악의 위기에서의 사랑

인류는 누군가에게 비극이 닥치면 서둘러 달려가 도움을 준다. 지진이나 태풍 같은 자연재해가 발생하면, 공동체 구성원들은 힘을 모아 몇 시간, 며칠, 몇 주씩 잔해를 헤치며 실종자를 찾는다. 스탠퍼드대학교 심리학 교수이자 『공감은 지능이다』를 쓴 저자 자밀 자키는 최악의 고비에서 개인이 함께 뭉치려 하는 충동을 '재난 공감'이라고 부른다. 이런 연대는 법칙이지 예외적 사례가 아니다. 그 반대의 주장을 하는 음모론들, 예컨대 허리케인 카트리나가 닥쳤을 때 사람들이 적자생존식으로 무자비하게 행동했다는 이야기는 보통 거짓으로 드러난다.[10]

영국 서섹스대학교의 사회심리학자 존 드러리는 자연재해 같은 응급상황에서 생존한 사람들이 공유하는 정체성을 조사했다.[11] 같은 경험을 했고 그 경험을 이겨낸 정체성을 공유한 사람들은 서로 도우려는 동기를 더 강하게 느낀다. 생존자들은 공동체 안에서 도움을 많이 주고받을수록 빠르게 회복했으며 외상 후 스트레스 증후군이 덜 심각한 모습을 보였다. 결속은 우리의 회복력을 키운

다. 우리가 모두 한배를 타고 있음을 인지한다면, 재난을 이겨낼 가
능성이 더 크다.

내가 아니면 누가, 지금이 아니면 언제?

'방관자 효과'는 주위에 사람이 많을수록 싸움이나 비상사태
에 덜 개입하고, 어려움에 처한 사람을 돕지 않게 되는 현상을 말한
다. 내가 아니여도 다른 누군가가 나설 거라고 생각하기 때문이다.
어쩌면 이 책을 읽는 독자도 그런 상황에 처해본 적이 있을 것이다.
'나 중심 문화'의 논리에 따르면, 방관자의 태도를 취하는 게 현명
한 일이다. 위험을 감수하고 괜히 개입해 봐야 보상이 매우 적거나
전혀 없을 거라는 판단이 설 것이기 때문이다. 하지만 인간의 진화
적 본능은 위협과 보상의 비율을 계산하지 않는다.

코펜하겐대학교의 연구진은 갈등 상황에서 타인을 위해 나서
는 인간의 본성을 연구하기 위해 영국, 네덜란드, 남아프리카공화
국의 CCTV에 찍힌 갈등 사례 219건을 분석해보았다.[12] 그 결과,
사건 열 건 중 아홉 건에서 적어도 한 명 이상이 도움을 주기 위해
개입했다. 통계를 내어보니, 어느 나라든 사람들은 90퍼센트의 확
률로 도움을 주기 위해 나섰다. 게다가 방관자 효과와는 반대로, 군
중이 많을수록 누군가가 나설 가능성이 더 커졌다. 이 통계는 방관
자 효과가 오래된 가설일 뿐이며, 우리의 자연스러운 성향은 비용
이 들더라도 우선은 타인을 돕고자 나선다는 사실을 시사한다. 어
려움에 부닥쳤을 때, 사람들이 못 본 척 지나갈 거라 생각할 수도

있다. 하지만 사실 훨씬 많은 경우 우리는 서로를 돕는다.

• 나쁜 사마리아인 우화 •

스물여덟 살 바텐더 키티 제노비스는 1964년 3월 13일 새벽 2시
30분 뉴욕 퀸스 큐가든스에 있는 아파트 건물 밖에서 칼에 찔려
죽었다.《롱아일랜드 프레스》와《뉴욕 타임스》는 이 살인사건을
보도하며 사건 자체만큼이나 매우 경악스러운 이야기를 들려
주었다. 윈스턴 모즐리라는 살인자 남성이 피해자 여성 키티 제
노비스를 한 번도 아니고 두 번도 아니고 세 번씩이나 공격했으
나, 그 모습을 30분 동안 창문을 통해 지켜보던 제노비스의 이
웃 38명 중 누구도 도우려 하거나 경찰을 부르지 않았다는 것이
었다. 제노비스는 차가운 바닥에서 홀로 죽어가야 했다. 언론은
목격자들의 냉담함과 무책임함을 책망했다.

이 이야기는 공포와 충격을 불러일으켰고, 지역 주민들에게
부끄러움을 안겼다. 목격자가 38명이나 되건만, 아무런 조치도
시도조차 하지 않았다니 믿기 힘들었다. 하지만 사람들은 이를
사실로 받아들였고 아무도 의심하지 않았다. 사람들은 앞선 실
험에서 드러난 것처럼 서로의 이타성을 너무나 과소평가했다.
이 기사의 출처가《뉴욕 타임스》인 탓도 있을 것이다. 사람들은
으레《뉴욕 타임스》가 들려주는 이야기는 진짜가 틀림없다고 믿
으니까. 그렇게 도시 전설이 탄생했다. 모즐리의 재판에서는 이
'이야기'와 다른 사실들이 속속 드러났다. 우선 모즐리는 제노비

스를 세 번이 아닌 두 번 공격했다. 두 공격은 다른 장소에서 일어났으므로 30명이 넘는 사람이 그 과정을 다 목격할 수는 없었다. 그리고 살인자는 기사에서처럼 훤히 내려다보이는 장소가 아닌 으슥한 곳에서 피해자를 찔렀다. 게다가 무슨 일이 벌어지는지 듣거나 볼 수 있었던 목격자의 경우에는 끼어들었다. 한 목격자가 소리치는 바람에 모즐리는 첫 번째 공격 뒤에 도망쳤다. 다른 목격자는 경찰에게 신고했지만 경찰이 무시했다고 주장했다. 사건 당시는 911 긴급출동 체계가 존재하기 전이었고, 그 지역은 사건 신고를 항상 진지하게 받아주는 동네가 아니었다고 한다. 더불어 어떤 목격자는 쓰러진 제노비스에게 다가가 그를 품에 안고 함께 구급차를 기다렸다. 구급차가 도착했을 때 제노비스는 아직 살아 있었다. 그는 무참히 살해되었지만, 적어도 마지막 순간 길가에 쓰러져 홀로 세상을 떠나지는 않았다.

이런 사실이 재판에서 드러났지만, 섬뜩할 정도로 무관심한 목격자들의 이야기는 수정되기는커녕 그대로 고착되어 반박할 수 없는 '진실'이 됐다.

영국 엑서터대학교와 버킹엄대학교의 심리학자인 마크 레빈과 레이첼 매닝은 2007년 제노비스의 이야기를 다시 살펴봤다.[13] 기사를 재검토하고, 목격자와 다시 면담하고, 재판 증언을 분석하여, 아파트 주민들이 이웃이 집 앞에서 칼에 찔려 죽는 동안 아무 일도 하지 않았다는 이야기가 사실이 아님을 밝혀냈다. 이 특정 사건에 기초해 방관자 효과를 연구하는 일부 전문가는 목격자들이 나쁘게 보이기 싫어 재판장에서 이야기를 바꿨다고 말하기도 한다. 하지만 그 주장은 실제 증거와 다르다. 레빈과 매닝은 나쁜 사마리아인 우화가 몹시 끈덕지며, 물리치기 힘들다는 점을 짚어냈다. 몇몇 사람들이 사건의 진실을 받아들이길 거부하는 현상은 그 자체로 우화가 됐다. 어쩌면 사람들이 서로 돕지 않는 경향이 있다고 믿도록 만드는 이런 이야기가 우리를 창밖에서 벌어지는 사건에 개입하는 걸 더 망설이게 만드는지 모른다.

과학은 어떤 이야길 들려줄까? 레빈에 따르면 방관자의 개입은 다음과 같이 맥락에 따라 조금씩 다르게 나타난다.[14]

- '거리에서 폭력이 발생한 상황'에서는 낯선 사람보다 지인이 더 빨리 나선다.
- 목격자들이 피해자와 사회적 지위와 성별을 동일시하는 경우, 집단으로 있을 때 개입이 더 잘 발생한다.
- 피해자가 여성인 경우, 여성만으로 구성된 목격자 집단은 인원이 많을수록 도울 가능성이 더 크다.
- 방관자 무리에 여성이 많을수록 낯선 피해자를 도울 가능성이 작다. 하지만 여성 방관자가 많으면 남성이 더 빨리 개입한다.

남자들은 영웅을 자처하기 위해 상황에 뛰어드는 것일 수 있다. 여자들은 서로가 곁에 있을 때 힘을 얻는 것처럼 보인다. 목격자가 피해자와 아는 사이일 경우, 군중을 단결시켜서 도움을 줄 가능성이 크다. 획일적인 '방관자 효과'란 없으며, 이 사례들은 저마다 집단 역학을 들여다보는 통찰을 제공한다. 모든 집단이 비상사태에 무정한 비겁자가 된다는 미신은 계속 유지해봐야 아무한테도 도움이 되지 않는다. 우리 모두 다칠 뿐이다.

저승 갈 땐 다 두고 가야 합니다

이 장은 아이들의 선한 본능에 관한 이야기로 시작해 불평 많은 노인의 이야기로 끝난다. 우리는 흔히 노인은 변할 수 없다고 생각한다. 자기 할머니나 할아버지를 떠올리는 독자들도 그분들의 고집과 괴팍한 성미는 어찌할 수 없다고 생각할지 모른다. 하지만 연구에서 발견한 바에 따르면 '주는 행동'은 노년에 눈에 띄게 증가한다(보아하니 남자들은 평생을 자기중심적으로 보낸 뒤 삶에서 진정 가치 있는 기쁨은 타인을 돕는 일에 있음을 깨닫는 듯하다).

울리히 마이어와 오레곤대학교 연구 팀은 24세에서 64세 사이의 참가자 80여 명을 모집해 기능적자기공명영상fMRI 장치로 뇌를 촬영했다.[15] 그리고 참가자에게 자신의 은행 계좌에서 자선단체 계좌로 돈을 이체하게 했다. 그러자 뇌의 보상 중추인 측좌핵의 활동이 증가하는 모습을 보였다. 35세 이하 집단에서는 24퍼센트가, 55세 이상 집단에서는 75퍼센트가 보상 중추 활성화를 보였다. 그뿐 아니라 나이 든 참가자는 젊은 층에 비해 더 적극적으로 자선단체에 기부하고 싶고, 실험에 자원하고 싶고, 자신의 공감 능력을 높이 평가하고 싶어 했다.

60세 이상의 사람들은 20대보다 기부하는 비중이 3배 높았고, 다른 사람을 도우려고 자원할 가능성도 50퍼센트 높았다.[16] 이는 아마 돈과 시간을 더 여유 있게 쓸 수 있기 때문일 것이다. 그 심리적 동기를 정확히 밝히기는 어렵다. 하지만 fMRI 결과에 따르면 60대 이상의 피험자들은 정말로 주는 일을 즐거워했다. 뇌 촬영은 거짓말을 하지 않는다. 그들은 오랜 세월 시행착오를 겪고, 인생 경험을 쌓으면서 다른 사람을 돕는 일이 기쁨을 준다는 사실을, 물건을 사거나, 소위 '성공'이라는 것을 과시할 때보다 훨씬 의미 있는 일임을 이해한 것 아닐까.

캐나다의 한 연구진[17]은 타인에 대한 태도가 별로 호의적이지 않은, 이른바 우호성 점수가 낮은 노년층 648명을 모아 3주간 타인에게 집중하는 명상을 병행하며 친절한 행동을 연습하게 했다. 두 달 뒤 후속 조사에서 이들을 다시 검사했을 때, 우울감이 줄어들고 삶의 만족도가 높아진 것을 확인할 수 있었다. 친절을 연습하는 게 괴팍한 사람을 덜 괴팍하게 만든 것이다!

우리는 타인에게 무언가를 주고, 서로 돕는 인간 본성에 귀를 기울일 때 살아남는다. 때로 미디어에서는 자기만 위하는 권력 중독자가 카리스마 있게 표현되기도 한다. 하지만 그런 건 영화 속에서나 좋은 전략이지, 현실에서 욕심쟁이 이기주의자를 신뢰하고 따르는 사람은 아무도 없다. 그런 사람은 결국 사회적 성공을 이루는 데도 불리하다. 다음 장에서는 이 이야기를 해보자.

공감이 진 빠지는 일이라 생각하는가?
약속하건대, 공감할 때야말로 진정으로 살아 있음을
느끼게 될 것이다.

로시 존 핼리팩스
생태학자 · 인류학자

3

줄수록
얻는다는 역설

'주는 사람'의 행복과 성공에는 한 가지 특징이 있다. 바로 역설적이라는 점이다. '적을수록 많다'라는 말, 록밴드 U2가 불렀던 "나는 당신이 있어도 없어도 살 수 없어I can't live with or without you"라는 노랫말도 떠오른다. 서로 정반대의 뜻을 붙여둔 이 말들은 대체 무슨 뜻인 걸까?

어쩌면 이 책의 이야기 또한 역설처럼 보일지 모른다. 다른 사람을 돕는 게 나를 돕는 일이라니, 타인에게 공감하는 일이 나를 건강하게 한다니. 하지만 이는 탄탄한 과학적 증거로 뒷받침되는 사실이다.

그러나 여기 중요한 역설이 하나 더 있다. 이타적인 삶을 살기 위해서는 자기중심적인 면도 어느 정도 필요하다는 점이다. 그래야 '그저 만만한 착한 사람'이 되지 않을 수 있다. 만만한 착한 사람은 행복한 '주는 사람'이 되는 데 성공적인 전략이 아니다.

　이 역설을 이해하기 위해 잠시 세계적인 조직 심리학자이자 뛰어난 작가인 애덤 그랜트의 연구를 살펴보자. 그랜트는 오랜 시간 타인중심성과 자기중심성이 개인의 업무 능력과 직업적 성공에 어떤 영향을 미치는지 연구해왔다. 그는 상호관계에서 무게의 추를 상대방 쪽에 두고 자기가 받은 것보다 많이 주려는 사람, 대가를 바라지 않고 자신이 지닌 자원을 동원해서 타인을 돕는 사람을 '기버give'라고 칭한다. 그랜트가 발견한 바에 따르면, 기버들은 흥미롭게도 성공 사다리의 맨 꼭대기와 최하단이라는 양극단에 분포하고 있었다. 이들은 왜 이렇게 다른 궤적을 그리는 걸까? 이 분열은 어떻게 설명할 수 있을까?

주는 사람이 이긴다

　우리는 누군가가 타인중심적이라면, 그 사람은 자기중심적이지 않다고 가정한다. 타인중심과 자기중심을 하나의 선 위에 놓인 경향으로 보고, 모든 사람이 그 선의 어느 한 지점에 있다고 생각하는 것이다.

　그랜트는 『기브 앤 테이크』에서 사실 사람들은 하나가 아닌 두 개의 축을 갖는다고 설명한다.[1] 하나는 자기중심을, 다른 하나

는 타인중심을 나타낸다.

| 낮은 타인중심 | ←————————————→ | 높은 타인중심 |

| 낮은 자기중심 | ←————————————→ | 높은 자기중심 |

타인중심성과 자기중심성은 하나의 축에 존재하지 않는다. 즉 하나가 높아도 다른 하나가 반드시 낮지 않다는 뜻이다. 자기중심 성향이 높다고 해서 자동으로 타인중심 성향이 낮다는 의미는 아니며, 반대도 마찬가지다. 둘 다 높거나 낮을 수 있다.

자기중심 성향이 높고 타인중심 성향이 낮은 사람은 자기우월증 환자(우리가 만든 말이다)다. 이런 사람은 극단적으로 이기적이며, 자기만 위하는 성향이 강하고 주변 사람은 별로 고려하지 않는다. 권력 중독에 빠져있을 수도 있다.

자기중심 성향이 낮고 타인중심 성향도 낮은 사람은 게으름뱅이다. 이런 사람은 타인은 물론이고 자신의 성공에도 지극한 관심을 쏟지 않는다. 만사에 무관심한 경향이 있다.

자기중심 성향이 낮고 타인중심 성향이 높은 사람은 '만만한 호구'다. 이 사람은 갓 구운 쿠키를 사무실로 가져와 나눠주고, 아무도 하려 하지 않는 일을 도맡는다. 자기를 지키는 일을 어려워하기에, 사람들이 자기를 밟고 지나가게 둔다. 늘 다른 이들을 돕지만 스트레스가 높을 가능성이 크며, 따라서 업무도 수월하게 해내기 어려울 수 있다. 자기우월증 환자에게 이용당하거나 번아웃 증후군에 시달릴 가능성이 크기 때문이다.

'주는 사람'은 두 축이 모두 높다. 이들은 배려하고 양보하면서도 사회·경제적으로 가장 성공한다. 그랜트는 데이터를 통해 이 사실을 아주 명확하게 보여준다. 특히 서비스, 판매, 투자 자문, 정치 등 협동을 요구하는 직종에서 더욱 그러했다. 자기중심성과 타인중심성을 조화시키는 데 성공한 사람은 삶에서도 성공한다.

'주는 사람'은 자기가 성공하는 데서 그치지 않고 동료와 팀의 성공을 위해 노력한다. 다른 이를 위해 희생하면서도 자기 이익을 유지한다. 또한 베푸는 행동과 태도를 가장 잘 지속하는데, 지속 불가능하거나 건강하지 못한 식으로 주면서 자신을 고갈되게 두지 않기 때문이다. 일정한 영광을 자기 몫으로 간직하며 타인을 위하는 일에 연료를 공급한다.

세계적인 심리학자이자 훌륭한 작가인 브레네 브라운에 따르면, 공감을 잘하는 사람들이 공통으로 보여주는 공감 능력 유지 방법은 경계선을 잘 긋는 것이다.[2] 잘 공감하는 사람은 경계선이 매우 명확하며 다른 사람에게도 그 경계를 존중하길 요구한다. 무엇이 괜찮고, 괜찮지 않은지 뚜렷하게 알며, 자기 삶에 들어온 사람들에게도 이 점을 일러둔다. 즉 서로 정확히 공유하는 경계선 내에서 타인에게 급진적으로 공감하는 것이다. 경계선이 있기에 이러한 공감을 지속할 수 있다.

'주는 사람'은 타인을 돕는 일이 자기에게도 유익함을 알며, 그 효과를 얻길 바란다. 이득을 얻고자 돕는다는 말이 아니다. 이득은 줌으로써 생기는 부산물이며, 받게 되면 무척 기쁠 뿐이다. 왜 아니겠는가? 타인을 돕는 일이 나에게 좋은 약임을 안다고 해서, 그 과정에서 발생하는 유익한 효과가 망가지거나 사라지지는 않는다.

어쩌면 타인을 도움으로써 자기도 이득을 얻을 수 있다는 사실을 아는 것이 그들을 '주는 사람'으로 만드는지도 모른다. 베풂은 삶에서 바로 효력을 발휘한다. 이것이 주는 사람이 그토록 직장에서 일을 잘하고, 힘들이지 않고 도우며, 에너지와 건강과 행복이 넘치는 것처럼 보이는 비결이다.

줄수록 얻는 기버의 역설은 어디서나 발생한다. 벨기에 겐트 대학교의 연구자들은 의대생의 학업 성과를 예측할 수 있는 요인을 살펴보았다. 이를 위해 600명이 넘는 학생을 대상으로 7년 동안 종단 연구[3]를 진행하며 그들의 성적과 성격 특성을 추적했다. 그 결과, 기버 유형의 학생들은 입학 첫 해에는 성적이 낮은 편이었다. 그러나 2학년 때부터 앞서 나가기 시작하더니, 6년째에는 다른 학생들보다 훨씬 좋은 성적을 거두었다. 이는 점차 책상 앞에 앉아 혼자 시험을 치르는 일에서 나아가 인턴십을 진행하고, 임상 환경에서 환자를 대하는 '진짜' 일을 시작하면서 나타난 변화였다. 도움에 대한 개방성, 타인을 돕는 일에 대한 우호성, 외향성 등 타인중심적 특성을 보인 학생은 효율적으로 협력했고 환자에게도 더 많은 관심을 기울이며 결과적으로 가장 뛰어난 성과를 보였다. 밝게 빛나고 싶다면, 다른 이에게 빛을 비춰야 한다.

2008년 세계경제포럼 연설에서 빌 게이츠는 자타공인 자본주의의 아버지이자 『국부론』의 저자이며, 사회의 지속을 위해 자기중심 성향의 중요성을 강조했던 애덤 스미스가 그의 첫 번째 저서 『도덕감정론』을 다음 문장으로 시작했음을 상기시켰다.

"아무리 이기적인 사람이라도, 그의 본성에는 뚜렷한 법칙이 있어 다른 사람의 운명에 관심을 보이고, 그의 행복이 자기에게 꼭 필요하다고 여긴다. 거기서 얻을 수 있는 것이라고는 지켜보는 즐거움뿐이더라도 말이다." 게이츠는 이어 말했다. "인간 본성에는 강력한 두 가지 힘이 존재합니다. 자기중심 성향과 타인에 대한 배려심입니다." 게이츠는 자기중심성과 타인중심성이라는 강력한 힘을 묶어 '하이브리드 엔진'이라고 칭했다. 기억하자. 하이브리드 엔진을 활용할 때 우리는 건강하고 만족스러운 삶을 누릴 수 있다.

만만한 호구에서 성공하는 기버로 나아가기

그랜트의 틀을 기초 삼아 자기중심성과 타인중심성 두 축이 이루는 사분면을 정리하면 다음과 같다.

	높은 타인중심성	낮은 타인중심성
높은 자기중심성	주는 사람	자기우월증 환자
낮은 자기중심성	만만한 호구	게으름뱅이

자기중심 성향이 낮은 독자들을 위해 꼭 강조하고 싶다. 건강한 정도의 자기중심 성향은 반드시 필요하다. 그래야 주는 일과 받는 일에 균형을 맞추고, 나를 건강하게 지키는 명확한 경계선을 그을 수 있다. 자기는 생각하지 않으면서 끝없이 준다면, 번아웃 증후군에 걸리거나 자신을 지워버리게 될 수 있다. 어느 일터에서든 타인중심성이 낮은 자기우월증 환자가 있기 마련이다. 그랜트는 그

런 이들을 테이커Taker(뺏는 사람)라고 부르는데, 테이커는 자기 이득을 위해 기버 유형의 동료와 경영자를 선호한다. 따라서 당신이 자기중심성이 낮고 타인중심성이 훨씬 높다면, 테이커가 당신을 호구로 보며 이용하지 못하도록 해야 한다.

심리학에서는 자기를 보호할 수 있는 자기중심 성향 없이 과도하게 주는 행동을 '병리적 이타성'이라고 부른다. 이는 타인에게 건강하지 않게 집중하면서 자기 욕구를 무시하고 훼손하는 상태를 말한다. 자기중심 성향이 너무 낮고 타인중심 성향이 너무 높은 사람은 조금이라도 도움을 받으면 습관적으로 불편함을 느끼기도 한다. 경계가 너무 없거나, 다른 사람에게 전혀 도움을 받지 않으려 하면 무너짐에 취약한 상태가 될 수 있다.

이렇게 자신의 상태는 전혀 고려하지 않고 타인에게만 중심을 맞추는 성향을 '경직된 친화성'이라고도 한다. 몇몇 연구들에 따르면 이 성향은 정신 건강을 악화시킬 수 있다. 반대로 다른 사람은 전혀 고려하지 않고 끊임없이 자기 이득만을 추구하는 성향은 '경직된 주도성'이라고 하는데, 이는 다른 의미에서 역시 위험하다. 살면서 만났던 자기우월증 환자를 떠올려보면 알 것이다. 카네기멜런대학교 연구[4]에 따르면 경직된 친화성은 '자아상이 부정적이고, 남에게 의지하여 자기를 평가하는 성향'과 관련이 있다. 남에게 의지해 자존감을 얻으면 '다른 사람에게 지나치게 간섭하거나, 자신을 방치하기'에 이를 수 있다. 이렇게 경직된 상태는 낮은 자존감과 심리적 고통의 전조이며, 지속가능하지 않다.

우리는 공감과 이타성에 관한 이야기를 할 때면, 100번에 99번은 '제가 어떻게 도와드릴까요?'를 묻는 습관을 들이라는 조언을 한다. 하지만 만약 경직된 친화성을 보이는 사람이 있다면, '내 마음은 어떤 상태인가?'를 물어보라고 제안한다. 그 질문을 시작으로 자신의 경계선을 세우고, 나아가 자기중심적 성향을 더 높이라고 말이다.

괴팍하고 불친절한 '주는 사람'

주변에 가끔 그런 사람이 있다. 자기 일을 무척 잘하고, 늘 이기는 듯하고, 게다가 아주 세련됐고, 항상 겸손하지도 않은 사람. 사람들 사이에서 가끔 '재수 없는 자식'이라고 불리는 사람.

하지만 '재수 없는 자식'도 알고 보면 '주는 사람'일 수 있다. '재수 없음'과 타인중심적 성향은 서로 배타적이지 않다. 타인중심적으로 행동하려면 때로 반역자가 될 필요가 있기도 하다. 사람들이 전부 모른 척할 때, 혹은 조용히 통념에 따르라는 사회적 압박이 있을 때 어떤 이는 팔을 걷어붙이고 타인을 돕기 위해 나선다. 일터에서 동료가 불공정한 대우를 받을 때 그의 편에 서서 이의를 제기하거나, 낯선 사람이 싸우는 상황에 뛰어들어 말리거나, 대가 없이 헌혈하거나, 지진이 난 뒤에 돌무더기를 치우기 위해 자원한다. 마음을 활짝 열고 다른 사람에게 진정으로 필요한 것을 알아내려면, 그렇게 할 인내심과 강인한 정신이 필요하다.

사회적 교류에서 얼마나 긍정적이고 정중한가를 가리키는 '우호성'은 외향성, 성실성, 개방성, 신경성과 더불어 5가지 성격 특성 중 하나다. 보통 사람들은 우호성을 타인중심 성향과 같은 것이라고 가정한다. 타인중심 성향이 높을수록 더 우호적이며, 따뜻하고 사려 깊다고 말이다. 반면 타인중심 성향이 낮을수록 우호적이지 않으며, 차갑고 사려 깊지 않다고 가정한다.

이러한 가정은 일견 타당해 보인다. 『오즈의 마법사』에서 인정 많고, 아름답고, 명랑하고, 우호적인 글린다는 도로시를 도와준다. 남 괴롭히길 좋아하고, 못생기고, 깔깔대며 웃는 사악한 서쪽 마녀는 도로시는 물론이고 도로시가 키우는 개까지 죽이려 한다. 우리는 이처럼 우호성을 '친절함'과 연결 짓고, 우호적이지 않은 성격과 이기적 성향을 연결 짓는 이야기에 익숙하다.

하지만 우호성과 타인중심 성향은 연결점이 없다. 애덤 그랜트는 『기브 앤 테이크』에서 둘 사이에는 믿을 만한 상관관계가 없다고 설명한다. 주는 사람은 직장에서 공로를 나누고, 가르쳐주고, 도움을 제공하고, 다 같이 성공하고자 팀을 격려한다. 뺏는 사람은 자기 성공만 생각하는 등반가다. 잠시 멈춰서 일터에서 누가 주는 사람이고 뺏는 사람인지 마음속으로 명단을 작성해보자. 그리 오래 걸리지 않을 것이다. 당신이 떠올린 '주는 사람'의 특징을 생각해보자. 의외로 투덜대고, 퉁명스럽고, 때로 무례하게 느껴지는 누군가일 수 있다. 반대로 내 앞에서는 멋지고 친절했던 사람이 뺏는 사람이었음이 나중에 밝혀지기도 한다. 돕고 주는 행위가 반드시 우호적이고 기분 좋을 필요는 없다. 사실 가장 악질적인 사기꾼은 겉으로만 우호적이고, 속으로는 철저히 자기중심적으로 움직이는 인물이다.

자기중심 성향이 높고 타인중심 성향이 낮으며 비우호적이면 폭군이다. 타인중심 성향이 낮고 자기중심 성향이 높으며 우호적인 사람은 양의 탈을 쓴 늑대다. 이 사람은 가스라이팅을 잘하는 성향이 있고, 그리하여 은밀하게 해를 끼칠 수 있다. 아마 폭군보다 더 나쁠 것이다. 폭군은 보이는 그대로지만, 은밀하게 해를 끼치는 사람은 다른 사람을 기만한다. 이런 유형은 우리에게 박수를 보내고 용기를 북돋는 척을 할 테지만, 실은 자기에게 가장 좋은 일을 할 뿐이다.

타인중심 성향이 높고 자기중심 성향도 높은 사람은 우호적이든 비우호적이든 '주는 사람'이다. 우호적인 사람과 어울리는 것이 더 재미있고 마음이 편할 수는 있다. 하지만 그랜트는 테드 강연에서 이렇게 말했다. "비우호적인 주는 사람은 조직에서 가장 저평가되는 사람인데, 아무도 듣고 싶지 않지만, 모두가 들어야 하는 중요한 의견을 제시하기 때문입니다."[5]

타인을 위해 필요한 상황에서 비우호적인 태도를 보일 수 있는 사람이 사실 가장 타인중심적이라고 할 수 있다. 듣기 좋은 말만 하지 않음으로써 인기를 잃을 수 있지만, 진실을 말하며 다른 사람을 보살핀다. 동료나 팀에 진정으로 필요한 과제를 제시함으로써 모두를 앞으로 나아가게 한다.

이는 개인적인 관계에서도 마찬가지다. 우리를 가장 사랑하는 사람은 우리에게 얼마간 상처가 되더라도, 꼭 알아야 할 진실을 들려준다. 늘 진실한 '주는 사람'은 호감을 포기함으로써 때로 무엇보다 큰 것을 주기도 한다.

이타적 이기주의자라는 모순

다음은 우리가 좋아하는 모순어법 단어들이다.

달콤씁쓸
고요한 비명
출간 즉시 고전이 된 작품
(그리고…) 이타적 이기주의

'스트레스'라는 용어를 대중화한 사람은 1956년 헝가리-캐나다의 내분비학자 한스 셀리에Hans Selye다. 그는 『삶의 스트레스The Stress of Life』라는 책을 출간하며 '이기적 이타주의'라는 용어를 처음 쓰기 시작했다. 셀리에는 타인중심적으로 살면 스트레스가 건강에 미치는 영향을 완충할 수 있고, 도움이나 베풂을 받는 사람뿐 아니라, 주는 사람도 유익함을 얻을 수 있다는 걸 수십 년 전에 깨달았다.[6]

철학자들은 이타적 이기주의가 진정한 이타성의 발현인지, 아니면 형태만 바꾼 이기주의인지를 두고 논쟁을 벌여왔다. 하지만 우리 안의 느낌과 행동의 결과가 언제나 100퍼센트 일치해야 한다면, 공익이나 타인중심성이라는 것이 존재할 수 있을까? 밥 버포드는 『하프타임』에 이렇게 썼다.

"나는 '이타적 이기주의'를 실천하고자 최선을 다한다. 이타적 이기주의는 남을 도움으로써 개인적인 만족을 얻는 것을 뜻한다. 이타적 이기주의는 이웃이 보내주는 호의를 가장 큰 이득으로 여긴다."

진정으로 사심을 버리는 것이 가능한가에 관해 격렬한 철학적 논쟁을 펼친 두 사회심리학자가 있다. C. 대니얼 뱃슨C. Daniel Batson은 인간에게는 동감할 수 있는 능력이 있으므로 진정한 이타성이 존재한다고 주장했다. 로버트 치알디니Robert Cialdini는 인간이 다른 인간을 돕는 이유는 타인의 고통을 목격하는 괴로움에서 벗어나 자기 기분을 나아지게 만들기 위함이며 그러므로 진정한 이타성은 존재하지 않는다고 주장했다. 이러한 순환 논쟁은 항상 교착상태에 빠지는 것 같다.

'순수한' 이타성은 어떤 모습일까? 테레사 수녀? 사람들을 지키기 위해 자기 목숨을 희생하는 아이언맨? 우리는 사실 이타성에 관한 철학적 주장이나 순수한 이타성에 큰 관심을 두지는 않는다. 우리는 과학자로서 공감하고, 배려하고, 관계를 맺고, 희망을 품을 때 우리에게 어떤 이로움이 있는지 뒷받침하는 증거에 관심이 있다.

'제로섬 게임'이라는 표현을 들어봤을 것이다. 당신과 친구에게 케이크가 하나 있는데, 친구가 케이크를 통째로 먹겠다고 한다. 그러면 당신은 케이크를 못 얻고 친구는 전부 얻는다. $1-1=0$. 이것이 제로섬 게임이다. 반면 당신과 친구가 케이크를 나눠 먹을 수도 있다. 케이크를 먹으며 보고 싶던 영화나 야구 경기를 보고, 농담을 하고, 와인이나 맥주를 곁들인다. 이때 당신과 친구의 뇌에서는 보상 호르몬이 나오고, 둘 다 기분이 좋아질 것이다. 한 사람이 행복하다고 해서 다른 사람이 불행하리라는 법은 없다. $1+1=\infty$. 이것이 논제로섬 게임이다.

이타성(순수하든 이기적이든 무슨 상관일까?)은 논제로섬 게임이다. '이타성'은 항상 승리하며, 양방향이다. 양쪽에 다 효과가 있다는 뜻이다. 누군가가 다른 누군가를 돕고 지원하면 주는 사람과 받는 사람 모두에게 이득이 된다. 이타성이라는 '원더 드럭'은 세상의 그 어떤 치료약과도 다르다. 부작용이 없고, 깨알 같은 글씨로 적힌 기나긴 주의 사항도 없다. 공감과 이타적 행동이 나에게 도움이 된다는 점을 인지하고 그것을 실천한다고 해도 문제가 없다. 다른 이를 진정으로 배려함으로써 따라오는 효과들(번아웃 증후군 예방, 스트레스 감소 등)을 마음껏 누린다고 해서 반칙도 아니다.

오늘날 우리는 정상에 오르는 일에 관해 수많은 조언을 듣는다. 당신이 젊다면 더 그러할 것이다. 하지만 산꼭대기에 도달하고 나면, 그곳이 자기가 원하던 곳이 아니었음을 깨닫게 된다. 그러고 나면 더 오를 의미가 있는 산, 작가 데이비드 브룩스가 '두 번째 산'이라고 말했던 곳을 보게 된다. 그 산에 오르는 방법은 타인에게 필요한 도움과 행복과 즐거움을 가져다주기 위해 할 수 있는 일을 하는 것이다. 사람들은 보통 먼저 성공을 이룬 후, 그다음에 베풂을 실천하겠다고 생각한다. 하지만 진실은 이렇다. 삶에서 행복과 성공을 얻은 이들은 '먼저 주는' 사람이었고 덕분에 성공을 이뤘다. 따라서 우리는 사람들에게 첫 번째 산을 건너뛰고, 두 번째 산으로 직행하라고 말한다. 이기심이라는 산 아래를 빙 돌아 이타심이라는 산을 먼저 등반하기를 권하는 것이다. 그러면 인생이라는 험한 산을 오를 때도 지치거나 외롭지 않을 것이며, 훨씬 수월하게 완주해낼 수 있을 것이다. 정상에서 서로 도움을 주고받았던 사람들과 함께 풍경을 감상할 수도 있을 것이다. 그렇게 할 때 우리의 삶은 분명 의미 있고 건강하고 행복할 것이다.

두 번째 산에 도착하고자 진정한 이타심이란 무엇인지에 대해 철학적으로 고뇌할 필요는 없다. 대신 균형 잡힌 방식으로 논제로섬 게임을 함께하는 일에 집중하자. 타인이 나를 이용하도록 두지 않되, 그들의 생각과 감정에 진심으로 귀를 기울이자.

당신은 어쩌면 이미 '주는 삶'을 살고 있을지 모른다. 아니면 그런 삶에서 우울하리만치 떨어져 있을지 모른다. 이것을 알 수 있는 좋은 방법이 있다. 간단한 검사를 준비했으니, 페이지를 넘겨 알아보자.

인간 본성이 지닌 가장 강력한 힘 중 하나는
변화가 가능하다는 믿음이다.

숀 아처

심리학자 · 작가

4

공감은
뇌 배선을 바꾼다

"넌 진짜 이기적이야." 혹시 살면서 이런 말 들어본 적 있는가? (없길 바란다.) 당신은 자신의 자기중심적 성향과 타인중심적 성향을 어떻게 판단하는가? 자신을 이타적인 사람이라고 생각하는가? 과연 나의 자기중심적 성향은 얼마나 강할까? 아래 검사가 답을 내어줄 것이다.

다음 20개 문항 옆에 동의하거나 동의하지 않는 수준을 5점 척도로 평가해 적어보자. 가능한 한 솔직하게 답하길 바란다.

전혀 그렇지 않다	그렇지 않다	보통이다	그렇다	매우 그렇다
1	2	3	4	5

1   다른 사람을 돕는 일에 시간을 잘 활용한다.

2   기회가 생기면 곤경에 처한 사람을 돕고자 기꺼이 할 수 있는 일을 한다.

3   택시 뒷좌석에서 지갑을 발견하면 주인에게 돌려주려 노력할 것이다.

4   사랑하는 사람을 돕는 일은 삶에서 가장 큰 기쁨이다.

5   누군가 차에 치이는 응급상황이 발생하면, 어떤 식으로든 돕고자 노력할 것이다.

6   친구가 전화를 걸어와 당장 내가 필요하다고 한다면, 흔쾌히 모든 일을 제치고 도울 것이다.

7   자원봉사를 하는 건 매우 보람된 일이다.

8   가던 길을 멈춰 서서 길을 잃은 분에게 방향을 알려줄 것이다.

9   내 시간을 자진해서 내줄 때 훈훈함을 느낀다.

10   좋은 목적에 시간이나 돈을 기부하는 일은 중요하다.

11   노인을 돕는 일은 모두가 함께 짊어져야 할 사회적 책임이다.

12   미취학 아동 교육과정에 공감 교육을 포함해야 한다.

13   죽으면 장기기증을 하고 싶다.

14   소속된 공동체나 학교 행사에서 자원봉사를 부탁하는 전체 메일을 받으면 신청할 것이다.

15   사람들을 도우면 마음이 편안하다.

16   계산대에 줄을 섰는데 뒷사람이 계산할 물건이 한두 개뿐이라면, 그에게 순서를 양보할 것이다.

17   어려운 사람을 도우면 자부심이 들지만, 자랑하며 떠벌릴 만한 일은 아니다.

18   타인에게 도움을 받는다고 해서 의존적이 되는 것은 아니며, 도움은 한 사람이 자립할 수 있도록 숨 돌릴 틈을 주는 일이다.

19   자연재해가 닥치면 이재민을 돕고자 돈을 기부할 것이다.

20   노숙자에게 기부하는 것은 매우 옳은 일이다.

채점 방법 이제 대답한 점수를 모두 합산하자. 점수 범위는 20에서 100이다. 점수가 높을수록 타인중심적 성향이 높고, 점수가 낮을수록 자기중심적이다.

60점 이하	60~69점	70~79점	80~89점	90~100점
F	D	C	B	A

이 검사는 미네소타주립대학교의 심리학 교수 개리 S. 니켈이 1998년에 개발한 '타인을 돕는 태도 척도'[1]를 살짝 각색한 것이다. 행동과 감정을 모두 다루기에 타인중심적 성향을 평가하기에 좋은 도구다.

니켈은 학부생 409명에게 이 검사를 해보게 했는데, 그들의 평균 점수는 79.56점이었다. 표준편차는 8.73이었는데, 즉 68퍼센트의 학생이 70.83점부터 88.29점 사이의 점수를 받았다는 뜻이다. 평균 점수인 79.56은 환산하자면 C+ 혹은 B-에 가까운 완벽한 평균치이므로, 일반 대중의 타인중심 성향을 잘 나타내는 것으로 보인다.

이타성과 공감에 관한 연구를 시작하기 전에 이 검사를 받았다면, 우리도 C+와 B- 사이의 점수를 받아들었을 것이다. 하지만 그건 이타성과 공감의 힘을 알게 되기 전의 일이며, 지금은 B 혹은 B+ 사이의 점수를 받게 되었다.

당신의 점수는 어떤가?

설령 점수가 실망스럽다고 해도 기운 내길 바란다. 타인중심적 성향은 대수학과 비슷하다. 어떻게 하는지 배우려고 조금만 노력을 기울여도 성적을 올릴 수 있다. 지금까지 이 책을 읽었다면, 삶이라는 학교에서 C 학점을 받지는 않을 것이다. 앞으로 우리가 제안하는 전략을 활용한다면, 이번 학기가 끝나기도 전에 더 높은 점수를 받고 그 혜택까지 거둘 수 있을 것이다.

공감이라는 기술

이 검사에서 C 이하를 받은 독자라면 '내가 언제부터 이렇게 이기적이었지? 나는 혼자 살다 죽을 운명인가?'라는 의문이 들 수도 있다. 하지만 그건 성급한 걱정이다.

신경과학에서는 '본성 대 양육' 문제를 오래 연구해왔다. '본성'이 우세하다는 견해에 따르면 우리는 성격적 특성을 타고나며, 이렇게 내재한 성질은 바꿀 수 없다. 이 말이 사실이라면 우리는 유전자를 기반으로 특정한 사람이 되도록 타고났을 것이다. 성격은 운명이다.

반면 '양육'이 우세하다는 견해에 따르면 우리는 배우고, 훈련함으로써 특정한 기술을 발달시키고 어떤 성향을 극대화하거나 최소화할 수 있다. 이때 성격은 선택이다.

그렇다면 공감과 이타심은 어떨까? DNA가 우리의 눈동자 색을 결정하듯, 타인중심적 성향도 어느 정도 타고나는 것일까? 이 질문을 파고든 흥미로운 연구가 있다. 최근 연구자들은 오하이오주 트윈스버그에서 해마다 열리는 '쌍둥이의 날 축제Twins Days Festival(세계 최대 규모 연례 쌍둥이 모임)'에 가서 거기 모인 296명의 쌍둥이에게 설문지를 건넸다.[2] 설문은 이타적 행동에 관한 내용으로 구성됐는데, 결과는 다음과 같았다. DNA가 같은 일란성 쌍둥이는 장기기증에 관한 의사가 완전히 같았다. DNA가 다른(일반적인 형제자매만큼은 같지만) 이란성 쌍둥이는 33퍼센트가 장기기증에 관해 완전한 의견 일치를 보였다. '길 잃은 낯선 사람을 도와야 할까?'라는 질문에 일란성 쌍둥이는 63퍼센트가 의견 일치를 보였지만, 이란성 쌍둥이는 24퍼센트에 그쳤다. '도움이 필요한 낯선 사람에게 돈을 줘야 할까?'라는 질문에 일란성 쌍둥이는 51퍼센트가 의견 일치를 보였고, 이란성 쌍둥이는 29퍼센트에 그쳤다. '버스에서 자리를 양보해야 할까?'라는 질문에 일란성 쌍둥이는 46퍼센트가 의견 일치를 보였고, 이란성 쌍둥이는 24퍼센트에 그쳤다.

DNA를 공유하는 일란성 쌍둥이는 의견이 일치할 때가 꽤 있지만, 항상 그런 것은 아니었다. 이란성 쌍둥이는 무엇이든 의견이 일치하는 법이 별로 없었다. 자선단체에 기부하는 일에 대해서는 16퍼센트만이 같은 답을 들려줬다. 마트 계산대에 줄 선 사람들 사이에서 무작위로 한 쌍을 골라내도 그들보다는 더 통일된 의견을 들려줄 것 같았다. 이 실험 결과는 개인의 공감 능력이 DNA나 가족 환경에 달려 있지 않음을 명확히 보여준다.

스탠퍼드대학교 심리학 교수이자 『공감은 지능이다』를 쓴 자밀 자키는 부모의 DNA에서 물려받은 유전적 특징으로 설명할 수 있는 선천적 배려 능력은 30퍼센트에 불과하다고 추정했다. 다른 사람을 위해 자신의 감정과 시간, 돈을 내어주는 능력의 70퍼센트는 양육에 따른 결과다. 우리는 분명히 타고나는 자질이 있다. 과학계의 모든 사람이 특출나게 타고나는 재능이 있다는 것에 동의한다. 모두가 마이클 펠프스 같은 체형이나 운동 능력을 타고나지는 않는다. 하지만 누구든 노력하면 더 빨리 헤엄치는 법을 배울 수 있다. 모두 비욘세 같은 음악적 재능을 타고나진 않지만, 누구든 연습만 한다면 피아노를 연주할 수 있다.

우리는 하고 싶은 거의 모든 것을 배울 수 있으며 공감 능력도 예외가 아니다. 철저하게 이기적으로 '타고난' 사람은 없다. 내 이득만 챙겨야 한다는 생각이 처음부터 영혼에 밴 사람도 없다. 우리는 고정된 존재가 아니다. 영원히 관대하지도 않고, 끝없이 탐욕스럽지도 않다. 매 순간 행동을 선택할 뿐이다. 우리는 얼룩말로 태어나지 않았다. 변화가 가능하다고 믿는다면, 셔츠를 갈아입듯 우리 의지로 줄무늬를 바꿀 수 있다.

'나는 그런 성격이 아냐'라거나, '세상은 원래 그런 식이야'라는 말에 과학적 근거라고는 없다. 핑계일 뿐이다. 물론 변화를 꾀하는 일은 언제나 두렵다. 지도 없이 미지의 세계로 나가는 일이니까. 이 두려움은 나이가 들수록 더 커진다. 변화에 혜택이 따를 것을 알더라도, 변화를 위해 힘겹게 노력하지 않아도 된다면 무슨 말이라도 믿을 것이다. 하지만 증거에 따르면 당신은 충분히 생각을 바꿀 수 있다. 100퍼센트 가능하다. 동감, 공감, 타인중심성은 성향이 아니라 기술이다. 결정을 내릴 단호한 의지만 있다면 기술은 갈고닦을 수 있다. 이는 요구나 위협이 아니다. 단지 당신도 할 수 있다는 약속일 뿐이다.

공감은 뇌를 역동적으로 변화시킨다

공감은 헌신이다. 우리에게 있거나 없는 무언가가 아니라,
연습하기로 선택하는 무언가다.

브레네 브라운

우리는 어릴 때 인간의 뇌가 백질과 회백질, 신경세포와 혈관
으로 구성된 지방 덩어리라고 배운다. 이는 사실이다. 하지만 뇌는
사용하는 방식에 따라 성장하고 변화한다는 점에서 근육에 더 가
깝다. 몇 달 동안 팔 운동만 한다면, 팔뚝은 거대해질 테지만 배나
다리의 근육은 변하지 않거나 줄어들 것이다. 마찬가지로 우리가
뇌의 일부를, 예컨대 긍정적 정서와 유대감을 담당하는 영역을 자
주 사용한다면, 그 영역은 더 강하고 커질 것이고, 부정적 정서와
무관심을 관장하는 영역은 쪼그라들 것이다.

우리는 뇌를 단련하고 연마하여 이타적으로 변화시킬 수 있
다. 타인에게 공감하고, 다른 누군가의 크고 작은 어려움을 외면하
지 않는다면, 뇌는 타인중심적으로 부풀어 오른다. 나에게만 집중
하고, 조금도 손해 보지 않으려 애쓴다면, 뇌의 이기심 근육이 강해
진다. 마하트마 간디는 언젠가 말했다. "공감은 사용할수록 강해지
는 근육이다."

신경 가소성: 학습이나 경험에 반응하여, 혹은 부상에서
회복하기 위해 시냅스 연결을 형성하고 재편성하는 뇌의 능력.
신경 가소성 덕분에 뇌는 평생 변화할 수 있다.

신경과학자들이 처음으로 신경 가소성을 발견한 것은 뇌졸중으로 뇌 일부가 손상되거나, 혹은 뜨개바늘이 눈을 뚫고 들어와 뇌에 박힌 환자(이런 일은 실제로 일어난다. 독자 여러분은 우리가 오랜 시간 응급의학과에서 일하며 어떤 환자들을 만났는지 짐작도 못 할 것이다)를 연구하면서였다.

대단히 놀랍게도 뇌는 뉴런(뇌세포)을 새로 연결하여 손상된 조직을 보완할 수 있다. 신경 가소성은 우리가 어떻게 병이나 부상에서 회복하여 다시 기능할 수 있는지를 설명해준다. 뇌는 벽돌이 아니라 어느 정도 모양을 바꿀 수 있는 찰흙 덩어리에 가깝다.

최근 신경과학자들이 알아낸 바에 따르면 뇌는 물리적 부상에서 회복하는 데 그치지 않고 훨씬 더 많은 것에 적응할 수 있다. 새로운 상황과 도전, 환경, 수행 요구에도 뇌는 변화한다. 한때 신경과학자들은 특정 나이가 지나면 뇌가 '고정'된다고, 늙은 개는 새 재주를 배우지 못한다고 믿었다. 하지만 건강한 성인의 두뇌는 역동적이다. 나이가 들면서 다소 기능이 감소하긴 하지만, 평생 신경 발생(새로운 뇌세포 형성)을 경험할 수 있다.[3] 그러므로 바뀌기에 너무 늦었다는 말은 그저 핑계다.

신경 가소성에 관한 연구는 과학계에 진정한 인식 변화를 이끌었다. 반복된 생각과 행동에 따라 뇌는 변화할 수 있다. 런던의 택시 운전사 이야기를 들려주고 싶다. 런던은 좁고 구불구불한 길이 마치 혼란스러운 미로처럼 얽혀 있는 도시다. 이곳에서 택시 운전 면허 시험에 응시하려면 세상에서 가장 길고(3~4년) 혹독한 길 찾기 훈련을 거쳐야 하는데, 덕분에 런던의 택시 운전사들은 그 미로 같은 길을 손바닥처럼 훤히 꿰고 있게 된다. 유니버시티칼리지

런던 소속 연구자들은 MRI 촬영을 이용해 노련한 런던 택시 운전사들의 뇌를 살펴보았다.[4] 그 결과 그들은 뇌에서 공간 관계와 공간 기억을 담당하는 후방 해마가 평균보다 훨씬 크다는 사실을 발견했다. 복잡한 길목을 외우고, 손님의 목적지까지 최단 거리를 계산해 운전해야 하는 까다로운 요구에 매일 노출되다 보니 그들의 뇌 구조가 바뀐 것이다. 이 연구는 '고정된 뇌'라는 개념을 완전히 뒤집었다.

변화는 성장을 만들어낸다. 이 사실은 특히나 흥미롭다. 과학에서 드러난 바에 따르면, 성장도 변화를 만들어내기 때문이다.

할 수 있다고 믿기에 할 수 있는 것이다

사회심리학과 발달심리학의 세계적 석학인 캐롤 드웩은 저서 『마인드셋』에서 자신이 할 수 있음을 아는 것이 새로운 것을 배울 때 얼마나 중요한지 설명한다. 변화한다고 믿어야 변화할 수 있다.[5]

많은 사람이 능력을 타고나야 배움에 성공할 수 있다고 믿는다. 드웩은 이런 믿음을 '고정 사고방식fixed mindset'이라고 묘사한다. 반대는 '성장 사고방식'이다. 성장 사고방식을 지닌 사람은 근면하게 훈련하고 인내하면 배움에 성공한다고 믿으며, 지능이 '팽창'한다고 생각한다.

고정 사고방식을 지닌 사람은 자기 능력을 변치 않는 특성이라 믿는다. 실패를 몹시 두려워하는데, 실패하면 타고난 능력 부족이 탄로나리라 생각하기 때문이다. 그 결과 적극적으로 새로운 일에 도전하지 않는다.

성장 사고방식을 지닌 사람은 능력을 기술처럼 갈고닦아야 한다는 것을 이해한다. 실패를 통해 배운다는 사실을 알기에 실패를 과도하게 두려워하지 않는다. 이런 개인은 자연스럽게 더 적극적으로 새로운 것들에 도전하여 여러 능력을 기른다. 드웩의 연구에서 드러난 바에 따르면, 성장 사고방식을 지닌 사람은 무엇을 성취하고자 하든 시간이 갈수록 성공할 가능성이 더 컸다.

이런 사고방식은 타인을 배려하는 능력에도 적용된다. 드웩과 동료들이 여러 차례 진행한 연구에 따르면, 성장 사고방식을 유지하는 사람들('할 수 있을 것 같아'라고 말하는)은 고정 사고방식을 유지하는 사람들('나는 안 될거야'라고 말하는)보다 훨씬 더 많이 공감하려 노력했다. 그들은 자기 행동을 개선하는 데 더 관심이 많았기 때문이다. 우리의 사고방식은 우리의 노력에 강력한 영향을 미친다. 바꿀 수 있다고 믿으면, 실천할 동기를 얻는다.

『공감은 지능이다』을 쓴 자키, 『마인드셋』을 쓴 드웩, 스탠퍼드대학교의 카리나 슈만은 함께(가히 '공감 어벤저스'라고 할만하다) 공감을 발휘하기 어려운 상황일 때 사람들의 사고방식이 공감에 어떤 영향을 미치는지 연구했다.[6]

연구진은 실험 참가자에게 타인의 슬픈 사연을 들어주거나, 암 환자를 돌보거나, 정치적 견해가 부딪히는 상대와 관계를 맺는 등 부담스러운 과제를 수행하게 하며 그들의 공감 수준을 측정하는 실험을 했다. 7번에 걸친 연구 결과에 따르면, 성장 사고방식을 지녔으며 공감을 발전시켜야 할 기술이라고 믿는 참가자는 상황이 어려워질 때도 더 열심히 노력하며 상대와 관계를 맺으려 시도하는 모습을 보였다. 고정 사고방식을 지녔으며 공감이 타고난 성격적 특성이라고 믿는 참가자는 더 빠르게 포기하는 경향을 보였다. 하지만 실험은 여기서 끝이 아니었다. 연구진이 참가자들에게 성장 사고방식에 대해 알려주고, 더 잘할 수 있다고 격려하자 고정 사고방식을 지닌 사람들도 더 시도하고, 더 귀 기울이고, 더 배려했다. 이는 바라건대 이 책을 통해 우리가 하고 싶은 일이다. 드웩은 말했다. "어떤 사람으로 존재하기보다는 어떤 사람이 되어가는 일이 더 좋다."

행복해지려면 얼마나 투자해야 할까?

이타적 삶은 한 번의 시도로 뚝딱 해결되는 처방이 아니다. 브로콜리를 한 번만 먹고 건강해질 수 없듯이 말이다. 브로콜리든 이타성이든 한 번으로는 효과가 없다. 뇌 구조를 바꾸고 이타적 사고방식을 기르기 위해서는 진정한 몰입이 필요하다.

과학자들은 몰입이 발휘하는 힘과 그것이 뇌에 미치는 영향을 연구하기 위해 다양한 대상을 찾는다. 고강도의 길 찾기 훈련이 뇌를 어떻게 바꾸는지 밝히기 위해 런던의 택시 운전사들을 연구한 것처럼, 여기 한 무리의 연구진은 공감이 뇌에 미치는 영향을 연구하기 위해 티베트 불교 수도승을 찾았다.

티베트 수도승들은 공감 능력이 대단히 뛰어나다. 그들은 수도승이 되고자 준비할 때부터 타인에 관한 '공감 및 자애 명상loving kindness meditation'으로 1만 시간 이상을 보낸다. 이는 호흡을 세거나, 명상 애플리케이션을 이용해 가볍게 이완하는 수준의 명상이 아니다. 티베트 수도승들은 맹렬하게 명상에 몰입하며 실제로 뇌 기능을 바꾼다.

위스콘신대학교 '건강한 마음 센터Center for Healthy Minds'의 리처드 J. 데이비드슨과 동료들은 오랜 시간 명상 수련을 한, 가장 숙련된 티베트 수도승 몇 명을 연구했다. 이들은 수도승의 머리에 전극 256개를 붙인 뒤 뇌전도EEG 검사로 뇌의 전기 활동을 측정해보았다. 그 결과 수도승들의 뇌파는 대조군에 비교하면 말 그대로 도표를 뚫고 나가는 수준이었다.[7]

우리에겐 감마파라는 특별한 뇌파 유형이 있다. 감마파는 무언가 엄청난 통찰을 얻었을 때, 신이 난 나머지 '아하!'라고 외치는 순간, 뇌의 여러 영역이 조화롭게 빛나며 감지된다. 보통 감마파는 짧게 나타났다 사라지며, 뇌의 한쪽 영역에서만 나타나고 진폭도 작다. 하지만 수도승들이 '공감 상태'에서 생성해낸 뇌전도 데이터는 실험실은 물론이고 다른 어떤 곳에서도 본 적이 없던 것이었다. 수도승에게서 나타나는 감마파는 평범한 대조군의 것보다 훨씬 강하고 일관적이었으며, 광범위한 뇌 영역을 망라하며 동시에 나타났다.

가장 흥미로운 발견은 이것이다. 수도승이 공감 명상을 멈추자 감마파의 활동이 감소했다. 하지만 아무런 정신적 활동을 하지 않을 때도 여전히 대조군보다 뚜렷이 높은 수치를 보였다. 이 차이는 놀랍게도 자는 중에도 지속됐다.[8] 명상은 수도승의 뇌를 바꾸고, 그들의 존재를 바꾸었다. 명상의 이득은 더 있다. 자애 명상을 전문적으로 수행하는 사람은 뇌의 감정 통제 영역에 있는 회백질이 통통하게 부풀었다.[9] 그 결과 심리적 안정을 느꼈다.

그렇다면 우리도 자애 명상의 혜택을 얻기 위해 직장을 그만두고 라싸로 이주해 산을 올라 수도승과 함께 수련해야 하는 걸까? 다행히 그렇지는 않다. 데이비슨이 발견한 바에 따르면, 2주만 공감을 훈련해도 뇌는 변화한다.[10]

2주도 너무 길다면, 1주일은 어떨까? 캘리포니아대학교 리버사이드 캠퍼스의 소냐 류보머스키와 동료들은 실험 참가자 280명의 행복, 웰빙, 유대감 수준을 측정한 뒤 무작위로 세 그룹에 배정했다.[11] A그룹에게는 이타적 행동을 하면 자기도 행복해질 수 있다는 기사를 읽게 했고, B그룹에게는 이타적 행동을 하면 다른 사람을 행복하게 만들 수 있다는 기사를, C그룹에게는 이타성과 아무 상관 없는 기사를 읽게 했다. 그런 다음 모든 참가자에게 1주일간 이타적 행동을 하며 이를 기록하게 했다. 그리고 1주일 뒤 다시 행복, 웰빙, 유대감 수준을 측정하자, A그룹은 긍정적 정서, 삶의 만족도, 유대감 등 모든 지표가 가장 많이 증가했다. A그룹 사람들이 친절을 베풀며 자신도 이득을 보았음은 의심할 여지가 없다. 이 연구는 개인의 '프레임'에 관한 것이다. 이타적 행동이 내게 이득이 된다는 사실을 믿는다면, 우리는 이타적으로 행동하고 그 이득을 얻을 것이다.

1주도 너무 길다면, 6시간은 어떨까? 독일의 막스플랑크 인간 인지 및 뇌 과학 연구소의 타니아 싱어 교수는 짧은 시간의 공감 훈련이 어떤 변화를 만들어내는지 살펴보았다.[12,13] 그들은 참가자에게 고통스러워하는 사람들이 나오는 영상을 보여주며 그들의 신경 반응을 fMRI로 측정했다. 그런 다음 6시간 동안(넷플릭스 드라마 한 시즌을 보는 것보다 짧은 시간이다) 공감 훈련을 받게 한 후 다시 영상을 보여주었다. 훈련 전에는 영상을 볼 때 뇌의 부정적 정서와 관련된 영역이 활발히 반응했다. 하지만 공감 훈련 뒤에는 긍정적 정서와 관련된 영역이 밝게 빛났다. 영상 속 사람이 느끼는 감정이 내게 전해지는 걸 차단하기 위해 부단히 애쓰는 대신, 그에게 공감할 수 있게 되었기 때문이다. 결론은 이렇다. 공감 능력은 기를 수 있으며, 이는 우리의 회복력을 강하게 만든다. 공감은 고통에 맞서는 전략이다.

• "여기 앉으시겠어요?" •

붐비는 지하철에 서서 퇴근하는 길, 기적이 일어나 잽싸게 좌석을 차지한다. 엉덩이를 자리에 잘 붙이며 생각한다. '좋았어! 오늘은 운이 좋군.' 그런데 다음 정거장에서 임신부 혹은 노쇠한 노인 혹은 목발을 짚은 사람이 지하철에 오른다. 우리의 뇌는 나보다 의자가 필요한 사람을 무시할지, 아니면 일어나 자리를 내어줄지 순식간에 결정한다.

우리는 사람들이 임신부에게 얼마나 잘 자리를 양보하는지를 두고 아내와 가까운 친구들을 대상으로 몹시 비과학적인 여론조사를 벌였다. 남자들은 신사답게 행동할 기회를 차지하고자 앞다투어 나서지 않을까? 하지만 아니었다. 한 친구에 따르면 '임신부에게 서둘러 자리를 양보하는 사람'은 여성이었다. 특히 개월 수가 얼마 안 된 임신부들이 자리를 양보했다. 어떤 친구는 출산이 며칠 안 남았을 무렵 뒤뚱거리며 붐비는 지하철을 탔을 때의 이야기를 들려줬다. 사람들은 그를 쳐다보지도 않았는데, 친구는 실험 삼아 큰 소리로 신음하며 배를 움켜줬다. 그런데도 다들 휴대전화만 빤히 쳐다볼 뿐, 아무도 그를 주목하지 않았다.

노스이스턴대학교의 심리학 교수이자 『감정이 이끄는 성공: 감사, 공감, 자부심의 힘Emotional Success: The Power of Gratitude, Compassion and Pride』의 저자인 데이비드 데스티노가 이끄는 팀은 공감 능력을 높이는 일과 양보의 상관관계를 살펴보았다.[14] 연구진은 참가자들에게 3주간 헤드스페이스Headspace 명상 애플리케이션으로 공감과 관련된 마음챙김 명상을 하게 했고, 대조군에게는 다른 인지 기능 수업을 받게 했다. 그런 다음 참가자들을 다시 실험실로 불러 인지 능력을 측정하겠다고 말했다. 대기실에는 의자가 세 개 있었는데, 그중 두 의자에는 연구진이 고용한 배우가 앉아 있었다. 참가자는 실험이 이미 시작됐다는 사실을 모른 채, 빈 의자에 앉아서 검사를 위해 이름이 불리길 기다렸다. 조금 뒤 대기실 문이 열리며 커다란 발목 보조기를 차고 목발을 짚은 여성이 절뚝거리며 들어왔다. 그 역시 배우다. 그는 몸이 불편한 티를 역력히 내면서, 누구라도 아픈 사람이라는 것을 알 수 있게 행동했다.

데스티노의 팀이 예측했던 대로, 공감 명상 훈련을 했던 참가자들이 대조군보다 의자를 더 많이 양보했다. 공감 반사compassion reflex가 명백히 증가했다는 증거였다.

쿠퍼 대학병원의 동료인 브라이언 로버츠와 선딥 파텔의 연구에 따르면, 공감은 환자와 의료진 모두에게 유익하다. 의료진에게 환자와 말할 때 서 있기보다는 앉아서 하기, 환자의 비언어적 감정 신호를 보고 정보를 주기, 눈을 맞추기, '듣고 있습니다'라거나 '저는 환자분을 도와드리러 왔습니다'라고 말하기 등을 실천하게 하자, 의료진은 치료를 더 효율적으로 수행한다고 느꼈고, 환자는 더 좋은 돌봄을 받고 있다고 느꼈다. 이것이 목표다. 조금만 더 배려해서, 모두가 훨씬 나은 기분을 느끼는 것.

지하철이나 대기실에서 자리를 양보해본 적이 있다면, 그때 기분이 어땠는가? 자리에서 일어나지 않았다면, 그때는 기분이 어땠는가? 시선을 피하고, 이기심 때문에 마음을 졸이진 않았는가? 어쩌면 다음에 공감 능력을 발휘할 기회가 생긴다면, 그 기회를 꼭 잡아보길 권한다.

뇌는 행동에 따라 재편성된다

"네 내면이 중요한 게 아니야.
네 행동이 너를 정의하는 거야."

〈배트맨 비긴즈〉 중에서

행동이 변하면 태도가 변한다. 그리고 작은 행동이 계속 쌓여서 마침내 우리는 변화한다. 타인에게 다정하게 대하면 당신은 다정한 사람이 될 것이고, 그를 진정으로 아끼게 될 것이다. 아리스토텔레스는 말했다. "사람은 행동으로 내면에 덕을 쌓는다." 숨겨진 문을 열고 새로운 세계를 발견하는 일의 즐거움을 알려주었던 『나니아 연대기』의 작가 C.S. 루이스는 이렇게 썼다. "누군가를 사랑하는 것처럼 행동하면, 곧 그를 사랑하게 될 것이다."

공감과 이타적 행동을 반복하다 보면 그것이 습관처럼 자리를 잡을 것이다. 그리고 '내가 어떤 사람인가'를 생각하는 일(대체로 답이 없고 괴롭기만 한 일이다) 자체가 줄어드는 걸 발견하게 될 것이다. 이타적으로 생각하고 행동할 때, 뇌에서는 그와 관련한 시냅스 통로가 더 튼튼해진다. 이기적인 행동을 덜 할수록 이와 관련한 시냅스 통로는 결국엔 시들어 사라질 것이다. 친절한 행동을 반복함으로써 우리의 존재를 변화시킬 수 있듯, 반대로 비열하고 이기적인 생각과 행동을 반복하면 점점 더 자기중심적이 된다. 공감하지 않기로 선택할 때마다, 관계를 밀어낼 때마다, 뇌에서는 무관심이나 고립과 관련된 시냅스가 자극받는다.

우리 각자에겐 승자 독식의 시대를 끝낼 힘이 있다. 타인을 구하는 게 곧 나를 구하는 일이다. 이 프레임을 기억하자. 다른 사람에게 공감하고, 친절을 베풀고, 양보하는 일이 나의 행복에 도움이 된다고 믿으면 그렇게 될 것이다. 2부에서는 '주는 사람'이 어떻게 더 건강하게 장수하고, 우울과 불안 없이 행복하며, 경제적으로도 더 성공할 수 있는지, 공감과 베풂의 효능을 낱낱이 밝힐 것이다. 그러니 프레임에 갇힐 준비를 하시라.

2부

치료

The Cure

타인을 대하는 방식이
내 삶을 결정한다

아주 사소한 예외를 제외하면,
우주 만물은 다른 존재에게
의존한다는 사실을 기억하길 바란다.

존 앤드루 홈스
미국 전 상원의원

5

포옹이 지닌
강력한 치유력

"정말 속상하겠다. 그래도 괜찮아. 괜찮을 거야." 힘든 일을 겪을 때 누군가에게 다정한 위로를 받고 기분이 나아지는 경험을 해본 적이 있는가? 연구에 따르면 진심 어린 위안은 실제로 진통제 역할을 한다. 고통 완화의 비밀은 뇌에 있다. 토닥임, 악수, 포옹 등 사회적 접촉은 진통 효과가 있다. 정말로 멋진 사실은 이 따뜻한 위로가 양방향으로 작용한다는 점이다. 위로는 주는 사람에게서 받는 사람에게로 흘러간 뒤 의식하지 못하는 새에 자동으로 되돌아온다.

이스라엘에서 행해진 한 연구[1]에서는 이 현상을 '뇌와 뇌의 결합brain-tobrain coupling'이라고 설명했다. 이들은 상당히 사디스트적인 실험을 진행했는데, 여러 쌍의 연인을 피험자로 모집하여 고통을 받는 '대상'과 그것을 지켜보는 '관찰자' 역할을 부여했다. 그리곤 뇌전도 기계로 두 사람의 뇌 활동을 기록하며, '대상' 역할을 맡은 피험자에게 실제로 고통을 가했다. 모두 과학을 위해서라며 말이다(이런 연구에 피험자로 참여하는 분들은 어떤 사람일까? 아마 특별한 유형의 이타주의자일 것이다)! 연구자들은 다음 네 가지 조건에서 연인들의 뇌파를 기록했다.

① 신체 접촉 ×, 고통 ×
② 신체 접촉 ×, 고통 ○
③ 신체 접촉 ○, 고통 ×
④ 신체 접촉 ○, 고통 ○

앞선 세 가지 조건에서 연인들의 뇌 활동은 최소한으로 결합하거나 연결되는 모습을 보였다. 하지만 신체 접촉과 통증이 모두 있는 네 번째 조건에서는 무려 22개 영역에서 결합이 이루어졌다. 연구자들은 한 사람이 다른 사람의 손을 잡을 때, 두 사람 모두에게 고통 완화 효과가 증가했으며 관찰자의 동감 정확도 역시 향상된다는 사실을 발견했다. 연인들이 서로의 감정을 아는 것도 뇌가 같은 경험을 하기 때문이었다.

이렇게 보니 인간은 〈스타트렉〉의 스팍과 비슷한 면이 있다고 할 수 있겠다. 우리도 벌컨족처럼 일종의 '마인드멜드(주로 접촉을 통해 이루어지는 벌컨족의 텔레파시 기술)'를 하며 상대가 겪는 일을 이해하고, 공감의 손길을 건넴으로써 타인은 물론 자신의 고통까지 완화할 수 있으니 말이다. 신체적 접촉은 마치 피뢰침처럼 상대의 감정을 받아들일 수 있게 한다. 또한, 친밀한 접촉에는 신경계 전체를 진정시키며 질병을 예방하는 힘도 있다. 포옹과 스트레스 및 바이러스 감염 사이의 관계를 조사한 카네기멜런대학교의 연구[2]에 따르면, 포옹을 많이 한 사람일수록 감기 바이러스를 잘 막아냈다. 연구진은 실험을 위해 건강한 성인 404명에게 감기 바이러스를 주입하고 2주 동안 관찰했는데, 타인과의 유대감이 강할수록 감염에 대한 저항성이 강했으며 포옹을 자주 나누는 사람은 감기에 걸려도 더 빠르게 회복했다. 우리 뇌와 몸은 신체 접촉을 갈망한다. 그렇다는 사실을 인식하든 못하든, 접촉은 스트레스와 고통을 줄여준다. 접촉과 친밀감 안에서 사람은 함께 치유된다. 홀로 고립될 때 우리는 취약해진다.

내가 너의 고통을 어떻게 이해할 수 있을까

앞에서 잠시 언급했지만, 동감의 작동 원리에는 심리적 기반이 있다. 우리는 살면서 곤경을 경험하고, 그 경험을 바탕으로 타인의 어려움에 쉽게 감정을 이입할 수 있다. 하지만 우리가 타인의 고통을 느끼는 데는 생리학적 근거도 있다. 우리는 말 그대로 서로의 고통을 뇌로 느낄 수 있다.

저명한 신경과학자 클라우스 람, 장 드세티, 타니아 싱어는 우리가 특정한 뇌 신경 구조를 지닌 덕분에 타인과 고통을 나눌 수 있음을 발견했다. 세 과학자가 수십 건에 달하는 fMRI 뇌 촬영 연구를 메타분석[3]한 결과에 따르면, 우리는 타인이 고통을 겪는 모습을 목격하면 내가 그 고통을 겪을 때와 같은 신경 구조가 활성화된다. 즉, 직접적 경험으로 고통을 느낄 때와 감정 이입으로 고통을 느낄 때 모두 뇌에는 동일한 방식으로 불이 들어오는 것이다. 실제로 실험 참가자에게 '고통스러운 상황'에 놓인 신체 부위를 사진으로 보여주자 그의 뇌에서 관련 영역이 활성화됐는데, 이는 자기가 고통을 느낄 때보다 격렬한 반응이었다.

앞서 짧게 언급했던 독일의 한 연구[4]에서는 실험 참가자들에게 고통받는 사람의 영상을 보여주며 fMRI로 뇌의 고통 중추 활성화를 기록했다. 그다음 단계로 참가자의 절반은 타인의 고통에 대한 공감 능력을 키우는 명상 수업을 들었고, 나머지 절반(대조군)은 기억력 훈련을 했다. 그리고 모든 참가자가 그 고통스러운 영상을 다시 봤다. 그러자 공감 훈련을 받은 그룹은 감정적인 면에서 전과 다르게 반응했다. 타인을 측은히 여기며 어떻게 도움을 줄 수 있을까에 집중하니, 고통을 지켜보기가 전만큼 괴롭지 않다고 말했다. 신경학적인 면에서도 뇌 활동이 눈에 띄게 달라졌다. fMRI 촬영 결과, 뇌의 고통 중추에 불이 들어오는 대신 주로 긍정적 정서와 소속감과 관련 있는 영역, 즉 뇌의 '보상' 중추가 활성화됐다. 독일의 또 다른 연구[5]에서도 비슷한 결과가 나왔다. 공감을 바탕으로 한 행동에 집중하는 훈련을 받은 참가자는 고통받는 다른 존재를 관찰하는 동안 뇌의 보상 중추에 불이 들어왔다. 이 실험들은 우리가 모르던 공감의 가능성을 보여준다. 상대의 아픔에 동감하는 일은 고통스럽지만, 공감으로 나아갈 수 있다면 자신도 치유된다. 사실 우리는 모두 경험을 통해 알고 있다. 누군가 고통받는 걸 목격하는 건 불편한 일이고, 그걸 지켜보는 건 힘든 일이라는 것을. 그리고 누군가를 돕는 건 확실히 기분 좋은 일이라는 것을.

배려하고, 나누고, 교류하는 데 집중하면 뇌는 좋은 기분을 느끼도록 재구성된다. 이는 타인의 힘듦이나 고통 앞에서도 마찬가지다. 그 모습을 도와야 할 기회로 받아들이기 때문이다. 확실히 말하건대, 공감은 뇌의 회복력을 강하게 만든다. 그리고 이러한 회복력 덕분에 나 자신과 타인에게 유의미한 도움을 줄 수 있다. 소아암 병동 의료진이 어떻게 일을 해낼 수 있는지 궁금했던 적이 있다면 이제 알게 되었을 것이다. 그들은 아주 높은 수준의 공감 능력을 지니고 있으며, 동감을 통해 전해지는 고통에도 내성이 강하다. 그래서 예후가 암울할 때도 환자의 삶을 바꾸기 위해 최선을 다해 노력할 수 있다. 신경과학 연구에 따르면, 바로 이런 감정이 그들을 지켜주고 치유해준다. 물론 그들이 이와 같은 능력을 타고난 것은 아니다. 꾸준한 연습으로 어느 정도의 능력을 초능력으로 바꾼 것이다.

우리가 타인의 감정을 느낄 수 있다는 건, 그들의 즐거움도 나의 즐거움으로 삼을 수 있다는 뜻이다. '간접 보상vicarious reward'을 연구한 스탠퍼드대학교 연구자들의 메타분석[6] 결과에 따르면, 타인이 좋은 결과를 얻는 모습을 지켜볼 때 우리는 자신이 승리를 경험할 때와 똑같은 뇌 부위가 활성화됐다. 우리 사회가 분열되기보다 연결될 때, 무한 경쟁 같은 이기주의의 함정에 빠지지 않을 때, 모든 것이 기쁨과 즐거움의 원천이 될 수 있다. 과학이 증명하듯, 이타심으로 타인을 기쁘게 하는 일은 결국 나를 기쁘게 하는 일이기 때문이다.

이타적 행동은 어떻게
몸과 뇌를 바꾸는가

우리 몸이 기계라면 뇌는 이 기계를 움직이는 아주 똑똑한 컴퓨터다. 그리고 공감과 이타적 행동은 정교히 정제된 고급 연료처럼 이 둘의 기능을 최적화한다. 증거에 따르면, 자원봉사를 하는 일은 크로스핏이나 지중해식 식단을 실천할 때만큼이나 몸과 뇌에 도움이 된다.

이런 일은 어떻게 가능한 걸까? 타인을 위하는 일이 나를 더 건강하고 행복하게 만드는 생물학적 근거는 무엇일까? 이타심을 발휘할 때, 우리 몸에서는 면역력을 높이고 좋은 기분을 유발하는 엔도르핀, 도파민, 옥시토신, 세로토닌이 조화롭게 쏟아진다. 이른바 호르몬계의 '판타스틱4'라고 할 수 있는 이 신경호르몬은 우울, 불안처럼 삶의 만족감을 빼앗는 다양한 심리적 고통을 예방하고 되찾는 데 도움을 준다. 그리고 스트레스 수치를 낮춰 심장병이나 만성 염증을 막는 역할을 한다. 즉, 신경심리학적, 생리학적 손상을 막아 뇌와 몸을 보호하는 것이다. 마치 마법 같은 이야기처럼 들리지만, 그렇지 않다. 어디선가 이름은 한 번씩 들어본 이 호르몬들의 정체는 정확히 무엇인지, 우리 삶을 건강하고 윤택하게 만들어 줄 이 호르몬을 흘러넘치게 할 방법은 무엇인지 지금부터 알아보자.

❶ 엔도르핀: 헬퍼스 하이 호르몬

엔도르핀은 에너지를 공급하고, 마음을 차분히 가라앉히고, 우울감을 낮추고, 자존감을 높이고, 고통과 불편을 없애고(종종 몸에서 나오는 천연 아편이라고도 부른다), 남을 도울 때 느끼는 행복감인 '헬퍼스 하이Helper's High'를 유발하는 호르몬이다.

엔도르핀 친화적인 활동으로는 운동, 성관계, 웃기, 메시지 받기, 초콜릿 먹기, 명상 등이 있다. 예를 들어 30분 이상 달리면, 헐떡이는 괴로움을 지나 '영원히 계속할 수 있을 것 같다'는 느낌이 찾아온다. 엔도르핀이 작용하기 때문이다.

1988년 뉴욕시 건강증진개발원의 책임자이던 엘런 룩스는 《사이콜로지 투데이》 기사에서 '헬퍼스 하이'라는 용어를 처음 소개했다.[7] 그는 격렬한 운동에서 느낄 수 있는 러너스 하이와 헬퍼스 하이의 유사점을 이야기했다. 그가 인용한 연구에서는 자원봉사를 하는 여성 참가자 1700여 명을 조사했는데, 참가자들은 타인을 돕는 일이 '활력을 준다', '더 차분해지고 덜 우울해진다', '자존감에 도움이 된다'는 대답을 들려주었다. 룩스는 타인에게 공감하고 이타적으로 행동할 때 발생되는 엔도르핀이 신체와 정신적 스트레스를 없애는 해독제라고 설명했다. 엔도르핀은 스트레스 호르몬인 코르티솔을 차단한다. 인간은 호르몬 시소를 타고 있다. 즉 엔도르핀이 올라가면 코르티솔은 내려간다. 헬퍼스 하이의 장점은 러너스 하이(달리기할 때 느끼는 도취감)보다 훨씬 오래 지속된다는 점이다. 달리기를 마치면 엔도르핀은 즉각 멈춘다. 하지만 타인을 기쁘게 만든 일은 우리의 기억에 새겨지며, 떠올릴 때마다 보상 중추를 활성화하고 기분 좋은 회상에 젖게 한다.

우리는 의사로서, 사람들에게 신체 건강을 위해 일주일에 최소 3회 이상 운동할 것을 권한다. 하지만 타인을 돕는다면, 땀을 전혀 흘리지 않고도 엔도르핀을 쇄도하게 만들 수 있다.

❷ 도파민: 중독성 높은 쾌감 호르몬

초콜릿 케이크를 크게 베어 물고 '좋다!'는 느낌이 드는 건, 뇌의 보상 중추에서 도파민이 나와 즐거운 감각을 느끼게 하기 때문이다. 도파민은 과제나 목표를 달성했을 때 '보상받는 느낌'을 유발한다. 기분, 동기, 주의력을 북돋우고, 감정 반응을 조절한다. 뇌는 도파민이 유발되는 순간을 기억한다. 그리고 그 보상을 추구하는 순환 고리를 생성함으로써 같은 쾌감을 반복해서 좇게 한다. 도파민은 무척 먹고 싶었던 음식을 먹거나, 섹스를 하거나, 결과를 확신할 수 없는 위험을 감수하거나(예컨대 도박), 마약성 약물을 복용할 때도 분비된다. 어떤 학자는 도파민을 '뇌에서 나오는 코카인'이라고 부른다. 그만큼 도파민은 중독성이 있다.

도파민에 대해 덜 알려진 사실이 있다. 도파민이 좋은 행동과 좋은 기분을 연결하는 다리라는 점이다. 이스라엘의 한 연구[8]에 따르면, 인간 뇌의 보상체계는 타인(혈연관계든 아니든 상관없이)의 혜택을 위해 희생을 할 때도 작동한다. 이처럼 설계된 이유는 배려심과 이타적 행동이 진화에 필요했기 때문이다. 주는 일에는 보상이 따른다. 주는 일은 종의 생존을 보장한다. 연구의 저자는 타인중심적인 행동이 '진화라는 방앗간에 꼭 필요한 곡식'이며, 이 행동은 넉넉한 도파민을 유발한다고 설명한다. 도파민이 주는 감각은 습관과 중독을 형성하는 기반이다. 이타성을 발휘할 때 유발되는 도파민과 그것이 선사하는 희열감은 온갖 건강하지 못한 자극에 중독되어 가는 우리가 누릴 수 있는 가장 건강한 종류의 쾌감이다. 당신이 이 쾌감에 중독되기를 권한다.

③ 옥시토신: 항노화 호르몬

옥시토신은 사랑, 믿음, 우정 같은 감정과 안정감, 소속감, 유대감을 생성한다. 스트레스를 완화하고, 불안을 줄이고, 침착함과 자신감을 복구하며, 혈압을 낮추고 고통을 경감한다. 심장병 및 암과 관계 있는 활성산소를 줄이고 심혈관계 전반의 만성 전신 염증을 줄임으로써 근본적으로 노화를 늦출 수 있다.

옥시토신을 촉발하는 요인은 친밀한 관계다. 옥시토신은 아이를 분만하거나 모유 수유 중에, 연인과 친밀한 시간을 보낼 때, 친구들과 중요한 순간을 공유할 때, 타인에게 자신의 시간과 노력을 내어줄 때 분비된다. 심지어 관대한 행위를 목격하기만 해도 뇌에서는 옥시토신이 치솟는다. 옥시토신을 즐길 때는 사랑하고 사랑받는 느낌, 친밀함에 둘러싸이는 느낌이 든다. 이 경험은 스쳐 지나가는 것이 아니며, 즉각적으로 얻을 수도 없다. 친밀한 관계를 형성하는 데는 시간이 필요하기 때문이다.

스테파니 브라운과 동료들이 미시간대학교에서 진행한 연구[9]에 따르면, 이타심의 작동은 유아와 보호자가 맺는 신경생물학적 유대와 비슷하다. 두 사례 모두 한쪽이 자기 욕구를 누르며 다른 쪽의 안녕을 챙긴다. 보호받는 아이나 도움받는 사람이 혈연관계인지는 중요하지 않다. 다른 사람이 겪는 어려움을 인지하고, 진정으로 의욕을 갖고, 필요한 돌봄을 제공하는 것이 중요하다. 이런 기준을 충족하면 어떤 상황에서든 더 많은 옥시토신이 분비된다. '돌봄 의욕' 구조에 기름칠을 잘하면, 옥시토신은 계속 흐를 것이다. 사랑하면 끊임없이 베풀 수 있다.

엘리자베스 번스타인은 「특히 지금, 친절한 행동이 도움이 되는 이유Why Being Kind Helps You, Too — Especially Now」라는 《월스트리트 저널》 기사에 이렇게 적었다.

"친절하게 행동하며 상대방의 반응을 볼 때, 그가 감사 인사를 하거나 미소를 돌려줄 때, 뇌에서는 기분 좋은 유대 호르몬인 옥시토신이 나온다. 옥시토신이 증가하면 그 경험에서 얻은 즐거움은 더 오래 지속된다. 뇌는 무척 기분이 좋은 나머지 이런 경험을 더 갈망하게 된다."[10]

이러한 옥시토신 중독은 위험하지 않다. 옥시토신은 따듯하고 포근한 감정을 제공하는 데 더해 심장을 튼튼하게 하고,[11] 면역계를 강화하고, 더 오래 사는 데 도움을 줄 수 있다.[12]

④ 세로토닌: 자부심 호르몬

세로토닌은 상처를 더 빨리 낫게 하고, 이완과 집중을 돕고, 불안을 조절하고, 안녕감과 행복감과 자신감을 준다. 우울증에 가장 흔하게 처방하는 프로작, 졸로푸트, 렉사프로, 셀렉사 등은 세로토닌 재흡수 억제제SSRI로, 뇌 내 세로토닌 수준을 높이는 약이다.

세로토닌은 누군가를 돕고, 그 덕분에 내가 중요한 사람이라는 느낌이 들거나, 타인을 자랑스럽다고 느낄 때 흘러나온다. 상사가 다른 사람들 앞에서 나를 칭찬할 때, 현명한 결정을 내려 가족에게 이득이 될 때, 내 아이가 학교에서 상을 받는 모습을 볼 때, 내가 가르쳐준 후배나 제자가 목표를 달성할 때 등이다. 작가 사이먼 시넥Simon Sinek은 이런 면 때문에 세로토닌을 '리더의 화학물질'이라고 칭하기도 했다.

깊이 염려하는 마음으로 타인을 도와 그가 나름의 결실을 거둘 때, 세로토닌이 쇄도하며 가슴이 터질듯한 자랑스러움을 느낄 수 있다. 이런 긍정적인 정서는 관계를 강화하는 선순환을 만든다.

"혼자 가면 빨리 갈 수 있다. 하지만 멀리 가려면 함께 가야 한다"는 말이 있다. 실제로 인간은 개인이 비용을 치러야 하는데도 불구하고 '집단 생존'을 지향한다. 이러한 경향은 다른 종들도 마찬가지다. 왜일까? 스탠퍼드대학교 의대 연구진은 답을 찾기 위해 쥐의 사회적 행동을 조사해보았다.[13] 연구진은 방 사이에 작은 문이 있어 쥐가 자유로이 드나들 수 있는 두 개의 공간을 만들었다. 첫째 날에는 쥐들을 한쪽 방에 몰아 함께 지내게 했고, 둘째 날에는 쥐를 옆 방에 혼자 있게 했다. 셋째 날에는 가운데 문을 열어 공간을 자유롭게 출입하게 했는데, 쥐들은 여럿이 함께 지냈던 방에 머물렀고 혼자 지냈던 방에는 접근하려 하지 않았다. 쥐의 뇌를 살펴본 결과, 사회적 관계가 옥시토신에 이어 세로토닌까지 분비하는 연쇄반응을 촉발한다는 걸 발견했다. 두 호르몬은 뇌의 보상중추, 즉 측좌핵에서 복잡하게 상호작용한다. 쥐는 유대감을 통해 이중으로 행복을 느끼고, '서로 돌보고 친해지면서' 종의 생존을 보장할 가능성을 키운다. 어쩌면 우리 인간도 마찬가지일 것이다. 우리 두 뇌 시스템은 판타스틱4에 도움을 받아 좋은 기분을 느끼며 강한 사회적 관계를 보강하도록 설계되었다.

강력한 스트레스 해독제

응급의학과와 중환자 집중치료실에서 환자를 돌보며 우리 두 사람이 관찰한 바에 따르면, 만성 스트레스와 전신 염증은 오토바이 사고만큼이나 죽음을 재촉하는 요인이다. 곡예하듯 일과 가족, 집안일과 건강을 빠듯이 챙기다 어느 순간 찾아오는 좌절감이나 물에 빠진 듯한 느낌이 스트레스이자 번아웃이다. 스트레스는 몸이 위협을 감지할 때 자동으로 나오는 반응이다. 부신에서 코르티솔이 분비되고, 몸을 '투쟁, 도피, 경직' 상태로 만드는 교감신경계가 활성화된다. 만성 스트레스는 우리 몸을 언제라도 사자에게서 도망칠 준비를 하는 가젤과 같은 상태로 만든다. 이런 초긴장 상태가 몸에 좋을 리 없다. 코르티솔이 만성적으로 흘러넘치면 면역계가 약해지고, 혈압이 올라가고, 당뇨병과 심장병에 걸릴 위험이 커진다. 높은 정신적 스트레스는 우울증, 번아웃 증후군, 흡연이나 물질사용장애─신체적, 정신적으로 다양한 문제가 발생함에도 특정 물질을 반복해서 사용하는 장애─옮긴이처럼 시간이 지나면서 심각한 건강 문제를 유발할 수 있는 건강하지 못한 습관과 관련이 있다.

이런 코르티솔의 억제제가 바로 앞서 소개한 판타스틱4다. 340명의 중년 참가자들을 대상으로 한 매사추세츠대학교의 연구 결과에 따르면, 자원봉사를 하고 나자 코르티솔 수준이 낮아졌다.[14] 내가 스트레스 상황에 놓였을 때도, 그러니까 '여유가 없다'고 느낄 때조차 타인을 돕는 행동은 효력을 보인다. 피츠버그대학교 연구[15]에서는 참가자에게 어려운 수학 문제를 푸는 과제를 주고, 틀리면 패널티를 받게 된다고 말하며 스트레스 상황에 놓이게 했다. 이때 일부 참가자에게는 다른 참가자의 과제를 돕게 했는데, 그 결과 도움을 준 사람은 도움을 받은 사람보다 스트레스에 시달릴 때 나타나는 뇌 활동이 감소했다. 비슷한 실험을 한 메인대학교[16]

에서도 같은 결과를 얻었다. 마지막으로 정말 귀여운 연구[17]를 소개한다. 마이애미대학교와 듀크대학교의 연구진은 무언가를 받을 때보다 줄 때 스트레스가 줄어든다는 가설을 검증하기 위해 노인 참가자들을 불러모았다. 참가자들은 먼저 일주일에 세 번씩 3주 동안 스웨덴식 마사지를 받았다. 그다음 3주 동안은 마사지를 배워 일주일에 세 번씩 아기들에게 마사지를 해주었다. 마사지를 받을 때와 해줄 때, 둘 중 어느 상황에서 참가자들의 코르티솔 수치가 낮아지고, 불안감과 우울감이 덜해졌을까? 예상대로 마사지를 받을 때가 아닌 해줄 때였다. 갓 아이를 낳았고, 부모님이 살아계신 모든 사람은 이 연구가 대단히 반가울 것이다. 아기를 돌보는 일은 스트레스를 해소하는 해독제다! 할머니와 할아버지에게 더 자주 아기를 돌보게 하자!

❋

베이글을 자르다 실수로 손가락을 베면 상처 주변으로 피부가 빨갛게 붓는다. 그 부위를 치료하고 보호하기 위해 피가 몰리기 때문이다. 보통 염증은 우리 몸과 상처의 감염을 방어하는 정상적이고 건강한 반응이다. 하지만 '전신 염증'은 이런 반응이 지나친 상태다. 면역계는 온몸에 공격이 쏟아진다고 판단하고 이 위협을 막아내고자 면역력 보강을 위해 백혈구를 마구 파병한다. 몸 전체가 '빨갛게 부어오르는' 셈이다. 만성 전신 염증은 상당히 위험하며, 심장병, 뇌졸중, 당뇨는 물론 암과도 관계가 있다.

그렇다면 이타적인 행동은 만성 전신 염증에도 긍정적 효과가 있을까? 연구에 따르면 타인의 행복에 집중하는 일은 강력한 항염 효과가 있다. 한 연구진[18]은 성인 159명을 세 그룹으로 나눈 뒤 4주 동안 특정한 타인에게 친절하거나, 세상 전반에 친절하거나, 자기 자신에게 친절한 행위를 하도록 지시했다. 그 결과 특정한 타인을 배려하고 친절하게 대했던 집단에서만 염증 지표가 감소한 것으로 나타났다. 미국의 심리학자 바버라 프레드릭슨은 삶에서 개인적 만족을 넘어서는 목적을 추구하는 '가치 있고 의미 있는 행복(에우다이모닉 웰빙)eudaimonic well-being'과 순간적이고 자기중심적인 쾌락을 추구하는 '쾌락주의적 행복(헤도닉 웰빙)hedonic well-being' 중 어느 쪽이 전신 염증을 줄이는 데 도움이 되는지 확인했다.[19] 그 결과 에우다이모닉 웰빙은 전염증성 '유전자 발현'을 줄이는 것으로 드러났다. 이는 염증을 유발하는 유전자를 비활성화한다는 뜻이다. 쾌락주의적 행복은 그렇지 않았다. 다른 사람을 위하며 의미를 느낄 때, 우리는 더 깊은 행복을 찾고, 시간이 흐름에 따라 체내에 있는 잠재적으로 위험한 염증을 줄일 수 있다.[20]

어릴 때 심리적 트라우마를 겪은 아동은 높은 혈중 염증 지표를 보이는 경향이 있다. 이러한 경향은 성인기까지 이어질 수 있다. 이런 결과를 보면 세상이 참 불공평하다고 느껴진다. 하지만 어린 시절 부정적 경험을 했더라도, 공감을 훈련하면 염증 지표는 물론 그에 따르는 신체 및 감정 문제가 발생할 위험을 낮출 수 있다. 조지아주 가정 위탁 제도에 등록된, 아동기에 부정적 경험을 했던 청소년 71명을 대상으로 연구를 진행했던 에모리대학교에[21] 따르면, 공감을 훈련하고 그에 맞춰 행동했던 청소년은 실제로 염증 지표가 감소했다.

사실 세상을 향해 화낼 이유는 넘쳐난다. 그럼에도, 곁에 있는 사람에게 공감하고 그의 행복에 관심을 기울여보자. 그러면 세상을 보는 관점은 물론 어쩌면 몸속까지 바뀔 것이다. 숱한 연구의 결론에 따르면, 어릴 때부터 공감을 연습하고 배려를 몸에 익힌 사람은 말년에 건강하게 살 확률이 높았다.

테레사 수녀 효과

하버드대학교의 심리학 교수 데이비드 맥클리랜드는 어느 날 작은 친절을 베풀고 기분이 좋아진 것에 영감을 얻어 선행이 면역계에 미치는 영향을 연구하기로 결심했다고 한다.

맥클리랜드의 구체적인 연구 분야는 타액 내 면역글로불린 A(S-IgA)로, 생활 속 독소와 감염을 막을 때 꼭 필요한 역할을 하는 항체다. 보호 항체가 강력하게 반응해야 우리는 밖에 떠돌아다니는 바이러스나 세균에 취약해지지 않을 수 있다.

맥클리랜드는 하버드 대학생 132명을 모아 무작위로 두 그룹으로 나눴다. 그리고 한 그룹에겐 제2차 세계대전 당시 아돌프 히틀러에 관한 영화 〈추축국의 권력The Power of the Axis Alliance〉을 보여주었고, 다른 그룹에겐 테레사 수녀가 인도 콜카타에서 가난하고 병든 이들을 돌보는 영화를 보여주었다.[22]

맥클리랜드는 상연 전과 후에 실험 참가자의 침을 채취해 타액 내 면역글로불린 A 수치를 측정했다. 그 결과 히틀러에 관한 영화를 본 그룹은 머릿속으로 권력을 떠올렸고, 타액 내 면역글로불린 A 농도가 감소했다. 히틀러를 생각하는 일 그 자체만으로도, 건강이 안 좋아질 수 있다. '권력 동기power motivation'는 나 자신은 물론 그 누구에게도 도움이 되지 않는다.

테레사 수녀가 나오는 영화를 본 그룹은 타액 내 면역글로불린 A 수준이 상당히 증가했다. 테레사 수녀의 이타적 행동을 보며 영감을 받은 것만으로 이러한 신체적 변화가 생긴 것이다. 누군가 공감하는 모습을 보기만 해도, 우리의 면역계는 좋은 쪽으로 방향을 튼다. 이처럼 어렵지 않은 변화를 꾸준히 만들어낼 수 있다면, 감염에 맞서 싸울 능력을 키울 수 있다. 맥클리랜드는 우리에게 가장 이득이 되는 욕구는 어딘가 소속되고 싶은 마음, 즉 '소속 동기affiliation motivation'라고 설명했다. 참가자가 영화에서 묘사된 애정 어린 관계를 계속 곱씹을 때, 호르몬 증가는 1시간 뒤까지 유지됐다. 우리는 더 공감하고, 배려하고, 도울수록 더 높은 면역력을 획득할 수 있다.

포옹과 스킨십, 친밀한 관계는 면역력을 향상하고 고통을 완화한다. 공감은 치명적인 질병을 유발하는 만성 스트레스 및 전신염증을 예방하는 훌륭한 약이다. 이제 공감이 어떤 원리로 우리의 몸과 뇌를 변화시키는지 알았으니, 그 길을 좀 더 따라가서 이타적 행동이 정확히 어떤 이득을 주는지 알아보자. '주는 사람'이 얻는 신체적, 정신적, 사회경제적 혜택은 무엇이 있을까? 이들은 어떻게 그 누구보다 건강하고 행복하며 성공할 수 있는 걸까? 다음 장들에서 이 의문을 모두 다룰 것이다.

21세기의 가장 흥미진진한 돌파구는 기술이 아니라,
인간이 무엇을 의미하는지에 대한
개념의 확장으로 탄생할 것이다.

존 나이스비트

미래학자

6

느리게 나이 들고
오래 사는 법

당신이 40대 이상이라면, 그리고 노년까지 건강하게 지내며 맑은 정신을 유지하는 데 눈곱만큼이라도 관심이 있다면, 이 장에서 소개하는 데이터에 집중하길 권한다.

물론 이 데이터들은 40대 이하 독자들의 삶과도 밀접한 관련이 있다. 메디케어Medicare노인의료보험제도—옮긴이를 받을 때까지 기다렸다가 뒤늦게 약을 찾지는 말자. 심근경색에 걸리기 전에 심장 건강을 관리하는 편이 좋지 않은가? 중년이나 노년에 찾아오는 질병의 원인은 젊은 시절, 건강에 대해 심각하게 생각하기 훨씬 전으로 거슬러 올라가는 경우가 많다. 만약 당신이 테슬라나 구글에 수십 년 전부터 투자했다면, 그 투자는 오늘날 수십억 달러로 불어나 있을 것이다. 공감과 이타적 행동 또한 마찬가지다. 이는 지금까지 부은 돈을 날릴 위험을 감수해야 할 필요도 없는 안정적 투자이자,

매년 복리로 이자가 불어나는 고수입 투자다. 어느 날 건강이라는 자산이 정말로 필요해질 때, 이 투자가 당신을 구할 것이다.

장수하는 몸의 비결

현재 미국인의 기대수명은 77.8세다(2023년 대한민국 보건복지부 통계에 따르면 한국인의 기대수명은 83.6세다).[1] 만약 당신이 이보다 나이가 많다면, 축하한다. 낮은 확률을 넘어섰으니, 이제 당신의 남은 생은 덤이나 마찬가지다. 아직 77.8세가 되지 않은 사람에게는 중요한 의료 조언을 전하고 싶다. 자신에게 집중하는 시간을 줄이고, 최대한 다른 이를 위해 돈과 시간, 힘을 사용하자. 과학 연구에 따르면 타인을 돕는 일은 낮은 사망률, 즉 낮은 급사 가능성과 관련이 있기 때문이다.

이는 젊어지는 샘물을 마시는 것 같은 마법이 아니다. 이타적으로 행동할 때 사망 위험이 감소하는 이유는 스트레스성 질병에 걸릴 위험이 줄어들기 때문일 것이다. 버팔로대학교의 연구진은[2] 실험 참가자 846명을 대상으로 그들이 지난 1년간 스트레스를 받았던 사건 내력과 더불어, 친구와 가족에게 얼마나 도움을 베풀었는지를 조사했다. 그리고 다음 5년 동안 참가자의 사망 비율을 추적했다. 몹시 큰 스트레스를 받은 참가자 중 다른 이에게 도움을 많이 베풀지 않았던 사람은 5년 사이에 당시 나이대에서 예측할 수 있는 비율로 사망했다. 하지만 마찬가지로 극심한 스트레스를 받은 참가자 중 사랑하는 이들에게 공감과 도움을 베풀어온 사람은 사망률이 낮았다. 이타적 행동을 꾸준히 실천한 사람은 똑같이 극심한 스트레스를 겪었어도, 더 늦게 죽음을 맞이했다. 자기 욕구와 문제에 몰두하는 시간을 줄이고 타인에게 관심을 돌린다면, 지상에서 보내는 시간이 더 늘어날 수 있다.

건강하게 나이 들어 오래 살기를 바란다면, 관계 속에서 '고마워!'보다는 '고맙긴 뭘!'이라고 말하는 사람이 되는 게 좋다. 스토니브룩대학교 의과대학의 스테퍼니 브라운은 노년의 이타성에 관한 매력적인 연구를 여럿 진행했다. 그중 기혼 노인을 대상으로 했던 5년짜리 연구[3]에 따르면, 친구와 가족과 이웃에게 정기적으로 '실질적 지원'을 제공하고, 배우자에게 정서적 지지를 보냈던 참가자는 베풂에 인색했던 비교군에 비해 사망률이 크게 줄었다. 분석을 방해할 수 있는 모든 측정 요소, 예컨대 인구학적 요인, 성격, 신체 및 정신 건강 상태, 결혼 및 인간관계 변수를 조정한 후에도 다른 사람을 지원하는 일은 낮은 사망률과 독립적으로 명백한 관계가 있었다. 하지만 흥미롭게도, 그 사랑과 관심을 받는 사람은 (그가 얼마나 감사한 마음을 품든 상관없이) 삶이 더 길어지지 않았다.

그렇다면 배우자나 가족이 아닌 모르는 사람을 돕는 일은 어떤 효과가 있을까? 애리조나주립대학교에서 진행한 메타분석[4]에 따르면, 건강 상태 같은 여타 요인을 전부 통제한 뒤에도, 자원봉사를 하는 55세 이상 중년은 그렇지 않은 이보다 사망률이 24퍼센트 더 낮았다. 마찬가지로 버크노화연구소에서 캘리포니아주에 거주하는 노인 1972명을 대상으로 한 연구[5]에 따르면, 사회인구학적 요인, 신체 건강, 심리적 요인을 통제한 뒤에도 자선단체에 시간을 내어 활동하는 '활발한 자원봉사자'는 봉사를 안 하는 사람보다 사망률이 44퍼센트 낮았다.

앞서 이 장을 시작하며 이타적 행동이 복리처럼 쌓이며, 필요한 순간에 우리를 구할 것이라 이야기했다. 너무 비장해서 가짜처럼 들리는 이 주장의 증거는 분명하다. 에모리대학교의 연구진은 말기 신장 질환을 앓는, 즉 투석이 필요한 신부전 환자를 대상으로 연구[6]를 진행했다. 그들은 투석을 받는 환자 249명이 친구, 가족, 배우자는 물론이고 간호사, 의사, 동료 환자와 주고받는 사회적 지원을 평가했다. 그리고 1년 뒤 다시 참가자들의 생존율을 확인한 결과, 생존자들은 '이타적 행동'의 점수가 사망한 환자보다 높았다. 여타 다른 요인을 통제했을 때도, '이타적 행동' 점수가 가장 낮은 환자는 사망 위험이 제일 컸다. 이번에도 마찬가지로 사회적 지원을 많이 받았다고 해서, 참가자의 사망률이 달라지지 않았다.

여기까지 읽고 의구심이 드는 독자가 있을지 모른다. 혹시 자원봉사를 하는 사람들이 불량식품을 덜 먹거나, 생활환경이 윤택한 경향이 있는 건 아닐까? 자원봉사와 관계없는, 측정하기 어려운 다른 요인들이 사망률에 영향을 주는 건 아닐까? 자원봉사와 장수에 관한 연구는 왜곡이나 혼동을 초래할 요소나 가능성이 늘 존재한다(하지만 우리가 이 책에서 인용한 거의 모든 연구는 수학 모형을 이용해 이런 요인을 통제한 것이다).

따라서 연구자들은 이런 문제를 바로잡고자, 동거하는 부부 30만 쌍을 대상으로 3년 치에 가까운 데이터를 수집했다.[7] 같은 집에 사는 부부는 결과에 영향을 미칠 수 있는 생활방식과 환경이 비슷하리라는 점에 근거했다. 이 연구 결과에 따르면, 한집에 사는 부부일지라도 자원봉사를 하는 사람은 사망률이 낮았다. 하지만 자원봉사를 하지 않는 상대는 한 침대에서 자고 같은 저녁을 먹고 같은 친구와 어울려도 똑같은 장수 혜택을 보지 못했다. 이 연구 결과는 더 긴 삶을 보장하는 결정적인 요인이 식단과 환경보다도 이타적 행동이라는 사실을 보여준다. 자기 자신을 조금 내어주는 것. 이것이 열쇠다. 그러면 의도치 않았어도 모든 사람이 원하는 것을 얻게 될 것이다. 건강한 노년의 시간 말이다.

◦ 텔로미어와 노화에 관한 진실 ◦

독자들을 위해 무시무시한 진실의 폭탄을 떨어트리려 한다. 우리에게 텔로미어라는 특수한 입자가 존재한다는 걸 아는가? 결론부터 말하면 텔로미어 상태가 나쁘면 더 빨리 늙고 더 빨리 죽을지도 모른다.

우리의 DNA는 생물학적 성별을 결정하는 X와 Y 같은 염색체로 구성된다. 염색체가 신발 끈이라면, 텔로미어는 끈이 닳는 것을 방지하고자 끈의 끝에 달아둔 플라스틱 꼭지다.

텔로미어라는 말단 소체는 그리스어로 '끝부분'이라는 뜻이다. 태어날 때 텔로미어는 근사하고 길다. 하지만 세포가 분열하며 복제가 일어날 때마다 염색체에 있는 텔로미어는 조금씩 짧아진다. 결국 텔로미어가 뭉툭한 혹처럼 보일 만큼 줄어들어 더는 염색체를 온전하게 보호하지 못하면, 세포는 계속 살아갈 수 없다. 세포의 삶은 인간 삶의 축소판이다. 우리는 결국 너무 닳아 몸을 온전히 유지하지 못하게 되어 죽는다.

그러나 공감하고, 사랑하고, 이타적인 행동을 실천하면 텔로미어의 소모를 늦출 수 있다. 노스캐롤라이나대학교와 듀크대학교에서 바버라 프레드릭슨과 동료들은 142명의 중년 참가자를 대상으로 실험[8]을 진행했다. 연구진은 참가자들을 무작위로 나눠 A그룹에게는 6주 동안 자신에게 집중하는 명상을, B그룹에는 자애 명상(타인을 사심 없이 사랑하는 일에 집중하는 수행)을 하게 했고, 대조군으로 삼은 C그룹에는 아무 과제도 주지 않았다. 그리고 참가자들이 이 활동을 하기 2주 전과 3주 뒤에 텔로미어의 길이를 검사했다. 인구학적 요인과 기준이 되는 텔로미어의 길이를 통제하고 나자, 대조군과 자기 집중 명상을 한 집단에서는 텔로미어의 길이가 유의미하게 줄어든 것을 볼 수 있었다. 하지만 자애 명상을 한 집단은 그렇지 않았다. 연구진은 타인에게 관심과 사랑을 주는 데 집중하는 일이 텔로미어의 마모 속도를 줄이는 데 도움이 될 수 있다고 결론 내렸다. 더욱 의미 있는 결과는, 자애 명상이 텔로미어 마모에 미치는 긍정적인 효과가 명상을 하고 난 12주까지도 이어졌다는 사실이다. 매사추세츠 종합병원과 하버드 의과대학의 연구자들도 비슷한 연구[9]를 진행해서 비슷한 결과를 얻었다.

자, 우리는 무엇으로도 시간을 멈추거나 노화를 중단하지는 못한다. 하지만 타인에게 사랑을 주는 일에 집중한다면, 노화를 다소 늦출 수 있을지 모른다. 시도해볼 만 하지 않은가?

지금 당장 고통을 줄이고 싶다면

매즈는 이 책을 쓰는 동안 그의 생에서 가장 극심한 육체적 고통을 경험했다. 엄청나게 큰 신장 결석이 생긴 것이었다. 결석을 없애려면 민감한 신체 부위를 통해 요관에 스텐트혈액이나 체액의 흐름을 원활하게 해주는 원통형 의료 재료—옮긴이를 삽입한 뒤, 신장 결석을 레이저로 쪼개고, 다시 작은 바구니 같은 의료 도구를 이용해 조각을 꺼내야 한다. 며칠 뒤 환자가 집에서 직접 스텐트에 매달린 실을 잡아 뽑아내는 것까지가 표준 치료 과정이다. 매즈는 스텐트 삽입을 하기 며칠 전, 코로나바이러스 예방주사를 맞기 위해 병원에서 줄을 서서 기다리는데 신장 결석으로 인한 극심한 통증(10점 척도로 8점 정도였다고 한다)이 밀려들기 시작했다. 매즈는 고통에 집중하는 대신 자신이 도와줄 만한 사람을 찾아 주위를 둘러봤다. 같은 줄 가까이에 매즈가 아는 수련의가 두 명 있었는데, 그중 하나는 예전에 매즈가 가르쳤던 학생이었다.

매즈는 두 수련의에게 다가가 잘 지내는지, 그쪽 병동은 어떻게 돌아가며 개선하고 싶은 점이 있는지, 자기가 어떻게 도와줄 수 있는지 등을 물으며, '순회rounding'라고 부르는 리더십 실행법을 실천했다. 매즈는 수련의들의 이야기를 경청하며 스마트폰을 꺼내 메모했고, 그들의 생각과 상황에 몰두했다. 통증이 마법처럼 사라지진 않았지만, 대화를 나누는 동안 참을 만해지는 걸 느꼈다.

타인 집중은 통증을 조절하고 완화하고자 할 때 쉽게 사용할 수 있는 도구다. 이는 특히 나와 똑같이 비참한 배에 탄 사람을 돕고자 자원할 때 더욱 효과를 발휘한다. 영국에서는 심각한 퇴행성

관절염이나 류머티즘 관절염을 앓는 성인을 대상으로 연구[10]를 진행했다. 연구진은 참가자들에게 다른 관절염 환자가 통증을 줄이고 관리할 수 있게 돕는 자원봉사를 하게 했다. 6개월이 지나 후속 검사를 했을 때, 자원봉사를 하는 관절염 환자는 통증이 감소했으며, 다른 환자를 지원하고 도우면서 삶을 긍정적인 시각으로 보게 됐다고 보고했다. 연구진과의 인터뷰에서 한 참가자는 이렇게 말했다. "마치 나이 드는 걸 멈추고 젊어지기 시작한 것만 같아요!"

보스턴대학교의 연구자들은 만성 통증 환자가 같은 처지의 환자를 돕는 역할을 맡아 동료 지원peer support을 제공할 때 나타나는 효과를 조사했다.[11] 연구진은 참가자가 동료 지원 역할을 맡기 전과 동료 지원을 제공하는 훈련을 받을 때, 그리고 다른 환자에게 동료 지원 자원봉사를 할 때 등 세 번에 걸쳐 통증을 측정했다. 그 결과 훈련을 받고 자원봉사를 하는 동안에는 통증 수준은 물론 이와 연관된 우울감과 장애까지 감소했다. 참가자는 후속 면담에서 '관계를 맺으면서 목적의식을 얻었다'고 언급했다. 게다가 동료 지원을 받는 사람도 통증이 줄었다고 보고했다. 주는 사람과 받는 사람 모두 이득을 봤다. 모두가 득을 보는 논제로섬 게임이다.

최근 미국 《국립과학원회보》에 실린 연구[12]에서는 이타적인 행동의 고통 완화 효과를 설명할 수 있는 아주 흥미로운 신경과학적 토대를 제공했다. 연구진은 실험 참가자들에게 타인을 지원하는 활동을 하게 한 뒤, fMRI로 그들의 뇌 활동을 관찰하며 고통스러운 충격파를 가했다(또다른 사디스틱한 연구의 등장이다). 그 결과 이타적인 행동을 한 뒤에는 뇌에서 충격에 반응하는 통증 담당 중추가 덜 활성화 되는 걸 확인할 수 있었다. 더욱 의미 있게(진심을 담아) 이타적인 행동을 할수록 통증에 따른 뇌 활성화는 줄어들었다. 연구자들은 암으로 만성 통증을 앓는 환자들에게서도 같은 결과를 발견했다. 이제 비밀을 밝히겠다. 신체적 통증을 겪을 일이 있다면, 예컨대 수술을 앞뒀거나, 사랑니를 뽑아야 한다거나, 가구를 옮길 예정이라면 그 전에 다른 사람을 의미 있게 돕기 바란다.

가끔 영화를 보면 사랑하는 사람을 위해 대신 죽는 주인공이 등장한다. 미국 국립보건연구원과 콜로라도대학교의 한 연구[13]에서는 연인을 위해 기사도를 발휘하면, 그때 느끼는 통증 강도가 낮아지는지 실험해보았다. 연구자들은 연인을 벽돌 담 앞에 세우고 그쪽으로 총을 쏴서 둘 중 하나가 날아오는 총알 앞으로 뛰어들도록…. 아니, 다행히 이런 일은 일어나지 않았다. 연구윤리감독이사회라는 게 있어서, 이런 실험은 통과할지 못할 것이다. 연구자들이 실제로 한 일은, 실험에 참여한 연인에게 자발적으로 상대방 대신 전기 충격을 받을 기회를 준 것이었다(여전히 충격적이다). 그러고 나서 전기 충격으로 사람들이 화들짝 놀라는 동안 fMRI로 뇌 활동을 살펴봤다.

이 연구에서 반짝이는 갑옷을 입은 기사는 전부 여성이었다. 연구진은 이성애자 여성 참가자 29명을 대상으로 혼자 고통에 도전할 때, 그리고 연인 대신 고통을 느낄 때로 나눠 뇌 활동 변화를 측정했다. 그 결과 연인 대신 고통을 느낄 때는 마치 갑옷을 입은 듯 뇌의 통증 중추 활동이 감소했고 긍정적인 생각과 사랑의 느낌이 증가했다. 계속 통증을 경험하면서도 자신의 희생을 기분 좋게 여겼다. 통증을 감당할 의지가 클수록 덜 괴로워했다. 사랑은 정말로 통증을 완화하는 힘이 있다. 그러니 연인이 대신 총에 맞아주겠다고 제안한다면 그렇게 하라고 두자. 두 사람 모두한테 도움이 될 수 있다.

훈훈해지면 튼튼해지는 심장

미국에서 가장 큰 사망원인은 심장 질환이다. 암은 2위다(한국의 40대 이상 사망원인 1위는 암, 심장 질환은 10대를 제외한 전 연령에서 5위 안에 포함된다).[14]

우리는 병원에서 심장병 환자를 무척 많이 만나는데, 조언을 들려달라고 할 때마다 담배를 끊고 운동을 꾸준히 하는 일과 더불어 심장을 튼튼하게 만들 수 있는 또 하나의 방법을 추천한다. 바로 심장을 훈훈하게 만들라는 것이다. 심근경색, 뇌졸중, 심혈관 질환, 고혈압을 물리치려면,[15] 자기중심적인 생각에서 빠져나와 다른 사람에게 집중해야 한다.

이는 질환을 앓지 않는 젊은이에게도 적용되는 이야기다. 시나이산 의과대학과 노스웨스턴대학교 연구자들이 《미국의사협회 소아청소년과 학술지JAMA Pediatrics》에 공개한 논문에 따르면, 만성적인 질환이 없는 캐나다의 고등학생 106명이 두 달 동안 초등학생 아이들을 도와주는 자원봉사를 하자, 심혈관 위험 요소가 감소하는 결과를 보였다. 그 학생들은 혈중 염증 지표, 콜레스테롤 수치, 체질량 지수가 자원봉사를 하지 않은 비교군보다 낮았다. 연구진에 따르면 공감 능력과 이타적 행동이 가장 많이 증가한 청소년은 부정적 정서가 가장 많이 감소했고 시간이 지날수록 심혈관 위험도 가장 많이 감소했다.[16] 어떤가? 다른 사람을 도움으로써 심장을 보호하는 일은 언제 시작해도 이르지 않다.

카네기멜런대학교 종단연구[17]에서 연구진은 50세 이상 참가자의 자원봉사 활동과 혈압 기준치를 측정했다. 그리고 4년 뒤 다시 측정치를 확인했다. 나이, 인종, 성별, 기준치 혈압, 주요 만성 질환 요인을 통제한 후에도, 이타적인 행동과 심장 건강의 관계는 명확히 드러났다. 지난 기간 최소 200시간 이상, 대략 주당 4시간 이상 봉사활동을 한 참가자는 하지 않은 사람보다 고혈압에 걸릴 가능성이 40퍼센트가량 낮았다. 봉사활동을 한 참가자들은 심리적 안녕과 신체적 활력 역시 더 높다고 보고했다.

하버드대학교의 애슐리 윌런스는 제약회사가 반가워하지 않을 흥미로운 연구를 진행했다. 그는 고혈압을 앓는 성인 186명에게 자선단체에 기부하거나 다른 사람을 돕기 위해 얼마나 돈을 쓰는지 물어보았다. 그리고 2년 후 후속 조사를 한 결과, 타인을 위해 더 많은 돈을 쓴 사람은 돈을 아낀 사람보다 혈압 수치가 더 좋았다. 두 번째 연구에서는 고혈압 환자 73명에게 40달러를 주면서 3주에 걸쳐 나누어 쓰되, 자신을 위해 혹은 다른 사람을 위해 사용하라고 했다. 3주 후, 타인을 위해 돈을 쓴 사람은 자기를 위한 소비를 한 사람보다 혈압이 낮았다. 이 연구에 따르면 주는 행동은 약물치료만큼 혈압에 좋았다. 윌런스가 쓰길 '이타적 행동의 효과는 항抗고혈압제를 먹거나 운동을 할 때 얻는 효과에 비견할만했다.'[18]

혈압 개선 효과는 사랑하는 사람을 위해 돈을 쓸 때 가장 두드러졌다. 이는 내 가족에게만 베풀어야 한다는 뜻이 아니라, 상대가 누구든 진정으로 생각하는 마음으로 베푼다면, 심실과 정맥과 혈관을 강화할 수 있다는 의미다.

'나, 나, 나!'로 시작하는 말 자주 쓰지 마세요

당신은 대화에서 '나'를 얼마나 자주 언급하는가?

1980년대, 캘리포니아대학교의 사회심리학자 래리 셔위츠와 동료들은 자기 몰입과 심장병에 관한 중대한 발견을 이뤘다. 셔위츠는 이 주제를 다룬 첫 번째 논문[19]에서 참가자들과의 체계적인 면담을 통해 그들을 'A유형(진지하고 스트레스를 많이 받으며 다소 신경증적인 성격)'과 'B유형(느긋한 성격)'으로 분류한 다음 그들 모두를 혈압을 높일 수 있는 환경으로 밀어 넣었다. 예컨대 얼음장처럼 차가운 물에 손을 넣거나, 강한 압박을 받으며 문제를 풀거나, 감정을 철저히 파헤치는 심문에 임하게 했다. 그리고 이렇게 스트레스가 높은 과제를 수행하는 동안, 그들의 혈압과 심장박동수를 관찰했다.

예상대로 두 유형의 참가자들 모두 괴로움을 느낄 때 혈압이 치솟았으나 A유형보다 B유형 참가자들이 그 강도가 덜했다. 하지만 A유형에서도 유독 눈에 띄게 혈압이 치솟고, 감정이 격해지고, 과제에 극단적으로 반응하는 이들이 있었다. 이들의 특징은 바로 면담에서 일인칭 대명사('나, 나를, 나의')를 과하게 사용했다는 점이었다. B유형 참가자들과 일인칭 대명사를 자주 쓰지 않은 A유형 참가자들은 스트레스 상황에서 혈압이 더 낮고, 감정도 덜 격해지는 모습을 보였다.

연구진은 스트레스가 혈압을 높이고 그리하여 심근경색이 발생할 위험도 올라가리라는 가설에서 출발했지만, 데이터에서 다른 신호를 읽어내게 됐다. 혈압 상승을 더 잘 예측하는 변수는 실험 대상이 얼마나 큰 스트레스를 느끼느냐가 아니었다. 오히려 실마리는 '자기 함몰self-absorption'에 있었다.

셔위츠는 그다음 논문[20]에서 스트레스로 지친 A유형 사람들이 심근경색 같은 심장 질환에 걸릴 위험이 반드시 더 크지는 않다는 가설을 검증했다. 그는 A유형 성격의 특성을 나타내는 기준치를 통과한 남성 150명을 모집해 그들의 신경증적 성향과 기존 관상동맥질환 사이의 연관성을 찾아보았으나, 아무런 관계가 없어 보였다. 하지만 연구 대상이 사전 면담에서 일인칭 대명사를 얼마나 많이 사용했는지 세어보자 관련성을 찾을 수 있었다. 셔위츠는 세 번째 논문[21]에서 참가자 3110명의 데이터를 종단으로 살펴보았는데, 심장병으로 사망할 확률이 가장 높은 사람은 초기 면담에서 자기에게 몰두하는 언어를 가장 '밀도 높게' 사용한 사람이었다.

훗날 이와 비슷한 방법론을 사용한 연구에서 늘 똑같은 결과가 나타난 것은 아니었지만, 셔위츠의 연구는 시사하는 점이 많다. 일인칭 대명사를 피하기만 하면 심장 질환을 예방할 수 있다고 말할 수는 없다. 하지만 자의식 과잉과 자기에게 과하게 몰두하는 생각을 내려놓고 타인을 더 생각한다면, 그 자체로 심장에 유익할 수 있다.

가장 이타적인 사람이 가장 똑똑하다

2060년 무렵 미국의 알츠하이머병 환자는 지금의 세 배로 늘어 1400만 명이 될 것으로 예측된다.[22] 고령화 시대가 가속화되는 지금, 치매는 당사자에게든 그를 돌보는 가족에게든 참혹하고 두려운 질병이다. 일찌감치 찾아올 사고력 감퇴를 피하고 싶다면 인지 능력을 날카롭게 유지할 방법을 찾아야 한다.

이타적 행동이 치매 위험에 미치는 영향에 관한 세계적인 연구 논문 73건을 종합한 메타분석[23]에 따르면, 자원해서 타인을 도운 이들은 우울감이 줄고, 더 건강하며, 전반적인 신체 기능이 더 좋을 뿐 아니라 인지 능력 또한 더 높았다. 노인 300여 명을 대상으로 한 브라질 연구의 결과에서도 가장 이타적인 사람이 가장 날카로운 정신을 유지했다.[24] 인지 능력은 사람들과의 관계 속에서 가장 건강하게 유지할 수 있다. 활발하게 소통하며 사람을 사귀고, 새로운 경험에 도전한다면 당신의 뇌는 느리게 노화할 것이다.

존스홉킨스대학교 의과대학 연구진은 60세에서 65세 사이의 참가자 128명을 공립 초등학교에 무작위로 배치한 뒤, 무엇이든 도움이 필요한 학생과 사람을 돕게 하는 실험[25]을 진행했다. 참가자들은 8개월 동안 칠판지우개를 털고, 학생들과 대화를 나누고, 같이 술래잡기도 한 결과, 인지 수행 능력이 유의미하게 증가했고 걸음걸이 또한 비교적 활기찬 상태를 유지했다('걸음 속도'는 노인의 건강을 측정하는 데 지극히 중요하다). 연구진은 이런 긍정적인 결과를 설명하며, 이러한 프로그램이 유행하기를 바란다고 덧붙였다. 나이 든 사람은 신체 기능과 인지 기능이 개선됨으로써 혜택을 볼 것이다. 학교 선생님들은 의지와 능력이 있는 조력자를 얻을 것이다. 그리고 아이들은 더 많은 사람에게 관심을 받으며 더 즐겁게 자라고, 학업 성과도 좋아질 것이다. 모두에게 이득이다.

튼튼한 허벅지만큼 노화 방지에 중요한 것

중년부터는 흔히 근력, 유연성, 체력을 잃는다. 30세가 넘으면 10년마다 근육량이 8퍼센트까지 감소할 수 있다.[26] 그러니 아직 테니스를 치고, 개를 데리고 산책을 할 힘이 있을 때, 그 힘을 나이 들어서도 유지할 수 있도록 조처를 할 필요가 있다.

브리티시컬럼비아대학교의 건강심리학자이자 사회전염병학자 에릭 S. 김은 이타성과 노화의 상호작용에 관해 대규모 연구를 진행했다. 한 종단연구[27]에서 김과 연구진은 전국적인 건강 및 은퇴 조사에 참여했던 50세 이상 성인 약 1만 3000명의 데이터를 분석하여, 4년에 걸친 자원봉사 활동과 신체 기능 사이의 연관성을 살펴봤다. 그 결과 적어도 일 년에 100시간, 대략 일주일에 2시간 이상 자원봉사를 한 참가자는 신체 기능이 떨어질 위험이 크게 줄어든 것으로 나타났다. 게다가 이 참가자들은 사망 위험이 줄어드는 것은 물론이고 삶에 더 큰 목적의식이 생겼다고 보고했다. 일주일에 2시간으로 한 사람의 인생, 공동체의 활기, 크게는 사회의 건강을 바꿀 가능성이 있다. 이런 결과를 보면 사람들에게 리피토고지혈증 치료제—옮긴이만큼 타인을 돕는 일을 흔하게 처방해야 할 것 같다. 다시 말하지만, 이타성은 '마법'이 아니다. 과학에 따르면 이타성은 그저 증거에 기반하여 삶을 사는 방식일 뿐이다.

삶의 기쁨과 목적의식 되찾기

누군가에게 '삶의 목적이 무엇입니까?'라고 물으면 '하와이 마우이섬에서 휴가 보내기'라는 답이 나오지는 않을 것이다. 다이키리 칵테일이나 스노클링은 열정을 쏟는 대상이 될 수는 있다. 추구할 가치가 있을 수도 있다. 하지만 열정은 보통 '이기적'이어서 자기에게만 이득이 될 때가 많다.

열정은 목적이 아니다. 성과 보너스나 승진에서 목적을 찾고자 할 수도 있다. 하지만 목적은 거기에 없을 것이다. 진정한 목적은 어떤 식으로든 나뿐만 아니라 타인의 행복을 포함해야 한다. 진정한 목적은 자신보다 거대한 무언가에 관여하는 것이다. 가족이나 공동체나 지구 전체를 위하는 일, '차이를 만드는 일'에 말이다. 그리고 숱한 연구가 증명하듯 목적의식은 심장 건강과 장수에 도움이 된다.[28]

이러한 목적의식에 대한 정의를 바탕으로, 미시간대학교의 연구자들은 심리측정학psychometrics적으로 검증한 질문 목록을 사용해 50세 이상 미국인 6985명에게서 얻은 데이터를 분석했다.[29] 이어서 연구진은 12년 뒤 어떤 사람이 사망했는지 살펴보면서 분석을 수정했고, 강력한 삶의 목적이 낮은 사망률과 독립적이고도 명백한 관련이 있음을 발견했다. 목적의식이 가장 뚜렷한 사람과 비교할 때 목적의식이 가장 약한 사람은 연구 기간에 사망할 위험이 두 배 높았다. 러시대학교의 연구자들이 은퇴자 커뮤니티에 속한 1238명을 대상으로 목적의식과 사망률을 분석[30]했을 때도 근본적으로 같은 결론에 도달했다.

그렇다면 삶의 질은 어떨까? 직접 말하거나 걷거나 먹는 것이 불가능한 채로 100살까지 살고 싶은 사람은 별로 없을 것이다. 에릭 S. 김과 연구팀은 뇌졸중 위험과 관련하여 노인 6739명을 4년 동안 조사[31]했다. 그리고 삶에서 목적의식이 뚜렷할수록 뇌졸중에 걸릴 위험이 낮음을 발견했다. 김이 또 다른 노인 연구32에서 발견한 바에 따르면, 조사 대상 4486명 가운데 삶의 목적 지수가 높은 사람일수록 노인 건강의 아주 중요한 지표인 악력과 걷는 속도를 유지할 가능성이 컸다. 게다가 삶의 목적의식을 6점 척도로 제시한다면, 1점이 올라갈 때마다 암 검진 등의 결과가 더 좋아지고 병원에 입원하는 기간은 17퍼센트 더 줄어드는 것으로 나타났다.[33]

질 좋은 수면은 인지 건강과 신체적 건강의 필수 요건이다. 그리고 노인은 수면을 더 쉽게 방해받는 법이다. 김의 또 다른 노인 연구[34]에서는 4000명이 넘는 참가자를 4년 동안 추적 조사하며 수면의 질과 삶의 목적의식의 연관성을 분석했다. 결과는 놀라우리만치 명백했다. 목적의식을 6점 척도로 측정할 때 1점 높아질수록 수면 장애가 발생할 확률은 16퍼센트 떨어졌다.

어쩌면 이기적인 사람은 쉴 수도 없는지 모른다. 분명히 말할 수 있는 건 이타적인 행동을 하는 사람은 밤에 더 잘 잔다는 사실이다.

외로움은 우리를 죽인다

영국과 일본에는 '고독부 장관'이 있다. 이들은 고독사와 자살, 은둔형 외톨이를 추적하고 지원하는 프로젝트를 진행한다. 사회적 고립 문제가 심각해지면서 등장한, 아마 인류 역사상 가장 슬픈 직업일 것이다.

사회적 관계의 부족이 건강 악화를 초래한다는 증거는 차고 넘친다. 상식적으로 생각해도 이타적인 사람은 외로울 가능성이 적고, 이기적인 사람은 의미 있는 관계를 맺는 데 어려움을 겪고 외로울 가능성이 크다. 외로움은 그냥 넘길 문제가 아니다. 외로움은 실제로 우리를 죽인다.

심장 건강과 혈압부터 이야기해보겠다. 시카고대학교 연구자들이 50세에서 68세에 이르는 다인종 참가자 229명을 대상으로 한 5년 동안의 종단연구[35]에 따르면, 연구를 시작할 때 외로웠던 사람은 나이, 성별, 인종, 복용하는 약, 성격 특징 같은 요인과 상관없이 수축기 혈압이 매년 상승할 것으로 예측됐다. 연구 16건의 데이터를 종합적으로 살펴본 영국의 한 메타분석[36]에서는 외로운 사람이 그렇지 않은 사람보다 관상동맥심장병 및 뇌졸중 위험이 30퍼센트 더 높다고 결론 지었다.

브리검영대학교 심리학자 줄리엔 홀트룬스타드는 사회적 고립이 심혈관 질환, 뇌졸중 위험, 사망에 미치는 영향을 연구하는 전문가다. 그에 따르면, 외로움으로 사망할 위험은 매일 담배를 15개비씩 피울 때와 비슷하며, 고혈압에 비만일 때와 비견할 만하다. 전염병학 데이터로 볼 때, 질 좋은 사회적 관계를 많이 맺으면 건강과

관련한 위험이 감소하고, 빈약한 사회적 관계마저도 적게 맺으면 그 위험이 증가한다.[37]

담배와 치즈버거를 끊으면 조금 더 오래 살 수도 있을 거라는 사실은 독자 여러분도 이미 잘 알 것이다. 이 세상을 건강하게 누리며 오래 살고 싶다면, 타인을 위해 자신을 투자하고 의미 있는 관계를 맺자. 혹은 룸메이트를 얻는 것도 도움이 된다. 홀트룬스타드가 또 다른 메타분석[38]에서 계산하길, 외로움을 느끼는 사람은 사망 위험이 26퍼센트 높았다. 그리고 그 사람이 혼자 산다면 사망 위험은 32퍼센트 증가했다. 이때 '나는 혼자지만 외롭지 않다'는 말은 유효하지 않을 수 있다. 참가자가 자신이 주관적으로 외롭다고 느끼는지 아닌지는 결과를 좌우하는 요소가 아니었다. 이건 '느낌'의 문제가 아니기 때문이다. 연구자들은 참가자들이 얼마나 자주 다른 사람과 의미 있게 소통하는가에 관한 데이터를 모아 사회적 결핍을 객관적으로 측정했다. 중요한 건 질 좋은 관계를 맺는 것, 그리고 다른 사람이 실제로 곁에 있는 것이다.

나이가 들수록 재밌고 매력적인 대화 상대가 되고 싶다는 생각을 많이 하게 된다. 공감이 만드는 또 다른 긍정적 순환 고리가 있다면, 공감을 실천하려 노력하는 사람은 더 흥미로운 사람이 될 가능성이 크고, 따라서 친밀한 관계를 잘 맺고 유지할 가능성도 크다는 점이다. 스페인에서 3년에 걸쳐 중년과 노인 참가자 1691명을 대상으로 진행한 연구[39]에 따르면, 사회적 관계는 인지 능력 감퇴를 물리치는 데 도움이 되는 강력한 요인이었다. 연구자들은 먼저 참가자가 사회적으로 고립된 정도를 채점한 다음, 장단기 기억력 검사를 하고, 연속하는 숫자를 순서대로 혹은 거꾸로 기억하게 하고, 언어 유창성을 평가하여 인지 능력 기준치를 설정했다. 그 결과 외로움은 낮은 인지 기능 점수와 강한 관계가 있었다. 외로운 참가자는 타인과 유의미한 관계를 유지하는 참가자보다 인지 기능 점수가 시간이 지날수록 훨씬 크게 떨어졌다. 외로운 참가자는 신체 기능도 똑같이 가파르게 감소했고, 이 경향은 노년에 더욱 두드러졌다.

캘리포니아대학교 연구자들은 60세 이상 참가자 1604명을 6년 동안 추적 연구했다.[40] 먼저 '소외감을 느끼나?', '고립감을 느끼나?', '친구가 적은가?' 등을 질문하며 사회적 연결의 정도를 보여주는 기준치를 마련한 뒤, 6년 동안 2년마다 후속 조사를 이어갔다. 참가자의 이동성과 물건을 들거나 계단을 오르고, 식료품 정리와 청소 같은 일상 활동을 하는 능력도 추적했다. 사회인구학적 요인과 신체 및 정신 건강 요인을 통제하고 나자, 외로운 참가자는 외롭지 않은 참가자보다 일상 활동 능력이 줄어들 확률이 50퍼센트나 더 높았다. 충격적인 결말도 있다. 외로운 사람은 연구 기간, 즉 6년 사이에 사망할 가능성이 더 컸다.

우리가 내리는 처방은 이렇다. 관계에 자신을 투자하자. 주자, 돕자, 헌신하자. 외로운 사람을 돕는 자원봉사 활동도 좋을 것이다. 지금 당장, 가능한 한 빨리, 친구에게 전화를 걸어 약속을 잡고, 그 약속을 지키고, 그의 행복을 지원하자. 그다음에 이를 습관으로 만들자.

혹시 당신이 외로운 사람이라면, 그리하여 외로움과 건강에 관한 이 논의 때문에 다소 쓸쓸해졌다면, 다음 장을 넘겨보자. 당신에게 위안을 줄 이야기들이 기다린다.

내 기분을 북돋우고 싶다면,
다른 사람의 기분을 북돋워줘라.

부커 T. 워싱턴
미국의 교육자 · 흑인 인권 운동가

7

무너지지 않는
마음을 위하여

정신 건강 문제는 중세시대 귀족의 사생아와 비슷하다. 누구도 그 존재를 인정하지 않으려 한다. 하지만 우리는 누구나 인생의 어느 시점에 슬프고, 무기력하고, 즐거운 게 아무것도 없는 어두운 시기를 보낸다. 미국 정신의학협회가 팬데믹 이전에 발표한 데이터에 따르면 전체 인구 중 17퍼센트, 약 6명 중 1명이 살면서 어느 시점에 우울증을 겪는다.[1] 현대인에게 우울증은 어쩌면 감기만큼이나 흔한 증상이다. 2021년 미국 질병통제예방센터 여론조사 보고에 따르면, 18세부터 24세 사이의 63퍼센트가 불안이나 우울 증세를 겪는다고 응답했다. 팬데믹 기간에 이 청년들 4명 중 1명은 자살을 고려했다.[2] 사실 2000년부터 지금까지, 청년층은 계속해서 그 어떤 세대보다 자살 비율과 자살 생각suicidal ideation(하고 싶지 않아도 자살에 대해 계속 곱씹게 되는 것, 내가 없으면 모두가 행복할지도 모른다는 생각)을 하는 비율이 가장 높았다.[3] 가슴이 미어지는 통계다(대한민국 통계청에 따르면 한국의 10~30대 사망원인 1위 또한 자살, 40~50대 사망원인 2위도 자살이다).

마음의 고통은 결국 몸의 고통으로 연결된다. 지금 조금이라도 우울, 공허함, 쓸모없다는 느낌, 조급함, 좌절감, 수면 문제, 식욕 변화, 한때 즐거움을 느꼈던 것에 대한 흥미 상실 등을 겪고 있다면 이 장에 주목하자. 세대, 성별, 성격과 상관없이 누구나 시도할 수 있는 효과적인 정신 건강 치료법이자 부작용이 전혀 없는 세상 유일한 약을 소개할 것이다. 기본적으로 무료이기에 보험사에 치료비를 청구하느라 낑낑댈 필요도 없다. 지금부터 공감이 자기 함몰에 빠진 마음을 어떻게 구하는지 살펴보자. 우리에게는 희망이 있다.

우울 : 내가 가장 중요한데, 나는 행복하지 못해

자기 집중Self-focus은 우리 사회에 만연한 우울과 불안 증상을 불러온 중대한 기여 요인일 것이다. 앞서 이야기했듯, 자기 집중은 부정적인 정서(우울한 기분), 그리고 자기 생각에 갇히게 되는 자기 함몰과 연관이 있다.

당신이 '세상에 나보다 중요한 건 없어'라고 생각하지만 그다지 행복하지 못하다면, 반가운 소식이 있다. 에모리대학교의 제니퍼 마스카로와 연구진에 따르면, 공감 능력 향상으로 가장 큰 이득을 볼 수 있는 사람이 바로 당신이기 때문이다. 마스카로는 의대생들을 대상으로 공감과 심리적 스트레스에 관한 연구[4]를 진행했다. 압박에 시달리는 의대생들 사이에는 우울감과 번아웃 증후군이 횡횡한다. 이런 이유로 의대는 정신 건강에 관한 가설을 검증하는 '실험실'이 되기도 한다. 연구진은 의대 2학년 학생들을 무작위로 나눠 A그룹은 공감 훈련을 받게 했고, B그룹은 그와 상관없는 과제를 주었다(대조군). 예상한 대로 A그룹 학생들은 타인을 더 이해하게 되었을 뿐 아니라, 덜 외롭고 덜 우울하다고 보고했다. 특히 실험을 시작할 때 우울감을 호소했던 이들이 가장 높은 정서적 안녕감과 공감 능력의 향상을 보여주었다.

타인을 돕는 일이 우울과 정신적 괴로움을 감소시킬 수 있다는 결과는 상당히 많다. 브리검영대학교에서 청소년 500명을 대상으로 3년 동안 관찰 연구를 진행한 결과,[5] 타인과 가족 구성원에게 도움을 베푸는 역할을 맡은 청소년은 우울 및 불안 증세를 예방할 수 있음이 드러났다. 이미 심리적으로 힘든 상태에서도 이타적인 행동은 효과를 발휘한다. 웨인주립대학교 연구[6]에서는 불안과 우울감을 느끼는 10대 청소년 99명에게 10일 동안 친구를 도우며 자기 기분을 기록하게 했는데, 타인에게 친절하게 행동한 날에 기분이 확연히 밝아졌다. 실험을 시작할 때 우울했을수록, 타인에게 집중하고 도움을 베풀면 정신적 괴로움이 감소하는 경향이 더 강하게 나타났다. 만약 당신이 일상에서 활력을 찾지 못하고 행복하지 못하다고 느낀다면, 시급히 공감 능력을 되살려보자. 그토록 바라는 것을 얻을 수 있을 것이다.

우리는 종종 행복과 쾌락을 같은 것이라 착각한다. 그리하여 인스타그램으로 누군가 긴 유럽 여행을 떠난 것을 보면 '행복하겠다'며 부러워한다. 누군가 우울하다고 토로하면 재밌는 일을 하거나, 휴가를 떠나라는 조언을 한다. 하지만 쾌락 추구 행동은 우울함을 벗어나는 방법이 아니다. 오히려 우울을 증폭시킬 수 있다. 일리노이대학교 어바나 샘페인 캠퍼스의 연구진이 1년간 고등학생 47명을 추적 연구한 결과,[7] 이타적 행동을 실천한 학생들은 우울 증상이 감소한 반면, 파티에 가는 데 열중했던 학생들은 오히려 우울 증상이 증가하는 것을 확인했다. 연구진은 삶의 목적과 의미를 일깨우는 '에우다이모닉' 활동을 할 때 '가장 적절한 안녕감'을 누릴 수 있다고 조언했다. 기분이 가라앉을 때면 당장은 쾌락을 추구하는 게 좋은 전략처럼 보일 수 있다. 하지만 쾌락이 유발하는 감각은 단지 쾌락을 좇는 동안에만 유지된다. 그 순간이 지나고 나면 아무것도 나아지지 않고 오히려 더 우울해지곤 한다. 사실 우리 대부분은 이것이 사실임을 경험으로 알며, 이제 과학적으로도 알게 되었다. 타인을 위함으로써 목적을 발견하면 우울함을 벗어나는 데 도움이 될 것이다. 이 일에는 숙취도 없다.

◦ 죽은 시인의 표현법 ◦

결혼 생활 카운슬러의 조언에 따르면, 민감한 주제로 대화해야 할 때는 '당신'이 중심이 되는 문장'you' statement이 아니라, '내'가 중심이 되는 문장'I' statement을 사용하는 게 좋다고 한다. 예를 들어 배우자에게 '나는 오늘 파티에서 당신이 날 무시하는 것 같아서 상처받았어'라고 말하는 게, '당신 오늘 밤 파티에서 얼마나 재수 없었는지 알아?'라고 말하는 것보다 생산적인 대화를 해나갈 수 있다는 것이다.

하지만 어떤 맥락에서는 '나' 중심 표현의 잦은 사용이 우울감 등 부정적인 정서와 관련이 있을 수 있다. 펜실베이니아대학교 연구진은[8] 자살로 생을 마감한 시인 9명과 그렇지 않은 시인 9명이 쓴 시 300편을 살펴보며, 일인칭 대명사와 이인칭 대명사의 사용 빈도와 각 시인의 '독특한 언어 특징'을 비교했다.

그 결과 자살한 시인인 실비아 플라스, 존 베리먼John Berryman, 하트 크레인Hart Crane, 세르게이 예세닌Sergei Esenin, 애덤 L. 고든 Adam L. Gordon, 렌달 자렐Randall Jarrell, 블라디미르 마야코프스키Vladimir Mayakovsky, 사라 티즈데일Sara Teasdale, 앤 섹스턴Anne Sexton은 일인칭 대명사를 주로 사용했고 '말하다', '듣다'처럼 소통을 의미하는 단어를 덜 사용했다. 연구진은 이 시인들이 사용한 일인칭 대명사가 자기 자신에게 몰두하며, 타인과 거리를 두었음을 보여준다고 설명했다.

자살하지 않은 시인인 에이드리언 리치, 보리스 파스테르나크, 매슈 아널드Matthew Arnold, 로렌스 펠링게티Lawrence Ferlinghetti, 조이스 킬머Joyce Kilmer, 데니스 레버토브Denise Levertov, 로버트 로웰Robert Lowell, 오시프 멘델스탐Osip Mandelstam, 에드나 세인트 빈센트 밀레이Edna St. Vincent Millay는 일인칭 대명사를 덜 사용했고, 이인칭 대명사와 '나눔' 같은 타인과 조화롭게 소통하는 것과 관련 있는 표현을 더 사용했다.

자기 자신에 관해 글을 쓰는 것이 자살 성향을 가리키는 단서라는 말은 아니다. 다만 자기에게만 집중한다면 외롭고 우울해질 수 있으며, 결국 불안해지고 자의식이 강해질 수 있다는 얘기다. 미시간대학교의 연구자들은 학생들이 목표하는 자아상이 그들의 불안이나 사회적 고충과 어떤 관련이 있는지 살펴보는 연구[9]를 진행했다. 첫 번째 연구에서는 신입생 199명에게 1주일에 한 번씩, 12주 동안 목표하는 자아상에 관한 설문지를 채우게 했다. 목표 자아상이 자기중심적인 학생(예컨대, 나를 좋아보이게 만들기)은 불안과 심리적 고통이 증가하는 경향이 있었다. 목표가 타인중심적인 학생(예컨대, 배려심 많고 대화하고 싶은 사람이 되기)은 불안과 스트레스가 감소했다. 두 번째 연구에서는 룸메이트 쌍을 대상으로 역시나 12주 동안 매주 목표하는 자아상에 관한 설문지를 채우게 했다. 그리고 이번에도 마찬가지 결론에 도달했다. 목표가 타인중심적이고 협조적인 룸메이트는 심리적 고통이 덜했다. 만성적인 심리적 고통은 덜 공감하고 더 자기집중적인 목표와 관계가 있었다.

불안: 내가 만든 감옥에서 나오기

마치 위태로운 줄 위를 걸으며 사는 느낌, 언제라도 바람이 휙 불어오면 발을 헛디뎌 땅에 처박힐 것 같다는 느낌이 바로 불안이다. 불안을 느끼면 스트레스 반응인 코르티솔이 홍수처럼 터져 나오며 빠른 심장 박동, 발한, 떨림, 메스꺼움 등의 문제를 갖게 된다. 불안을 다루는 표준 치료법에는 약물 치료, 대화 치료, 인지 행동 치료, 또는 이 셋을 종합한 치료가 있다. 혹은 칭찬하기, 감사 쪽지 쓰기, 낯선 사람이 무거운 짐을 들고 있을 때 도와주기, 작은 선물 하기, 마트 계산대 줄에서 물건이 적은 사람에게 순서를 양보하기 등의 소소한 행동을 해볼 수도 있다. 브리티시컬럼비아대학교의 연구[10]에 따르면, 사회적 불안 수준이 높은 성인 142명의 참가자가 이 같은 행동을 4주간 실천한 결과, 긍정적인 기분을 상당히 끌어올릴 수 있었다. 참가자는 다른 사람과의 상호작용을 더 기분 좋게 전망했을 뿐 아니라 현재 인간관계가 더 만족스러워졌다고 보고했으며, 사람 사귀기를 피할 가능성이 작아졌다.

만약 사회적 불안이라는 게 뭔지 안다면, 낯선 사람이 가득한 방으로 걸어 들어가기가 얼마나 어려운지 알 것이다. 차라리 마취 없이 대장내시경을 하는 걸 선택하고 싶을 수도 있다. 불안 수준이 낮은 친구들은 이렇게 말할지 모른다. "그냥 한 발을 다른 발 앞에 놔!" 하지만 사소한 일이라도, 단호하고 의도적으로 타인에게 도움을 주는 일에 헌신하면, 낯선 사람과 어울리는 것도 어느새 수월해진다. 다른 사람한테 말을 거는 게 즐거워질지도 모른다.

상실과 비통함: 문제 밖으로 떠오르기

작가이자 기업가인 밥 버포드는 익사 사고로 아들을 잃었다. 저서 『하프타임』에서 그는 자신의 이야기를 들려주었다. 버포드는 정서 질환emotional illness으로 고통받는 사람들이 종종 타인에게 친절과 도움을 베풀라는 '처방'을 받는다는 걸 알게 되었다. 그것이 자기 문제 밖으로 떠오르는 데 도움이 되기 때문이었다. 그는 타인을 돕는 일에 집중하며 아들을 잃은 깊은 비통함에서 잠시나마 빠져나올 수 있는 건 오직 그때뿐이라는 걸 깨달았다. 타인 집중은 슬픔에 잠식된 감정 체계를 다른 방향으로 유인하는 '미끼' 역할을 했다. 또한 새로운 방식으로 존재하는 법을 알려주었고, 타인에게 도움을 주며 영향을 미치는 자아의 확장을 경험할 수 있게 해주었다.

보통 세상을 떠난 사람의 가족들, 유족은 끊임없이 위로를 '받는' 쪽이 된다. 공감과 위로는 비탄에 빠진 사람에게 꼭 필요하고 중요한 일이지만, 무언가를 '주는 일'은 상실의 고통을 완화하는 데 도움이 될 수 있다. 스테퍼니 브라운과 동료들은 배우자가 사망한 뒤 상실감과 비통함을 느끼는 성인 289명의 심리적 회복 경과를 살펴보았다.[11] 그 결과 살아남은 배우자는 타인에게 조언이나 실질적인 지원을 제공하면서 위안을 얻었다. 그들이 얼마나 많은 관심과 도움을 '받았는지'와는 관계없이, 타인을 위하는 행동을 하면 배우자가 사망한 뒤 6개월에서 18개월 사이에 느끼는 비통함과 심리적 고통이 더 빠르게 감소했다.

연구진은 이렇게 결론을 내렸다. 상실을 경험했거나 깊은 상실감에서 빠져나오기 어렵다면, 마찬가지로 어려움을 지닌 사람에게 지지와 지원을 줌으로써 나 또한 치유될 수 있다. 과학이 가리키는 바는 명확하다. 치유는 도움에서 온다.

번아웃 증후군: 회복력 키우기

세계보건기구에서는 최근 들어서야 번아웃 증후군을 만성 스트레스와 관련된 '직업적 현상'으로 분류했다. 앞서 언급했다시피 번아웃 증후군을 구성하는 요소는 세 가지다. (1) 진정한 인간관계를 맺을 수 없는 이인증, (2) 감정소진, (3) 아무리 열심히 노력해도 나아지지 않을 거라는 기분이다. 정신 증상으로는 성마름, 오래 끌기, 퉁명함, 산만함, 자기가 이룬 성취를 의심하는 것 등이 있다. 신체 증상으로는 극심한 피로, 두통, 위장 장애가 있다. 번아웃 증후군은 계속 돌고 도는 쳇바퀴에서 터덜터덜 걷는 상태와 같다. 열심히 일했는데도 제자리인 상황에 낙담하고 진이 다 빠진다. 번아웃은 완벽한 용어다. 화마가 지나간 건물처럼 새까맣게 타버려 텅 빈 느낌이 들기 때문이다.

맨해튼의 심리학자 허버트 프로이덴버거Herbert Freudenberger는 원조 '번아웃 증후군' 감별사다. 그는 스트레스로 지친 여러 직업군의 사람들을 대상으로 이 증후군을 관찰했는데, 모든 분야를 아우르는 보편적인 치료법은 공감이었다. 리더십 전문가이자 펜실베이니아대학교 교육대학원의 선임연구원인 칸디 윈스와 애니 맥키는 《하버드 비즈니스 리뷰》에 발표한 기사 「왜 어떤 사람은 번아웃 증후군에 시달리고 어떤 사람은 안 그럴까Why Some People Get Burned Out and Others Don't」에 이렇게 썼다.[12]

"동감은 스트레스와 싸우는 데 도움이 된다. 우리는 종종 다른 사람을 이해하고자 적극적으로 노력할 때, 진정으로 그를 돌보게 된다. 공감은 다른 긍정적인 감정과 마찬가지로 스트레스가 유발하는 생리적 영향에 대항하는 힘이다."

회복력을 높이고 번아웃 증후군에 저항하는 핵심은 단단하고 친밀하며 돌보는 관계를 형성하는 일이다. 우리는 오로지 나에게 집중할 때보다 사람을 사귀고 사람들에게 지원과 위로를 전하는 특권을 누릴 때, 스트레스와 고난에서 더 잘 회복한다. 캘리포니아 대학교의 심리학자 셸리 테일러는 '보살피고 친해지기tend and befriend' 효과[13]를 소개했다. 돌보고 관계를 쌓는 친사회적 행동을 활발히 하면, 판타스틱4 호르몬(엔도르핀, 도파민, 옥시토신, 세로토닌)이 분비되면서 교감신경계를 진정시킨다. 그러면 스트레스를 길들일 수 있으며, 삶이 우리한테 무엇을 던지든 그에 대처하는 능력도 증가한다.[14] 감상적으로 말하는 게 아니다. 과학적 결론을 내리자면, 번아웃 증후군을 회복하는 방법은 타인의 삶에 온통 사랑을 퍼붓는 것이다.

중독 : 내게 역할을 부여하기

매즈는 의대생일 때 캘리포니아주 랜초미라지에 있는 베티포드센터에서 여름 인턴십을 했다. 이 센터는 미국에서 최초로 주거형 알코올 중독 재활 치료를 운영하기 시작한 곳으로, 치료법으로 '알코올 중독자를 위한 12단계 요법'을 실행하고 있었다. 매즈는 각 단계의 순서가 흥미롭다고 생각했다. 처음 열한 단계는 정직, 믿음, 항복, 영혼 탐색, 진실, 수용, 겸손, 의지, 용서, 유지, 접촉으로 이어진다. 이는 대부분 내면을 들여다보고, 자기 자신과 대화하고,

'나'에게 공을 들이는 과정이다. 하지만 열두 번째 단계는 달랐다. 이 치료의 마지막 단계는 바로 '봉사'였다. 내부에서 외부로 관심을 돌려, 알코올 중독으로 고통받는 다른 이를 돕는 일이었다. 이 치료 프로그램을 설계한 전문가는 알고 있었던 것이다. 처음 열한 단계만 거치면, 쉽게 다시 술에 손을 댄다는 사실을. 하지만 직접 멘토나 지원군이 되어 자신과 똑같은 어려움을 겪는 다른 사람을 돕는 일에 헌신할 때는 회복 상태를 유지할 가능성이 훨씬 컸다. 브라운 대학교 연구[15]에서도 비슷한 연구를 했고, 다른 중독자를 도울 때 중독을 극복하기 수월해진다는 사실을 확인했다.

이 효과의 원리는 무엇일까? 다른 사람을 도우면 의무감을 갖게 되고, 종결의 느낌(도움을 받은 뒤 자신도 똑같이 다른 사람을 도움으로써 중독의 문을 닫는다)을 얻을 수 있다. 내 노력과 안내에 따라 다른 사람이 중독 문제에서 벗어날 수 있다면, 나도 같은 문제에 다시 빠져들지 않을 가능성이 커진다. 취약한 사람을 돌보다 보면 서로 빠르게 가까워지곤 한다. 이렇게 친밀한 관계를 맺는 것도 정서적으로 매우 긍정적인 효과를 얻을 수 있는 일이다. 다른 사람의 회복과 웰빙이 나에게 달렸다면, 나의 회복과 웰빙은 완전히 새로운 의미로 확장된다.

✿

아직도 정신 건강 질환을 오해 섞인 눈으로 바라보는 사람들이 있다. '전부 상상일 뿐'이라거나 '의지'로 극복할 수 있다고 믿기도 한다. 다행히도 이런 구시대적 오해는 많이 사라졌다. 사람들은 이제야 명백한 사실을 인정하는 듯하다. 누구는 당뇨병에 걸리고 누구는 암에 걸리고 누구는 우울증에 걸린다는 사실을. 우리는 이 모든 질환을 똑같은 시선으로 봐야 한다. 다른 사람을 돕는 일은 모든 사람이 쉽게 시도할 수 있는 아주 효과적인 정신 건강 치료법이다. 시야를 자기 자신 밖으로 넓히고 다른 사람을 생각하기 시작하면, 안녕감이 소용돌이처럼 상승한다. '내 문제'에 집착하길 멈추고 '당신은 어떻게 지내요?'라는 질문 쪽으로 움직일 때 불안, 우울, 비통함, 중독, 강박감은 희미해지기 시작한다.

좋다. 우울과 불안과 스트레스에 관해서는 충분히 이야기했다. 이제 훨씬 더 즐거운 주제로 이동하자. 우리 모두는 행복을 원하고, 행복을 위해 산다. 그렇다면 그 목표는 어떻게 이룰 수 있을까? 이에 관한 이야기를 해보려 한다.

행복으로 가는 가장 확실한 방법은 자신보다
거대한 이상에 몰두하는 것이다.

작자 미상

8

비교 불가능한
진짜 행복을 찾는 법

"우리가 흔히 말하는 행복은 그저 감각, 도파민 분비에 불과할 때가 많습니다. 넷플릭스, 치폴레멕시칸 프랜차이즈 레스토랑—옮긴이, 시알리스발기부전 치료제—옮긴이로도 그 감각을 얻을 수 있죠." 뉴욕대학교 교수 스콧 갤러웨이Scott Galloway는 말했다. 주는 사람이 어떻게 더 행복할 수 있는지를 밝히기 전에, 먼저 이 질문에 답해보자. 당신에게 행복은 무엇인가?

재밌는 드라마를 보거나, 부리토를 먹거나, 성적인 모험을 할 때 우리는 피상적인 행복을 느낀다. 작가 데이비드 브룩스는 목표를 향해 전진하며 상황이 뜻대로 돌아갈 때, 우리 팀이 중요한 경기에서 이길 때 등 '자신을 위한 승리'에서도 피상적인 행복을 느낄 수 있다고 썼다.

'성취감'은 행복을 가리키는 또 다른 말이다. 이 용어는 자기돌봄, 자기계발과 관련이 있다. 사람들은 '네 행복을 위해 성취를 이루라'고 조언한다. 하지만 그 일이 어떻게 가능하며, 어떤 의미인지에 대해서는 이야기하지 않는다. 얼마나 많은 성취를 이루면 행복해질까? 큰돈이 생기면 행복할까? 하지만 과학 연구에 따르면, 우리가 오직 성취감만을 쫓는다면 성취를 경험하고 또 해도, 내면에 존재하는 공허를 채울 수 없다. 복권 1등에 당첨되는 것만으로는 행복할 수 없듯이.

그러면 '기쁨'은 어떨까? 정리 전문가이자 세계적 베스트셀러 『정리의 힘』의 저자인 곤도 마리에는 '기쁨을 주지 않는' 물건은 다 버리라고 조언했다. 이때 그가 말하는 기쁨은 즐겁고 자랑스럽고 당당한 느낌을 주는 물건에서 얻는 행복이다. 실제로 돈을 모아 원하는 것을 살 때는 세로토닌이 분비된다. 하지만 그렇다고 해서 이타적 행동을 할 때처럼 심장병, 치매, 뇌졸중이 발생할 위험이 줄어들지는 않는다. 그러한 기쁨은 그저 반짝하는 불꽃일 뿐이다. 하지만 타인을 도울 때 느낄 수 있는 따스함은 영원히 타오르는 불길과 같다.

우리가 행복과 관련해 중심에 두고자 하는 단어는 '초월(자기를 초월하는 것)'이다. 초월이라는 형태의 행복은 도파민 분비를 자극하는 즉각적이고 피상적인 쾌감보다 훨씬 충만하고 풍요롭다. 철학자이자 의사인 알베르트 슈바이처는 이렇게 말했다. "다른 사람을 위하는 삶은 고단하지만, 더 풍요롭고 행복하다." 슈바이처가 말하는 고단함은 '좋은 피로'다. 이것의 반대는 '명백한 피로'다. 의미도 목적도 모르겠고, 조금의 긍정적 감정도 유발하지 않으며, 피곤하고 어쩌면 좌절할 뿐인 하루를 보낼 때 느끼게 된다. 명백한 피로가 하루하루 쌓이면 번아웃 증후군이 발생한다.

　미국의 심리학자이자 펜실베이니아대학교 긍정심리센터의 마틴 셀리그먼은 저서 『긍정심리학』에서 이런 중대한 질문을 던졌다. "과연 행복한 삶이란 무엇일까?"

　그는 행복을 추구하는 길에는 세 가지가 있다고 설명했다. 첫 번째는 쾌락을 추구하는 '좋은 삶'이다. 하지만 (여기에 관한 데이터는 아주 명확한데) 좋은 삶에서의 행복은 짧고 얄팍한 기쁨을 주고 순식간에 사라지고 만다.[1]

　두 번째 길은 무언가에 깊게 몰두하며 다른 모든 것이 서서히 사라지는 상태, 즉 심리학자 미하이 칙센트미하이가 설명한 '몰입'[2]과 같은 상태에서 행복을 찾는 삶이다. 우리는 자신의 장점을 발휘하며 완전히 집중할 때, '몰입' 상태에 머문다. 이때는 내가 처한 환경과 관계 없이 긍정적인 감정이 넘쳐난다. 스트레스를 유발하는 개인적인 야망에서 자유로워져 몰입의 행복을 느낀다.

　마지막은 '의미 있는 삶'으로, 자신의 장점을 발휘해 타인을 돕고, 소속감과 목적의식을 발견함으로써 깊은 행복을 오랫동안 누리는 삶이다. 셀리그먼은 이 세 가지 길이 삶의 만족도에 얼마나 영향을 미치는지를 묻는 설문 조사를 진행했다.[3] 15건의 연구 결과를 종합한 결과, 쾌락 추구는 삶의 만족도에 거의 영향을 주지 못했다. 반면 몰입을 추구하는 삶은 만족도에 크게 공헌했다. 하지만 '의미 있는 삶'만큼 압도적으로 개인의 행복감을 좌우한 것은 아니었다. 셀리그먼의 설명에 따르면, '쾌락'은 '몰입'과 '의미'라는 케이크 꼭대기에 올리는 체리와 같다. 즉 세 가지 모두가 함께할 때 삶은 충만할 것이다. 세 가지가 다 없다면 우리 삶은 텅 빈 접시와 같을 것이다.

연구에 따르면, 자신이 불행하다고 말하는 사람들의 삶에는 몰입과 의미가 부재했다. 우리는 많은 경우 개인적인 행복을 추구한다. 하지만 이런 추구만이 계속되다 보면 내 감정을 판단하는 능력 자체가 흐려진다. 경쟁자를 이기거나, 매력적인 배우자를 얻거나, 연봉이 1억 원이 되면 기쁠 수 있지만, 내 안의 나르시시스트는 더 많은 성공, 더 많은 돈을 바라게 된다. 이런 성취감은 오래가지 않는다.

초월이란 다른 사람에게 자신을 내어주는 일이며, 내가 지닌 힘으로 타인을 의미 있게 돕는 것이다. 이를 자기 삶의 방향성으로 삼는다면 깊은 소속감을 느낄 수 있다. 관계는 삶에서 가장 빛나는 기쁨이며, 친밀한 관계의 핵심은 마음을 다해 배려하고 헌신하는 일이다. '좋은 피로'를 느낀다면 타인을 정직하게 대했다는 뜻이며, 이때 느낀 긍정적인 기분은 사라지지 않는다. 깊은 헌신은 초월의 경험을 켜켜이 쌓이게 한다. 이는 무너지지 않고 희미해지지도 않는다. 기억을 되짚을 때마다 떠오르며 내 안에 오래 머무른다. 이는 타인을 위하는 일을 더 많이 할 의욕을 갖게 한다.

패트리지 가족Partridge Family뮤지컬 시트콤으로 〈와서 행복을 받아 가세요 Come On, Get Happy〉라는 노래를 불렀다—옮긴이에겐 미안하지만, 행복을 '받을' 수는 없다. 행복은 줄 때 얻을 수 있다.

내가 아닌 다른 사람에게 조명을 비춰주려는 사람은 그의 내면에서 빛이 뿜어져 나온다. 이러한 '주는 사람의 빛'은 이타적 행동이 가져오는 뜻밖의 결과다. 작가 데이비드 브룩스는 이렇게 썼다.

"우리는 기쁨을 뿜어내는 사람을 알아볼 수 있다. 이런 사람은 자기 내면의 빛으로 빛나며 작은 즐거움에도 기뻐한다. 자신이 아니라 다른 사람을 위해서 산다. 흔들림 없이 헌신한다. 평온하며 확고한 결의에 차 있다. 당신에게 관심을 두고, 소중히 여기고, 이해하는 모습을 보이며, 당신에게 좋은 일이 생기면 기뻐한다."[4]

  살면서 이런 사람을 만나본 적이 있을 것이다. 눈만 마주쳐도 마음이 편안해지는 사람. 평생 궂은날을 경험한 적이 한 번도 없는 것 같지만, 인생의 궂은날을 다 이해하는 것 같은 사람. 이런 사람과 대화를 해보면, '주는 사람'의 특징이 예외 없이 드러날 것이다.

● 세상에서 가장 행복한 남자 ●

공감이 불러오는 기쁨은 인류가 지닌 최고의 비밀 중 하나다. 극소수만 아는 비밀이며, 계속해서 재발견해야 하는 비밀이다.

헨리 나우웬

  신경과학 연구에 따르면, 공감은 행복에 관여하는 두뇌 회로를 가장 강력하게 활성화하는 요인이다. 마티유 리카드는 프랑스 과학자이자 불교 수도승으로 아주 특별한 공감 전문가다. 그는 평균과는 거리가 먼 아웃라이어 중 아웃라이어로, 평생 수만 시간 동안 자애 및 공감 명상을 수행했다. 위스콘신대학교의 리처드 데이비드슨과 연구진은 리카드의 머리에 전극 256개를 연결하고 뇌전도와 fMRI 촬영을 했는데, 세상 누구도 본 적 없는 결과를 보게 되었다.[5] 연구진은 평범한 비교군 150명의 데이터로 행복감을 느끼는 뇌 영역의 활성화 도표를 만들었는데, 리카드의 활성화 정도는 말 그대로 도표를 뚫고 나갔다. 그의 데이터는 그저 평균을 웃도는 정도가 아니었다. 종형 곡선을 훌쩍 벗어나 자기만의 영역을 누비고 있었다. 덕분에 리카드는 '세상에서 가장 행복한 사람'이라는 명성을 널리 떨치게 되었다.

리카드는 뭘 하고 살기에 이렇게 행복해진 걸까? 그는 단 한 가지에 관해 명상한다. 타인을 향한 공감이다. 리카드는 타인에게 공감할 때가 가장 행복하다고 말한다. 이는 달라이 라마도 동의한 바다. 그는 말했다. "다른 사람을 행복하게 해주고 싶다면, 공감을 연습하십시오. 나를 행복하게 하고 싶다면, 그때도 공감을 연습하십시오."

돈으로 행복을 살 수 있을까?

코미디언 조지 칼린George Carlin은 이렇게 말했다. "우리는 필요도 없는 쓰레기를, 있지도 않은 돈으로, 싫어하는 사람한테 보여주려고 산다." 지금도 우리 중 다수는 이런 과시적 소비 행태가 우리를 기분 좋게 만들어주리라 믿는다. 물질주의는 사실 사람을 비참하게 만들 수 있다. 조지메이슨대학교 연구[6]에 따르면, 무언가를 획득하는 데 몰두하는 사람은 부정적인 감정을 느끼고, 감사함과 충만함과 의미를 덜 느끼며, 다른 사람과 관계를 덜 맺는 경향이 있었다.

소득과 행복은 관련이 없다는 순진한 소리를 하려는 건 아니다. 연구에 따르면 중산층은 가난한 사람보다 평균적으로 더 행복하다. 고소득층은 중산층보다 평균적으로 조금 더 행복하다. 하지만 재산이 증가하는 만큼 행복도 증가하는 건 아니다. 2010년 프린스턴대학교의 심리학 교수 대니얼 카너먼은 이와 관련된 기념비적인 연구[7]를 진행했다. 그에 따르면 소득의 증가는 행복감의 증가와 상관관계가 있었지만, 소득이 어느 정도에 도달하면 그 이상을 번다고 해도 행복이 더 증가하지 않았다. 한계점을 넘으면 소득이 증가한다고 더 행복해지지 않았던 것이다. 이 연구에서 발견한 바에 따르면, 돈이 더 많다고 해서 반드시 '문제가 덜' 생기고 '덜 불행'해지지는 않으며, 같은 맥락에서 '더 행복'해지지도 않는다. 고지서 비용을 낼 수 있고, 즐길 거리와 안전을 위해 조금 더 쓸 여유가 있다면, 방 15개짜리 저택에 사는 사람과 나의 행복은 별 차이가 없다.

런던정치경제대학교 연구[8]에 따르면 재정적으로 몹시 궁핍해도 시간을 내어 자원봉사를 하는 사람은 안녕감과 행복을 느꼈다. 자원봉사를 하든 하지 않든 가난한 사람은 건강 상태도 나쁠 확률이 높았다. 하지만 소득이 높든 낮든, 자원봉사를 하는 이들은 행복할 가능성이 같았다.

다른 사람에게 돈을 써서 행복을 살 수 있을까?

결국 당신은 주는 만큼 사랑받는다.

폴 매카트니

2008년 《사이언스》에 소개된 사회심리학자 엘리자베스 던의 연구[9]에 따르면, 우리의 행복은 '돈을 얼마나 버느냐'보다는 '돈을 어떻게 쓰느냐'에 달려 있다. 그에 따르면 돈을 타인에게 쓸수록 행복은 증가했다. 2012년에 실시한 연구[10]에서 던과 라라 애크닌, 마이클 노턴은 실험 참가자에게 자신이나 다른 사람을 위해 소비했던 기억을 떠올려보고 그 경험이 얼마나 행복했는지 알려달라고 했다. 그다음에 참가자에게 갑자기 돈이 생겼다면, 그 돈을 어떻게 쓸지 물어보았다. 타인을 위해 돈을 썼던 경험을 기억해낸 참가자는 자신을 위해 소비했던 경험을 떠올렸던 참가자보다 큰 행복감을 느꼈다. 그리고 타인을 위해 소비한 기억을 떠올린 이들은 미래에도 타인에게 돈을 쓸 가능성이 컸다. 이 연구가 보여주는 핵심은 두 가지다. (1) 타인을 위해 돈을 쓴 기억만으로도 행복감을 조장할 수 있으며, (2) 타인을 위해 소비한 기억은 좋은 기분을 만들고 다시 그런 경험을 하게 만든다. '친사회적 소비'가 주는 행복은 선순환을 계속되게 한다. 가수 폴 매카트니도 "내 심장은 바퀴와 같아. 당신에게 굴러가게 해주오"라고 노래하지 않았나.

테레사 수녀는 "아플 때까지 주라Give till it hurts"는 유명한 말을 남겼다. 나를 희생하지 않을 정도로만 남을 위하는 게 아니라, 남을 돕는 일이 어렵더라도 그 고통을 받아들이며 타인을 도와야 한다는 말이다. 하지만 사실 남을 도울 때 고통은 줄어든다. 우리는 이 말을 다음과 같이 바꿔보려 한다. '행복해질 때까지 주라'.

명백한 증거에 따르면, 베푸는 행위 자체가 행복한 기분을 선사한다. 던, 애크닌, 노턴은 시야를 넓혀 전 세계 100개 나라, 20만 명을 망라하는 여론조사를 분석[11]했다. 그 결과, 지구 어느 지역에서든, 자선단체에 기부하는 사람은 하지 않는 사람보다 소득에 상관없이 더 행복한 것으로 드러났다. 던은 말했다. "이 상관관계는 사소하지 않았습니다. 자선단체에 기부를 하면, 소득이 두 배로 높아질 때만큼 행복에 차이가 발생했습니다."[12]

여기서 중요한 것은 돈을 '어떻게' 쓰는가이지, '얼마나 많이' 쓰는가가 아니다. 내가 타인을 위해 준비한 선물이 얼마나 비싼 것인지는 문제가 되지 않는다. 한 세계적인 연구[13]에서는 참가자들을 두 그룹으로 나눠 4주 동안 타인을 위해 돈을 쓰거나, 자기를 위해 돈을 쓰게 했다. 첫 번째 그룹은 이 기간에 대개 더 너그러웠으며, 두 번째 그룹보다 행복하다고 보고했다. 또한 fMRI 뇌 촬영에서 발견한 바에 따르면, 타인을 위한 소비를 할 때는 뇌의 보상중추가 활성화되었다. 그 선물이 30달러짜리인지, 500달러짜리인지는 상관이 없었다. 뇌는 진심으로 선물을 하고자 하는 의도에 반응했다. 진짜로 중요한 것은 베푸는 마음이다.

우리 두 저자의 공통 친구인 토머스는 생일파티의 제왕이다. 그는 솜씨 좋게 선물을 만들고, 성대한 파티를 열어 친구들에게 베푸는 것을 좋아하는데, 때로 받는 쪽에서 당황할 정도다. 토머스는 언젠가 말했다. "가끔 '나한테 이렇게 안 해줘도 돼. 나는 너한테 그만큼 못 해줬는데'라고 말하는 친구가 있어. 그러면 나는 내가 하고 싶어서 하는 거니 마음 쓰지 말라고 얘기해. 내가 사랑을 표현하는 방식이라고. 친구를 위해 파티를 열면 기분이 좋거든." 타인을 위할 때 실제로 우리 뇌의 보상·쾌락 중추는 디저트를 먹을 때와 마찬가지로 활성화된다. 토머스의 말은 과학적 사실이다.[14] 어쩌면 토머스는 그저 케이크를 먹고 싶어서 온갖 생일파티들을 여는지도 모른다. 어떤 쪽이든 효과가 있다.

• 물건이 아닌 경험을 주기 •

돈으로 행복을 사는 또 다른 방법은 경험을 소비하는 것이다. 텍사스대학교에서 진행한 연구[15]에 따르면, 사람들은 물질적인 상품(보석, 가구, 장비, 옷)을 구매하는 것보다 경험(여행, 외식, 공연표, 극장)에 돈을 쓸 때 더 큰 만족감을 느꼈다.

하지만 급류 타기 체험을 한다고 해서 그 자체로 오랫동안 행복해지는 것은 아니다. 긍정적인 감정은 사랑하는 사람들과 경험을 공유하고, 유대를 맺고, 뇌에서 판타스틱4 호르몬이 흘러나오도록 촉발할 때 발생한다. 깊고 친밀한 관계를 위해서는 다른 사람의 행복에 투자해야 한다. 이때 투자란 '인맥 관리'를 하라는 게 전혀 아니다. 돈과 더불어 시간과 관심을 쏟으며 친구, 가족, 이웃을 진정 배려하고 깊이 사귀려 노력한다는 뜻이다.

화분에 흠뻑 물을 주듯
내 행복에 물을 주기

'번성'이라는 단어를 생각하면, 무엇이 떠오르는가? 씨앗이 튼튼한 식물로 자라나 해를 향해 뻗어가고, 꽃봉오리가 다채로운 꽃으로 피어나고, 튼튼한 가지가 부드러운 여름 산들바람에 흔들리고, 벌이 윙윙대는 모습이 그려진다. '심리적 번성psychological flourishing'이란 행복감처럼 긍정적인 감정을 느끼며, 관계 속에서 성장하고, 자신이 누구인지 알며 세상에서 제 몫을 하고 있다는 느낌이 드는 상태를 말한다.

소냐 류보머스키와 동료들은 자기집중적인 행동과 타인집중적인 행동에서 나타나는 차이점이 무엇인지, 그리고 이런 행동이 기분과 심리적 안녕에 미치는 효과를 살펴봤다.[16] 연구자들이 6주 동안 참가자 473명을 세 그룹으로 분류해 살펴본 결과, 다른 사람이나 자신을 둘러싼 주변 전반에 친절하게 행동한 타인집중적 그룹은 모두 '심리적 번성' 정도가 증가하고 부정적 감정이 감소했다. 자기 자신에게 친절하게 대했던 자기집중적 그룹과 아무에게도 친절하게 하지 않은 중립적 그룹은 기분이 좋아지거나 긍정적인 감정이 증가하지 않았으며, 부정적인 기분과 감정이 감소하지도 않았다. 이들은 자라지 않는 묘목처럼 그대로 머물렀다. 타인에게 다정한 행동은 나의 행복에 물을 흠뻑 주고 햇볕을 쬐는 것과 같다.

정서적 자신감과 성취감은 자존감의 중요한 요소다. 역설적이게도, 자존감은 타인을 도울수록 높아진다. 영국에서 진행한 연구[17]에서는 참가자 719명을 두 그룹으로 나눠 한쪽에는 타인에게 공감을 발휘하며 그를 돕게 했고, 다른 쪽에는 어린 시절의 경험을 글로 쓰면서 자신에게 집중하게 했다. 6개월 뒤 후속 조사 결과, 타인에게 공감하며 도움을 주고자 행동한 사람은 행복과 자존감이 크게 상승했다. 회고록 그룹에는 그런 변화가 없었다.

'자아 성찰을 하지 말라'거나 '회고록을 쓰지 말라'고 할 생각은 없다. 자신을 객관적으로 판단하기 위한 자아 성찰은 필수이며, 내면에 써 내려가야 할 글이 있다면 쓰는 게 좋을 것이다. 다만 더 행복해지기 위해서는 타인을 돌아봐야 한다.

❀

닭이 먼저냐, 달걀이 먼저냐만큼이나 어려운 질문이 있다. 행복과 성공 중 무엇을 먼저 좇아야 할까? 우리는 성공하면 행복해지는 걸까? 다음 장에서는 이 질문을 파고들어보자. 힌트. 당신이 지금까지 성공에 관해 배웠던 모든 것이 틀렸을 수 있다.

나는 돈이 엄청나게 많은 사람을 여럿 압니다.
감사 만찬회를 열고, 자기 이름을 딴 병동도 있는
사람들이죠. 하지만 진실을 말하자면, 세상 누구도
이들을 좋아하지 않아요. 만약 당신이 내 나이가 됐는데,
아무도 당신을 좋게 보지 않는다면
계좌 잔액이 얼마인지와 상관없이 당신의 삶은
재앙이나 다름없습니다.

———————————————————————

워런 버핏

9

가장 깊이 성공하는 법

"일만큼 어른의 삶을 크게 점유하는 것은 없다. 약 21세부터 70세까지 우리는 일하며 삶을 보낼 것이다. 우리가 일하는 시간은 잠을 자거나, 가족과 시간을 보내거나, 음식을 먹거나, 오락을 즐기며 쉬는 시간보다 길 것이다." 로욜라대학교 경영대학원 교수 알 지니의 말이다.[1]

미국식 이상에 따르면 우리는 더 크게 성공하기 위해 분투해야 한다. 게다가 요즘에는 하나의 직업으로는 충분하지 않고 사이드 프로젝트나 부업이 있어야 한다. 우리 문화는 끊임없이 바쁘게 살지 않으면 충분히 열심히 사는 게 아니라는 관념을 주입한다. 매출 목표를 맞추지 못하면, 더 많은 구독자와 팬을 모으지 못하면 안된다. 번아웃이 찾아올 때까지 일하고 일하면서, 계속 질주하지 않으면 누군가 내 일자리를 채가리라는 불안에 시달린다.

이러한 야망과 과로를 장려하는 문화가 현재 우리가 정의하는 경제적 '성공'을 뒷받침하는 원동력이 되었을지도 모른다. 문제는 많은 사람이 이런 방식밖에 모른다는 것이다. 하지만 이렇게 죽도록 일하면서 과연 행복한가? 일을 더 잘하는가? 우리 사회는 수확체감의 법칙law of diminishing returns을 따르므로, 우리는 더 일할수록 더 불행할지도 모른다. 미국심리학회APA의 데이터[2]에 따르면 미국 직장인의 웰빙 상태는 다음과 같다.

- 33퍼센트가 만성적으로 과로한다.
- 20퍼센트가 심각한 실수를 한다고 보고했다.
- 83퍼센트가 아파도 출근하는데, 업무량이 많아 휴가를 내면 '위험'하다고 인식하기 때문이다.

게다가 과로는 장기적인 행복과 웰빙의 열쇠인 친밀한 관계에 파괴적인 영향을 미친다. 현대인의 일과 삶의 균형은 건강하지 못한 쪽으로 기울어져 있다. 또 다른 미국심리학회 데이터를 보자.

- 직장인의 83퍼센트는 휴가 중에 최소 하루에 한 번은 업무용 이메일을 확인한다.
- 직장인의 52퍼센트는 직업이 개인적인 삶이나 가정생활에 지장을 준다고 보고했고, 43퍼센트는 가족이 업무 성과에 지장을 준다고 보고했다.
- 직장인의 31퍼센트는 가족에 대한 책임과 일에 대한 책임

사이에서 균형을 맞추느라 스트레스를 받는다.
• 가정과 직장 사이에서 발생하는 갈등은 낮은 삶의 만족도 및 높은 감정적 괴로움과 관련이 있다.

많은 자기계발서가 미라클 모닝을 권하고, 잠은 죽어서 자도 늦지 않는다고 말한다. 하지만 극심한 자기 집중은 만성 스트레스를 초래하고, 이는 마지막 휴식을 훨씬 앞당길지도 모른다. 개인은 자기계발에 힘써야 하고, 기업은 직원을 가장 효율적으로 활용할 방법을 찾으며 결과에만 집중해야 한다고 배웠지만, 성공의 과학에 따르면 이 중 어느 것도 사실이 아니다. 자본주의 문화는 경쟁 상대를 누르고 승자가 되는 일을 성공으로 정의하는데, 이는 사회를 건강하지 않게 만들며, 무엇보다 생각처럼 수익성이 좋지도 않다.

성공했어도 비참한 사람은 흔하다. 우리는 더 높은 연봉, 다음 승진을 바라며 달리다가 어느 순간 삶을 아주 편협하게 바라보게 된다. '내가 살 길은 이것밖에 없다'고 생각하게 되는 것이다. 아마 당신은 자기 자리에서 애쓰고 있을 것이다. 그런데 왜 만족할 만큼 성취하지 못하는지, 그저 하루하루 쳇바퀴 돌 듯 지쳐가는지 알고 싶은가?

데이터에 따르면, 자기중심적 태도는 경력의 발목을 잡는 방해 요소다. '성공'이라는 목표를 강조하면 할수록 불이익은 더 커진다. 하버드대학교의 행복학 강의로 유명한 심리학자 숀 아처[3]는 사람들이 성공의 법칙을 거꾸로 이해하고 있다고 말한다. 우리는 성공이 행복으로 이어진다고 생각한다. 하지만 그 반대다. 행복이 성공으로 이어진다. 그의 연구에 따르면 수상, 연봉, 직책 등의 외부적 요소는 개인의 장기적인 행복을 예측할 수 있는 주요 변수가 전혀 아니었다(고작 10퍼센트만 관련이 있었을 뿐이다). 나머지 90퍼센트는 긍정적이고 이타적인 태도 같은 개인의 내적인 요소에서 비롯했다.

성공은 쾌락이다. 뇌는 쾌락에 금세 내성이 생긴다. 작은 쾌락을 경험하면 더 큰 쾌락을 바라게 된다. 매출 목표를 달성하면 도파민이 분비된다. 이제 그만큼 도파민이 분비되게 하려면, 더 큰 매출액을 달성해야 한다. 아처는 테드 강연에서 이렇게 말했다. "행복과 성공이 반대편에 있다면, 우리의 뇌는 절대 원하는 걸 못 얻을 겁니다. 우리 사회는 행복을 인지적 지평선 너머로 밀어냈죠. 그건 우리가 먼저 성공을 이뤄야 행복해지리라 믿기 때문이에요."

하지만 뇌는 행복할 때 훨씬 효율적으로 작동한다. 활력과 창의력이 늘고, 스트레스가 줄어드는 '행복 혜택'을 얻는다. 이것이야말로 일에서 성공을 거두고 싶다면 필요한 요인이다. 긍정적일 때 뇌의 생산성은 중립적이거나 스트레스를 받을 때보다 3퍼센트 상승한다. 의사도 긍정적인 사고방식을 지닐 때 19퍼센트 더 빠르고 정확하게 진단을 내린다. 이는 바로 이번 장의 논의로 이어진다. '주는 사람'은 성공 사다리의 꼭대기를 점유한다. 자기보다 다른 사람을 먼저 생각하고, 대가를 바라지 않고 베푸는 사람이 어떻게 그런 성공을 거머쥘 수 있을까? 이 장에서 우리는 이 질문을 파고들려고 한다. 과학이 증명하는 바에 따르면, 타인을 돕는 일은 훌륭한 경력의 가장 중요한 출발점이다.

성공의 최대 변수

"그렇게 못생긴 치마는 처음 봐."

영화 〈퀸카로 살아남는 법〉 중에서

우리는 아이들을 대상으로 하는 연구를 좋아한다. 성인은 연구에 참여할 때 자기도 모르게 거짓말을 하지만, 아이들은 자기 본성에 가깝게 행동한다. 이탈리아에서 이루어진 한 종단연구[4]에서는 초등학교 3학년 아이들의 배려심이 이후 학업 성취도에 어떤 영향을 미치는지 살펴보았다. 연구진은 선생님과 학급 아이들에게 각 학생의 친사회적 행동(협동, 도움, 주기, 나누기, 위로)과 반사회적 행동(언어 및 물리적 공격성, 방해, 이기적인 언행)을 평가하게 했다. 그리고 5년 뒤 후속 조사를 했을 때, 이타적 행동 점수가 높았던 아이는 그렇지 않은 아이에 비해 학업 성적이 더 좋고 교우관계도 더 탄탄했다. 3학년 때의 이타적 행동은 중학교 3학년 때 학업 성취도와 사회적 관계 변화를 각각 35퍼센트, 37퍼센트 설명하는 것으로 드러났다. 이 연구 결과는 아이가 8세에 배려심이 많다면 18세에는 하버드대학교에 입학한다는 이야기를 하는 게 아니다. 다만 자기뿐만 아니라 타인도 돌볼 줄 알며 교우관계가 좋은 아이는 초기 청소년기(만 10세에서 13세)에 성적이 좋고, 좋은 관계를 유지하는 친구가 있으리라 예측할 수 있다는 것이다. 이는 이타심이 행복으로 이어지며, 그것이 다시 성공의 문을 열게 된다는 주장을 뒷받침한다.

《미국의사협회 정신의학과 학술지》에 발표된 종단연구[5]에서는 1981년부터 2015년까지 캐나다 유치원생 3020명을 추적 연구하여, 어렸을 때의 사회적 발달이 성인이 되었을 때 소득에 어떤 영향을 미치는지 확인했다. 연구에 참여한 선생님들은 아이의 사회적 행동뿐 아니라 조심성, 불안 같은 측면도 살폈다. 여기서 가장 극적인 결과는 남성 참가자 사이에서 나타났다. 남성은 6세 때 다른 사람을 향한 배려가 1 표준편차 증가할 때마다, 33~35세 때 받는 연봉이 6퍼센트 높아지는 경향을 보였다. 이는 IQ, 가족 환경 같은 요인을 통제한 결과다. 경력을 쌓는 동안 이 경향이 계속 누적된다면, 얼마나 큰 차이가 생길지 생각해보자. 또 다른 연구에서 발견한 바에 따르면, 사회경제적 수준이 낮은 동네에 사는 아이는 이타적인 성향이 높을 경우 19년 뒤 교육, 고용, 범죄, 물질적 풍요, 정신 건강 면에서 더 나은 결과를 기대할 수 있었다.[6]

티나 페이가 각본을 쓴 2004년 영화 〈퀸카로 살아남는 법〉은 지금까지도 젊은 층 사이에서 밈으로 소비되며, 하나의 대중문화 현상이 됐다. 이 영화 속 희대의 빌런 레지나 조지는 일명 '여왕벌' 캐릭터로 인기를 얻기 위해 못된 행동과 협박을 일삼다가 결국 비참해지고 만다. 아이들이 사회적으로 건강하게 성취감을 느끼고 성공하길 바란다면, 친절을 우선시하도록 가르쳐야 한다. 아이가 또래에게 인정받고, 호감을 얻는 건 협박이 아닌 이타적 행동을 통해서이기 때문이다. 9~11세 학생이 있는 19개 학급을 대상으로 종단연구[7]를 진행한 캘리포니아대학교의 연구에 따르면, 일주일에 세 번씩, 4주 동안 친절한 행동을 한 학생들은 아무것도 하지 않은 대조군 집단의 학생들과 비교해 또래 수용도(즉 '인기')가 훨씬 높아졌다. 이 같은 사회적 지위의 변화는 학업 성취는 물론, 괴롭힘당할 확률을 낮추는 일과도 관련이 있다. 착한 아이가 불량배들의 손쉬운 먹잇감이 된다는 건 사실 데이터로 증명되지 않은 생각일 뿐이다.

단 8분으로 우리는 무엇을 할 수 있을까? 『그릿』을 쓴 앤절라 더크워스에 따르면, 꽤 커다란 변화를 만들어낼 수 있다. 더크워스는 동료와 함께 흥미로운 실험을 해보았다.[8] 그는 공립 고등학교 학생 1982명을 두 그룹으로 나눈 뒤, 한 그룹에게는 8분간 자기보다 어린 학생에게 '미루지 않는 방법' 등 동기 부여와 관련된 조언을 해주게 했고, 다른 쪽(대조군)에는 아무 행동도 지시하지 않았다. 그 결과 조언을 해주는 그룹에 속했던 학생들은 반 학기 동안 수학을 비롯한 여러 과목에서 더 나은 성적을 거뒀다. 10대 청소년은 다른 사람을 지원하는 역할을 맡으면 자기 자신을 더 긍정적으로 느끼고, 사회적으로나 학업적으로 더 잘 해내게 되는지 모른다. 이 연구는 단 8분의 개입으로 이뤄낸 놀라운 성과와 함께 학업 성취도를 개선하는 귀한 접근법을 제시한다. 아이들에게 다른 사람을 돕는 역할을 주자.

결국 착한 사람이 1등이 된다

지금까지 우리는 타인에게 집중할 때 행복해질 수 있다는 이야기를 했다. 하지만, 배려하고 양보하다가 성공은 거두지 못하고, 중간 관리자 정도에서 멈추는 운명에 처하진 않을까?

많은 드라마나 영화에서 성공한 기업가는 자본주의의 화신이

자 완벽한 포식자처럼 그려지는 경우가 많다. 목표를 이루기 위해서라면 수단과 방법을 가리지 않는 인간. 그래서 우리는 이기적이고, 호전적이고, 다른 사람을 조종할 수 있어야, 즉 '비우호적 태도'를 갖춰야 위로 올라갈 수 있다고 생각하게 됐다. 하지만 직장 내 악당이 성공하는 사례는 거의 없다.

사실 성공 사다리의 꼭대기에 도달할 가능성이 가장 큰 사람은 공감과 배려를 행동으로 보여주는 사람이다. 이해하기 어렵지 않다. 동료가 당신을 좋아한다면, 당신의 성공을 함께 기뻐할 것이다. 하지만 동료들이 당신을 싫어한다면, 당신의 성공을 인정하지 않고 당신을 그 자리에서 끌어내리기 위해 계획을 짤 것이다.

무자비한 자기우월증 환자도 분명 누군가의 상사가 될 수 있다. 하지만 확률이 낮다. 증거를 살펴보자. 캘리포니아대학교 버클리 캠퍼스에 있는 하스경영대학교가 진행한 종단연구[9]에서는 공격적이고 이기적으로 굴며 남을 조종하려 드는 사람이 실제로 권력을 얻게 되는지 살펴봤다. 정말 소시오패스가 1등을 하게 될까? 연구자들은 참가자들이 노동시장에 진입하기 전 그들의 '비우호성(공격적이고 이기적이고 다른 사람을 조종하려는 행동)'을 측정했다. 그리고 약 14년 뒤, 어떤 과정으로 경력을 쌓았는지 추적해보았다. 성별, 인종, 기업 문화를 통제하자, 높은 비우호성을 지녔던 사람은 직장에서 높이 올라가지 못했음을 발견했다. 반면 너그럽고 외향적이었던 사람은 높은 자리까지 승진했다. 우위를 점하기 위한 공격적인 행동은 권력을 쥐고픈 욕구를 반영한다. 하지만 동료에게 친절을 베풀고 좋은 관계를 맺지 않으면 이러한 욕구는 좌절됐다. 승진하고 싶다면, 오랜 시간을 함께 보내는 사무실 사람들과 공격적인 쟁탈전을 벌이는 것이 아니라 관계를 다져야 한다. 동료의 생일을 축하해주자. 성과의 공을 나누자. 아무런 이익이 따르지 않아도 다른 팀을 돕자. 그러면 동료들은 당신을 지지하고 성공에 박수를 보낼 것이다. 선택은 단순하다. 적을 만들든지, 지원군을 만들든지.

1958년 사회심리학자 에드윈 홀랜더는 '괴짜 점수idiosyncrasy credits'가 높은 사람일수록 성공한다는 매력적인 연구 결과를 소개했다.[10] 괴짜 점수를 높이는 비결은 상대를 배려하며 긍정적인 인상을 쌓는 데 있었다. 사람들은 누군가 자격이 있다고 생각하면, 그가 자기 위로 올라가거나, 다르게 행동해도 기꺼이 인정한다. 경쟁과 이익 추구를 기대하는 기업 문화 아래에서도, 가장 관대한 사람이 가장 높은 괴짜 점수를 받아 높은 자리에 올랐다.

나는 리더로 뽑힐 수 있는 사람일까? 켄트대학교에서 했던 두 가지 실험[11]을 보며 답을 알아보자. 첫 번째 실험은 '협력 게임'이었다. 연구진은 참가자들에게 소액의 돈을 나눠주며 공동 기금에 기부하거나 자신이 가질 수 있으며, 공동 기금으로 모인 돈은 두 배로 늘려 모두에게 공평하게 나눠줄 것이라고 말했다. 당신이라면 어떻게 하겠는가? 돈을 기금에 부어 사람들과 나눠 가져야 할까? 사람들이 돈을 내지 않을 경우를 대비해 그냥 다 내 몫으로 챙길까? 두 번째 실험에서 참가자들은 여러 팀으로 갈라져 팀장을 뽑아야 했다. 이때 참가자의 82퍼센트는 첫 번째 실험에서 가장 관대했던 사람을 팀장으로 지목했다. 돈을 전부 기금에 낸 '바보'가 자기 잇속을 챙긴 사람들을 관리하는 자리에 오른 것이다. 사람들은 누군가가 이타적으로 행동하는 모습을 목격할 때, 그를 더 존중하고 존

경한다.

재능 있는 사람은 질투를 유발한다. 질투하는 사람은 재능 있는 사람을 깎아내리려 할 것이다. 하지만 재능 있는 사람이 이타적인 사람이라면, 유독 질투심이 폭발하는 소수의 사람 외에는 그를 질투 없이 좋아할 것이다. 미네소타대학교 연구[12]에서는 인지 능력(영리함)과 직장 내 괴롭힘 사이에 존재하는 관계(똑똑하다는 이유로 당하는 괴롭힘)를 조사했다. 그 결과 능력 있고 지능이 높은 사람이 괴롭힘을 당한다기보단, 태도가 비협조적이고 공격적인 사람이 조롱의 대상이 되고 동료들에게 인정받지 못하는 경향을 보였다.

돈 벌어다주는 이타심

당신은 '인간은 원래 이기적이고 응큼해!'라고 말하는 쪽인가, 아니면 '사람들은 따뜻하고 근사해'라는 쪽인가? (후자이길 바란다.) 연구[13]에 따르면 전자는 후자보다 소득이 낮았다. 연구진의 설명에 따르면 냉소적인 유형(눈알을 굴리면서 최악의 상황을 가정하고, 늘 비관적이며, 아무도 안 믿는 유형)은 타인과 일할 귀중한 기회(덜 냉소적인 성향의 사람은 기꺼이 수용했을 기회)를 더 쉽게 놓치는 경향이 있다. 시간의 흐름에 따라 이러한 경향은 소득 차이로 이어진다. 사우스캐롤라이나대학교가 횡단 데이터 및 패널 데이터를 이용하여 발견한 바[14]에 따르면, 이타적 행동을 하는 사람은 이기적인 사람보다 자녀와 소득이 더 많은 경향이 있었다. 이 실험들은 타인에 대한 부정적인 인식과 낮은 소득이 상응한다는 걸 보여준다. 타인에게 부정적이거나, 그들을 신뢰하지 않아 낙담하게 만든다면 큰돈을 벌 수 없다. 다른 사람에게 호의를 갖고 선의로 대하는 사람은 긍정적인 정서, 즉 행복을 더 많이 느끼며 소득도 더 높을 거라 예측할 수 있다. 다시 말하지만, 행복이 성공으로 이어지며 그 반대는 아니다.

지금까지 봐왔듯, 이기적인 행동에는 보상이 따르지 않는다. 그런데도 왜 사람들은 그다지 효과가 없는데도 자기 중심성을 고집할까? 이론에 따르면, 개인적인 경험과 반대인데도 불구하고, '더 많이 벌려면 이기적이어야 한다'고 생각하는 사회적 믿음이 워낙 공고하기 때문이다. 영국에는 "1페니든, 1파운드든 상관없이in for a penny, in for a pound"라는 말이 있다. 한번 시작한 일은 비용이 얼마가 들든 완수해야 한다는 의미로 사용하는 표현이다. 하지만 이기적인 행동에 전념한다면, 만 파운드를 가져와도 원하는 성공을 이루지 못할 수 있다.

하버드 교수이자 경제학자인 아서 C. 브룩스는 돈을 나눌 때 더 풍요로워질 수 있다는 강력한 증거[15]를 발견했다. 그는 《Y 매거진》에서 이렇게 설명했다. "교육 수준, 지역, 종교, 인종, 자녀 수 등 모든 게 똑같은 두 가족이 있다. 하지만 한 가족은 다른 가족보다 자선단체에 100달러를 더 많이 기부한다. 그러면 그 가족은 덜 베푸는 가족보다 평균 소득이 375달러 더 높을 것이다. 통계적으로 볼 때 이러한 차이는 기부 덕분에 발생한다."[16]

브룩스는 번영을 구하는 공식이 행복에서 시작한다고 믿는다. 이타적인 행동은 사람을 행복하게 하고, 스트레스를 줄이고, 건강하게 한다. 주는 사람은 그러므로 더 생산적이다. 프로젝트를 홀

룽히 해내고, 인정받고, 승진하며, 더 많은 돈을 벌 가능성이 있다. 이타적 존재는 비유적으로든 문자 그대로든 부자가 될 수 있다.

　마지막으로, 높은 공감 능력은 협상을 할 때도 이득이 된다. 짐작하다시피 자기 이득만 챙기며 상대의 급소를 찌르기 위해 노력하는 협상가는 결국 원하는 바를 얻어낼 가능성이 작다. 28건의 연구를 메타분석한 네덜란드 연구진의 발견[17]에 따르면, 협상 테이블에서 덜 논쟁적이며, 내 이득뿐 아니라 상대의 이득을 위해서도 적극적으로 노력하는 협상가는 뜻을 굽히지 않고 관철하려는 협상가보다 양쪽 모두 만족할만한 결과를 확보할 확률이 높았다. 가장 훌륭한 협상가는 자신과 상대 모두를 도우려 하며 진정 모두에게 득이 되도록 파이를 키운다.

어떻게 더 나은 리더가 될 수 있을까

　"사람들은 직장을 떠나는 게 아니라 상사를 떠난다." 이런 말이 밈처럼 돌아다니는 걸 본 적이 있다. 직장에서 폭군처럼 행동하는 사람을 보면 궁금해진다. 그는 원래 처음부터 비호감에 자기중심적인 인간이었을까 아니면 권력을 쥐자 그렇게 변할걸까?

　『공감 리더십: 힘든 일도 인간적으로 해내는 법Compassionate Leadership: Doing Hard Things the Human Way』을 쓴 저자 라스무스 호가드는 《하버드 비즈니스 리뷰》에서 오랫동안 과도한 권력을 쥔 사람에게 나타나는 오만 증후군hubris syndrome에 관해 설명했다.[18] 이는 일종의 정신장애로, 너무 긴 시간 자기 자리를 보전하기 위해 압박감을 느끼고 안하무인으로 힘을 휘두르다 동감과 공감 능력이 퇴화하는 증상이다. 압도적인 자기중심성이 뇌 회로를 바꾸어 주변 사람들을 신경 쓰지 않도록 만드는 것이다. 이를 신경 경화neural hardening라고 부른다. 호가드에 따르면 신경 경화를 되돌릴 수 있는 유일한 방법은 의도적으로 공감을 연습하는 일, 즉 '다른 사람의 행복과 웰빙에 공헌'하는 일뿐이다. 동감은 리더십을 위해 꼭 필요한 능력이다. 동감할 수 있어야 사람들과 유대를 맺고, 그들을 적이 아닌 지원군으로 만들 수 있기 때문이다.

'땀 흘리는 모습을 보이지 마라'라는 말은 실제보다 용감하거나 완벽해 보이라는 표현이다. 하지만 리더십에 더 도움이 되는 조언은 '이기적이고 감정적인 모습을 보이지 마라'일 것이다. 웨스턴 워싱턴대학교 연구[19]에 따르면 리더가 분노 혹은 슬픔처럼 '부정적인 감정 상태'를 보일 때 부하직원은 그를 덜 유능하다고 평가했으며 존경심도 크게 줄었다. 감정을 표출하면 속은 시원하겠지만, 옆에 있는 직원들에게는 나쁜 영향을 미칠 수 있다. 리더십을 발휘하고 싶다면, 직원들과 함께 있을 때는 그들의 감정을 먼저 고려해야 한다.

생산적이고도 비판적인 피드백을 주는 일은 어렵다. 리더라면 직원들이 무엇을 잘하고 있는지(칭찬, 강화, 축하 같은 긍정적 의견)뿐 아니라 무엇을 잘못하고 있는지(지시, 제안, 비판 같은 교정 의견)를 말해줄 책임이 있다. 하지만 리더십 계발 전문가인 잭 젠거와 조셉 폴크만의 조사에 따르면, 많은 상사와 리더들은 부정적인 피드백을 주는 일을 병적으로 꺼렸다.[20] 다른 사람을 비판하는 일을 마치 고문처럼 여기는 듯했다. 반면 직원들은 생산적인 비판을 듣기를 바랐다. 직원 900명을 설문조사한 결과, 57퍼센트는 교정 의견을 받고 싶다고 했고, 72퍼센트는 상사가 교정 의견을 주면 자기 실적이 더 나아질 것이라고 믿었다. 자기중심적인 리더는 불편함을 모면하고자 비판을 피할지도 모른다. 그러나 직원에게 진심으로 관심을 가지며 구체적인 업무 평가를 제공한다면, 직원들은 일터에 더 만족하고 더 성공적으로 일할 것이며,[21] 당신은 더 유능한 리더가 될 것이다. 유의할 것은, 칭찬할 때는 공개적으로 해야 한다는 것이다. 자부심은 성과를 높인다.[22] 하지만 비판할 때는 개인적으로 해야 한다. 굴욕은 아무에게도 도움이 되지 않으니까.

매즈의 어머니는 이런 말씀을 하셨다. "변명으로 사과를 망치지 마라." 너그럽지 않은 상사가 이끄는 나쁜 직장에서는 변명하는 일이 몹시 흔하다. 이런 환경에서 직원들은 자기 위치를 지키려면 방어적으로 대처하는 수밖에 없다고 느낀다. 하지만 어린아이조차 변명은 자기중심적인 일이며, 진정한 사과란 타인의 마음을 헤아리는 일이라는 걸 안다. 영국의 한 연구[23]에서는 4세에서 9세 사이 아이 120명에게 규칙을 위반한 사람이 사과하거나, 변명하거나, 설명을 전혀 하지 않는다는 세 가지 종류의 이야기를 들려주었다. 아이들은 누가 규칙을 위반했는지와 상관없이 똑같이 벌을 받아야 한다고 생각했지만, 대부분 사과하는 사람에게는 훨씬 더 긍정적으로 반응했다. 아이들은 사과하는 사람이 정직한 사람이며 변명은 부도덕하고 이기적인 태도라고 봤다. 다른 사람과 함께 일하는 모든 사람에게 조언한다. 일을 망쳤다면, 죄송하다고 말하는 것이 가장 전략적인 태도다.

마지막으로 인간의 인내심과 동기 부여에 관한 흥미로운 실험으로 이야기를 마치겠다. 사회심리학자 로이 바우마이스터가 진행했던 그 유명한 '쿠키 실험'[24]이다. 바우마이스터는 대학생 참가자들에게 실험을 시작하기 세 시간 전부터 아무것도 먹지 말라고 지시했다. 그다음에 이 굶주린 참가자들을 세 그룹에 무작위로 배정했다. (1) 초콜릿 칩 쿠키 한 접시와 무 한 접시를 받았으나, 쿠키는 먹으면 안 되고 무만 먹을 수 있는 그룹, (2) 똑같이 쿠키와 무를 받아 원하는 대로 먹을 수 있는 그룹, (3) 음식을 전혀 받지 않은 대조군. 다음으로 세 그룹 모두에게 기하학 퍼즐을 풀게 했다. 사실 이 퍼즐은 풀 수 없는 것으로, 참가자의 인내심을 시험하기 위한 도구였다. 과연 어떤 그룹이 가장 높은 인내심을 보였을까? 쿠키든 무든 원하는 대로 자유롭게 먹을 수 있던 두 번째 그룹은 평균 19분 동안 34.3회 시도한 뒤 포기했다. 아무 음식도 받지 못한 대조군도 비슷하게 평균 21분간 32.8회 시도한 뒤 포기했다. 반면 무밖에 먹을 수 없었던 첫 번째 그룹은 고작 8분 30초 만에 19.4회 시도한 뒤 포기했다.

왜 무만 먹어야 했던 그룹이 가장 빨리 포기했을까? 쿠키 접시에 덤벼들지 않으려고 자제하느라 기운이 다 빠져서 풀리지 않는 퍼즐에 공을 들일 의지가 남지 않았기 때문이었다. 무언가 자제할 필요가 없던 다른 그룹들은 어려운 과제에 도전할 동기와 의지가 남아 있었다. 훌륭한 리더가 해야 할 일은 직원들의 동기와 기운이 떨어지지 않게 집중하고, 부정적이고 감정적인 태도를 보이지 않는 것이다. 행복은 의욕을 부르고, 높은 성과를 부르고, 자부심을 부르고, 더 큰 성공을 가져온다.

'주는 사람'의 외모가 매력적인 이유

이타적 행동이 우리의 외모까지 매력적으로 바꾼다면, 믿을 수 있을까? 최근 사회심리학자 사라 콘라스와 페미다 핸디는 '잘생긴 기버 효과good-looking giver effect'라는, 눈이 번쩍 뜨이는 주제에 관해 연구를 진행했다. 이들은 세 가지 실험[25]을 했는데, 첫 번째 실험에서는 참가자 131명에게 노인 3000명을 인터뷰하고 그들의 외적인 매력을 평가하게 했다. 참가자들은 인터뷰하는 노인들에 대해 아무런 배경 지식도 없었으나, 자원봉사를 하는 노인을 가장 매력적이라고 평가했다. 이타적 행동과 매력 사이에서 나타나는 이러한 상관관계는 나이, 결혼 상태, 신체 건강 같은 요인을 바꿨을 때도 변하지 않았다.

두 번째 실험에서는 10대와 20대가 평가의 대상이 됐다. 참가자들은 이 청년들의 과거 이력에 대해 전혀 몰랐으나, 이번에도 역시 주변 사람들에게 친절하고 너그러이 행동하며, 자원봉사를 한 경험이 있는 사람을 가장 매력적이라고 평가했다.

세 번째 실험에서는 1957년부터 2011년까지 54년에 걸쳐 진행했던 대규모 종단연구에서 얻은 데이터를 분석했다. 연구진은 1400명이 넘는 실험 참가자의 1957년 졸업앨범 사진을 받아 그들의 10대 시절 외적인 매력을 평가했다. 최대 40년에 이르는 후속 데이터에 따르면, 10대 시절에 외적으로 더 매력적이라고 평가 받은 사람은 이후 가치 있는 이상에 돈을 기부할 가능성이 가장 큰 것으로 드러났다. 나아가 연구진의 발견에 따르면, 중년에 재정적으로 관대하게 베푸는 사람은 노년 무렵에도 외적 매력이 더 높다고 평가받았다.

　도대체 왜 '주는 사람'은 더 아름답게 보이는 걸까? 그의 정체를 사람들이 전혀 모를 때도 말이다. 콘라스와 핸디는 '후광 효과the halo effect'라는 현상으로 이를 설명했다. 사람들은 매력적인 외모를 지닌 사람은 더 사교적이고 지성적이며 높은 도덕 기준과 같은 긍정적인 특성을 갖췄다고 (무의식적으로) 생각한다. 따라서 매력적인 사람은 그 자체로 유리하며, 그리하여 더 수월하게 베풀고, 더 넓은 사회적 관계를 맺고, 더 성공하게 되는지도 모른다. 하지만 콘라스와 핸디의 연구에서는 소득, 성별, 결혼 상태, 정신 및 신체적 안녕, 종교 생활 참여 등에 맞춰 분석을 조정함으로써 이처럼 외모가 유발하는 편향을 축소했다. 즉 그들의 실험에서 외적으로 매력적으로 평가된 '주는 사람'들이 단지 부자이고 여유가 있어서 타인을 위해 기부한 게 아니었다는 얘기다.

　작가 데이비드 브룩스는 '주는 사람'은 내면에서 빛이 뿜어져 나오며, 그를 처음 본 사람이라도 이 빛을 뚜렷하게 볼 수 있다고 말했다. 콘라스와 앤디도 비슷한 결론을 내렸다. 이타적 행동은 신체, 정신, 감정적 건강에 무척 이득이 되며, 이 효과는 아름다운 눈과 빛나는 피부, 환한 미소로 뿜어져 나온다. 두 사람은 이렇게 썼다. "우리는 탄탄한 과학적 증거를 이용하여, 오늘 선행을 베풂으로써 내일 더 매력적인 사람이 된다는 사실을 발견했다."

　만약 당신이 싱글이고 사랑하는 사람을 찾기 위해 데이트 애플리케이션을 열심히 보고 있다면, 한 달 동안만 다른 사람을 나보다 우선시하며 돕는 행동을 열심히 해보자. 더 좋은 차를 사거나, 명품을 사거나, 피부 관리를 하기보다 도움이 필요한 곳에 기부를 해보자. 그런 다음 사람들을 만나보자. 더 많은 관심과 환대를 받을 것이다. 그리스 시인 사포Sappho는 이렇게 말했다. "아름다운 사람은 선하며, 선한 사람은 곧 아름다워질 것이다." 미용업에 종사하는 우리의 친구는 이렇게 말했다. "성격이 못나면 예뻐 보이는 구석이 하나도 없다."

성장하는 회사의 조건

통계를 쏟아내고 싶지는 않지만, 직원의 안녕과 발전을 고려하는 윤리적인 기업이 오직 이윤과 주가에만 신경 쓰는 비윤리적인 기업보다 수익성이 좋다는 걸 보여주는 데이터는 수없이 많다. 당연한 일이다. 조직의 지원을 받는 직원은 의욕이 넘치고, 이런 직원은 생산성이 높기 때문이다.

다음은 미국심리학회에서 진행한 설문 보고서 결과다.

- 직원들의 '프리젠티즘presenteeism(아파도 출근해야 한다는 압박감)'은 '잦은 결근'보다 생산성 손실에 7.5배 더 큰 관련이 있다.
- 직원이 회사에 남는 가장 큰 이유 다섯 가지는 이렇다. 흥미있고 도전하고 싶은 업무, 성장 기회, 유능한 동료, 정당한 급여, 지지를 보내는 경영진.
- 직원 사기가 높은 회사는 같은 분야에서 직원 사기가 낮은 회사보다 약 2.5 대 1로 더 나은 결과를 냈다.

- 사기가 높은 회사는 사기가 중간이거나 낮은 회사보다 평가액이 1.5배 높았다.
- 폭넓은 훈련으로 고용인을 지원하는 회사는 고용인 훈련에 투자를 적게 하는 회사보다 수익이 86퍼센트 높다.
- 성장이 빠르고 수익성이 높은 회사는 직원이 성장하고 능력을 개발할 기회를 제공하며, 직원을 방치하는 회사보다 직원의 몰입 수준이 20퍼센트 더 높았다.
- 가장 효과적인 신체 및 생활 건강 프로그램을 운영하는 회사는 직원당 20퍼센트 높은 수익을 달성했고, 시장 가치가 16퍼센트 높으며, 57퍼센트 높은 주주 수익률을 내놓았다.

전 미국 대통령 로널드 레이건과 빌 클린턴은 대통령실 책상에 이렇게 쓰인 명패를 두었다. "누가 공을 차지하는지 개의치 않는다면 좋은 일을 하는 데 제한은 없다." 협력하고 아이디어를 주고받는 환경에서 일하게 되면 누가 영광을 차지하는지에 신경을 덜 쓰게 된다. 자기만을 위해 일하는 게 아님을 알기 때문이다. 더 큰 가치를 추구하며 서로 돕는 팀에 속했음을 아는 것 자체가 보상이다. 사회심리학자 애덤 그랜트는 대규모 연구를 통해 타인에게 집중하고 도움을 주는 환경은 개인의 창의성을 키우고 내재적 동기에 불을 붙여 더 높은 생산성을 발휘하게 한다는 사실을 발견했다. 이런 환경에서 사람들은 자기 관점에만 갇히는 게 아니라 타인의 관점과 의견을 수용하며, 더 새롭고 유용한 방안을 생각해내는 경향이 있었다.[26]

친절함은 폭발적으로 전염될 수 있다. 케임브리지대학교 연구[27]에서는 직장인 111명에게 '주는 사람', '받는 사람', '대조군' 역할을 무작위로 배정하고 4주 동안 주는 사람이 받는 사람에게 다섯 가지 친절한 행동을 하게 했다. 그 결과 받는 사람은 단기적(직장 내 성과 및 자율성으로 평가)으로나 장기적(개인이 보고한 행복감)으로 혜택을 봤고, 주는 사람은 이보다 더 큰 이득을 얻었다. 두 달 뒤 후속 조사에서 나타나길, 주는 역할을 맡았던 참가자는 덜 우울했고 직업과 삶에 더 만족했다. 하지만 이 실험의 진짜 멋진 점은 이것이다. 받는 역할을 맡았던 참가자는 주는 사람의 이타적 행동에서 영감을 받았고, 시간이 지나면서 대조군과 비교할 때 이타적 행동을 278퍼센트나 늘린 것으로 드러났다. 실험 참가자들은 서로 돕기를 간절히 바라기 시작했다. 어쩌면 이타적 행동에 경쟁이 붙었을지도 모른다. 이런 환경이라면 누가 퇴사하고 싶어 할까?

럿거스간호대학교에서는 응급실이 있는 미국 내 14개 병원의 간호사 686명의 데이터를 8개월 동안 수집해 환자 1000명당 투약 실수 횟수를 계산했다.[28] 그 결과 서로 배려하고 돕는 문화가 있는 업무환경에서 확실히 실수가 적었다. 실수가 일어나기 전에 차단되기 때문이었다. 동료와 경영진에게 지지를 받는다고 느끼는 간호사는 실수를 적게 할 뿐 아니라 서로 실수하지 않게 도와주었다. 사람들은 도움을 요청하는 일이 쉽고 적절하다고 생각할 때 실수를 적게 저지르며, 이는 수익성과 명성 측면에서 당연히 기업에 좋은 일이다.

공감하지 않으면 사회는 바뀌지 않는다

뉴욕대학교 경영대학원의 교수 스콧 갤러웨이는 저서 『거대한 가속』에서 미국 자본주의를 '중산층을 상승시키는 사상 가장 훌륭한 제도'라고 일컫는다. 하지만 '자본주의가 공감이라는 토대에 기초하지 않으면 무너질 것'이라고 지적한다. 그의 말을 들어보자. "미국 자본주의는 사람이 아니라 기업을 보호한다. 자본주의는 공감이라는 토대를 다지지 않으면 말 그대로 자멸할 것이다. 우리가 서로 손을 잡지 않고, 더 공감하지 않는다면, 기업 대신 사람을 보호하지 않는다면, 자본주의는 붕괴한다. 자본주의는 통합된 상태가 아니다. 그 중심에는 서로를 향한 공감이 있어야 한다."

삶에 공감을 불어넣고 다른 사람에게 빛을 비추면, 우리는 더 벌 것이고, 더 창의적이고 생산적일 것이며, 실수를 줄이고, 동료와 친구가 되고, 삶을 풍요롭게 하는 사회적 관계를 맺을 수 있을 것이다.

마지막으로 가장 중요한 주의사항을 이야기하겠다. 여기까지 읽은 뒤 '아, 타인을 위하는 행동이 성공으로 가는 지름길이구나. 이제부터 온 회사 사람에게 커피를 돌리고 생일 축하 메시지를 보내야지. 그러면 나는 부자가 되고 승진할거야!'라고 생각할지도 모르겠다. 미안하지만 단순히 이기적인 목적을 위해 이렇게 행동할 뿐이라면, 아무 소득이 없을 것이다. 이타적 행동의 핵심은 '동기'다. 다른 사람에게 공감함으로써 건강과 행복과 성공을 얻으려면 당신의 마음이 바뀌어야 한다. 이 마지막 레슨을 위해 다음 장으로 넘어가보자.

아무런 보상이나 호의를 기대하지 않고
주는 일에는 아주 특별한 무언가가 있다.

앤 모로 린드버그
작가, 미국 여성 최초로 비행 면허를 취득한 비행사이자 탐험가

10

내면까지 빛나는
사람이 되는 법

이기적인 동기가 바탕이 되는 선행은 안 하느니만 못할 수 있다. 행동의 동기는 그 결과에 분명한 영향을 미치기 때문이다. 연구에 따르면, 우리는 진정으로 타인을 위하는 마음으로 이타적 행동을 할 때 안녕감이 증가하는 효과를 볼 수 있다. 하지만 그저 좋은 사람인 척하고 싶어서, 억지로 떠밀려서, 대가로 무언가를 바라서, 단순히 내 기분을 좋게 만들기 위해 베푼다면, 그로부터 얻는 혜택은 많지 않을 것이다.

처음에는 작은 실천으로도 충분하다. 시작하는 데 의의가 있기 때문이다. 하지만 점차 내 마음을 바꾸는 데까지 나아가야 한다.

좋은 사람인 척만 하면 아무 소용 없다

가끔 소셜미디어에 자신의 선행이나 이타성을 전시하고 과시하는 사람이 있다. 이는 선행을 더 번지게 할 수도 있겠지만, 과시를 위한 과시는 오히려 이타적 행위를 억누른다. 우리는 사람들이 아무도 보지 않을 때보다 보는 눈이 있을 때 더 적극적으로 기부에 나서지 않을까 생각한다. 하지만 애리조나대학교와 밴더빌트대학교가 최근 진행한 연구[1]에 따르면, 사실 그 반대다. 누군가가 지켜볼 때, 사람들은 기부를 선택할 가능성이 오히려 감소했다. 참가자들에게 이유를 물으니, '좋은 사람인 척하는 것으로 비칠까 봐 두려워서'라는 답이 돌아왔다. 나를 보는 눈을 의식하게 되자 이타적인 마음이 희석된 것이다. 반면 사람들은 사적으로 아무도 모르게 기부 결정을 내릴 때는 동기를 순수하게 유지했으며 더 많은 액수를 기부했다. 친절하고 관대한 사람으로 보이고 싶은 마음은 자연스러운 것이다. 하지만 독일의 한 연구[2]에서는, 좋은 인상을 남기고 싶다는 동기가 별다른 효과를 내지 못하며, 씁쓸한 경험만 남긴다는 결과를 보여주었다. 베푸는 습관을 들이고자 한다면, 주변 사람의 눈보다 주는 행위 그 자체에 집중하자.

그렇다면 헌혈의 대가로 돈을 받는 일 같은 '외재적 동기'에 따라 이타적으로 행동한다면 어떨까? 댄 애리얼리와 듀크대학교 동료들이 진행한 연구[3]에 따르면, 자신이 친사회적 행동에서 이득을 얻고자 좋은 일을 한다고 생각하는 사람은 자존감에 타격을 입었고, 좋은 일을 이어갈 동기도 감소했다. 개인적인 영광을 위해 타인을 도우면 이타적인 동기가 감소한다. 우리 뇌의 이타성 메커니즘에 반하기 때문이다. 오직 자기 명예를 위해서 좋은 일을 한다면, 효과가 거의 또는 전혀 없을 것이다. 그러니 미덕을 자랑하며 자신이 얼마나 너그러운지를 과시하겠다는 마음은 접어두자.

앞서 우리는 '주는 사람'이 어떤 이득을 얻을 수 있는지 살펴보았다. 그 모든 혜택을 원한다면 돈보다 훨씬 귀중한 것, 시간을 내어주라고 권하고 싶다. 1957년부터 2011년까지 위스콘신주에서 고등학교를 졸업한 1만 명 이상의 데이터를 추적했던 종단연구 분석에 따르면, 타인에게 '시간'을 내어주는 행동을 많이 하는 사람일수록, 즉 자원봉사를 하거나, 누군가를 돌보거나, 친구와 가족을 감정적으로 지원할수록 사망 위험이 낮게 나타났다. 그러나 단순히 '수표에 서명만 하는' 식의 동기가 빠진 기부 행위는 사망 위험을 낮추는 일과 아무런 관계가 없었다.[4]

시켜서 하는 베풂도 효과가 있을까?

때로 학교나 종교 단체 등에서 학생들 혹은 신자들에게 '의무 자원봉사(혹은 '부탁 봉사'라고도 한다. 재밌는 모순어법이 아닐 수 없다)'를 시키곤 한다. 그 취지와 이상은 분명 훌륭하지만, 이런 자원봉사에서 약간의 만족감 외에 얻는 것이 있을까?

베풂에서 가장 중요한 것은 자기 결정이다. UCLA 연구자들은 14세에서 17세 청소년 97명을 그룹으로 나눠 특정한 과제를 부여했다.[5] 각 그룹은 일주일간 타인 혹은 자신에게 친절한 행동을 해야 했고 연구진은 4주 동안 매주 아이들의 안녕감을 측정했다. 청소년들은 우리가 이 책 4장에서 했던 이타성 평가도 거쳤는데, 이 타성 점수가 높았던 청소년은 시간이 갈수록 스트레스가 줄고 긍정적인 정서를 느꼈다. 아마 자신의 내재적 동기와 행동이 공명했기에 그랬으리라. 하지만 이타성 점수가 높지 않았던 청소년은 이런 부양 효과가 크지 않았다. 이는 단순히 행동뿐 아니라 사고방식과 동기도 중요하다는 사실을 보여준다.

강요된 친절은 어떤 효과를 낳을까? 오레곤대학교의 연구진은 《사이언스》에 발표한 연구[6]에서, 자발적으로 기부할 때와 의무적으로 기부할 때 우리의 만족감이 다를 수밖에 없는 증거를 발견했다. 두 상황에서 뇌의 보상중추가 다르게 활성화됐던 것이다. 의무적으로 기부를 한 그룹도 보상중추에 불이 들어왔고 긍정적인 감정을 느낄 수 있었다. 하지만 자발적으로 기부를 택한 그룹은 신경 보상 반응이 훨씬 더 강하게 나타났다. 이는 이들이 앞으로도 자발적 기부를 이어나갈 가능성을 의미한다. 자발적이지 않은 기부에서도 만족감을 느낄 수는 있다. 하지만 자유의지로 이타적인 행동을 하면 굉장한 충족감을 얻을 수 있다.

젊은이와 노인의 공통점은 그들이 원하지 않는 무언가를 억지로 하게 만들어 봐야 아무런 효과가 없다는 것이다. 일본의 한 종단연구[7]에서는 노인 676명을 대상으로 연구를 진행했다. 연구진은 참가자를 네 그룹으로 분류했다. '의향 있는 봉사자(예컨대 고양이를 좋아하며 동물 보호소에서 정기적으로 봉사하는 사람)', '의향 없는 봉사자'(예컨대 지역사회 봉사를 선고받은 범죄자), '의향 있는 비봉사자(다른 사람을 돕고 싶다는 마음은 있지만 이와 관련한 행동은 하지 않는 사람)', '의향 없는 비봉사자(다른 사람을 돕는 일에 관여하고 싶지 않은 사람)'.

연구진은 3년 동안 이들이 일상 활동을 얼마나 잘 수행하는지 추적했다. 그 결과 의향 있는 봉사자 중에서는 6.6퍼센트만이 신체 기능 저하를 경험했으며, 의향 있는 비봉사자는 16.3퍼센트, 의향 없는 봉사자는 17.4퍼센트, 의향 없는 비봉사자가 21퍼센트로 그 뒤를 이었다. 타인을 위할 의향이 없는 사람은 이후 3년 동안 기능 상태가 나빠질 가능성이 더 컸다. 이기적이지 않은 동기는 성취감과 행복과 안녕에 중요할 뿐 아니라 신체 활력에도 중대한 영향을 미친다는 걸 보여준다.

하지만 지금 당장 100퍼센트의 마음이 아니라고 해서, 이타적 행동을 주저하지는 말자. 앞서 말했듯 우리는 꾸준한 노력과 행동에 따라 뇌 회로를 바꿀 수 있다. 타인에게 공감하고 베푸는 일이 어색하더라도 조급해하지 말자. 스스로 이해하고 마음이 움직였다면, 금세 공감과 이타적 행동의 따뜻한 힘에 익숙해질 것이다. 핵심은 강요가 아닌 격려다.[8]

대가를 바라는 것과 바라지 않음의 미묘한 차이

나는 학생들에게 말한다. 성공을 목표로 삼지 마라.
성공을 겨냥할수록 더 멀어지게 될 것이다.
행복과 마찬가지로 성공도 좇을 수 없기 때문이다.
성공은 뒤따르는 것이다.

자신보다 더 거대한 이상에
몸소 전념할 때만
성공은 의도치 않은 부수적 결과로서 따라온다.

빅터 프랭클

"당신 등을 긁어줄 테니 내 등도 긁어줘요." 호혜적 동기, 다시 말해 '받기 위한 주기'는 단순한 교환이자 자연스러운 거래다. 예를 들어 누군가 대학에 도서관을 새로 기부한다면, 그의 버릇없는 자녀가 그 학교에 입학하게 될 수 있다.

우리는 이렇게 받기 위한 베풂을 '스크루지 동기'라고 부르기로 했다. 찰스 디킨스의 『크리스마스 캐럴』에서 스크루지는 크리스마스 유령의 방문을 받고 자신의 과거와 현재와 미래의 모습을 보게 된다. 그날 밤 이후 두려움과 부끄러움을 느낀 그는 그동안 못살게 굴던 직원의 가족에게 거위와 푸딩을 주기로 마음먹는다. 스크루지가 그 얼음처럼 차가운 심장으로 꼬마 팀이 겪는 역경에 눈곱만큼이라도 동감했을지 모르겠다. 스크루지가 갑자기 베풀었던 이유는 자신을 보호하기 위해서였다. 그는 유령이 보여준 미래가 실제로 닥칠 것을 두려워했다. 스크루지가 태도를 바꾸면서 이야기는 훌륭한 결말을 맞았다. 스크루지는 그 덕분에 죽을 운명을 피했을까?

사라 콘라스는 자원봉사를 하는 동기가 참가자의 사망 위험에 미치는 영향을 4년 동안 추적 연구했다.[9] 참가자들은 스크루지만큼이나 나이가 많았다. 연구진의 발견에 따르면 타인중심적이며 봉사활동을 규칙적으로 하는 사람은 이기적인 이유로 봉사하는 사람보다 급사 위험이 낮았다. 무언가 보답을 바라면서 '받기 위한 베풂'을 실천하는 봉사자는 봉사활동을 전혀 안 하는 참가자와 사망 위험이 같았다.

염려하는 마음은 이타적 행동을 영약으로 바꾸는 재료다. 하지만 이타적 행동이 주는 기쁨 그 자체가 보상이어야 한다. 1150명에 이르는 참가자의 행동을 신경과학적으로 분석한 영국의 연구[10]에 따르면, 이기적 동기로 이타적 행동을 하는 사람과 사심 없는 동기로 이타적 행동을 하는 사람은 뇌 영역의 활성화 경로가 달랐다. 받는 사람에게는 똑같은 결과를 가져올지 모르지만, 주는 사람의 뇌 내 경험은 의도에 따라 달라진다. 《사이언스》에 발표한 독일/스위스 연구[11] 또한 동감에 기반한 이타적 행동과 호혜성에 기반한 주는 행동이 각기 다른 신경 경로를 활성화한다는 사실을 확인했다. 이는 왜 똑같은 행동을 해도 동기에 따라 다른 건강과 심리적 혜택을 얻게 되는지를 설명해준다. 애덤 그랜트는 『기브 앤 테이크』에 이렇게 썼다. "배려하고 베푸는 태도는 훗날 성공으로 이어지는 유망한 길이다. 하지만 오직 성공하기 위해서 준다면 효과가 없을 것이다."

'성공적인 나이 듦'에 영향을 미치는 요인을 살펴본 케이스 웨스턴 연구[12]에서는 '이타적인 태도' 즉 자원해서 도우려는 태도가 '삶에 대한 만족, 긍정적인 정서, 심리적 안녕감과 관련된 결과를 유지하는 데 고유하게 공헌'한다고 밝혔다. 삶에 의미를 부여하고, 행복을 가져오기 위해 우리에게 가장 중요한 것은 태도다.

우월함을 느끼고 싶어서 타인을 돕는다면

"다른 사람이 겪는 문제를 들어주면 기분이 좋다."

사람은 원래 받기만 하는 처지에 놓이는 것을 좋아하지 않는다. 뉴욕대학교 연구[13]에서는 연인 85쌍에게 두 사람 사이에서 오고 가는 정서적 지원과 자기감정을 4주 동안 기록하게 했다. 그 결과 정서적 지원을 받는 사람이 계속 받기만 하고 '주는 사람'이 될 기회를 얻지 못하면, 기분이 급격히 나빠졌다. 호혜성을 기대하지 않고 지원을 제공한 쪽은 부정적 정서가 감소했다. 두 사람 다 부정적인 기분을 덜 느끼는 상태는 지원이 공평한 상태, 다시 말해 서로 비슷하게 도움을 주고받을 때였다. 주는 사람과 받는 사람은 호혜성과 더불어 동감 능력을 갖춰야 한다. 동감은 순수한 이타성으로 이어지기 때문이다.

여기서 잠시 앞서 제기했던 질문으로 돌아가자. 순수하게 이타적인 동기라는 게 존재할까? 1981년 저명한 사회과학자 C. 대니얼 뱃슨은 다소 가학적으로 보이는 연구[14]를 발표했다. 맞다. 또 다른 충격적인 심리 실험이다. 실험의 참가자는 여대생 44명이었다. 연구진은 그들에게 같은 대학에 다니는 일레인이 실험에 참여한 장면을 영상으로 보여주었다. 그 실험은 어려운 상황에서 과제를 얼마나 잘 수행하는지에 관한 것이었고, 일레인은 고통스러운 열 번의 전기 충격을 받으며 과제를 풀어야 했다. 물론 일레인은 그 학교 학생이 아니라 연구진이 고용한 배우였다. 당연히 전기 충격도 가짜였다. 연구진은 학생들을 11명씩 네 그룹으로 나눴다. (1) 일레인과 공통점이 있으며, 그가 전기 충격을 받는 모습을 끝까지 보지 않아도 되는 그룹, (2) 일레인과 공통점이 없으며, 마찬가지로 끝까지 보지 않아도 되는 그룹, (3) 일레인과 공통점이 있으며, 그가 전기 충격을 받는 모습을 끝까지 봐야 하는 그룹, (4) 일레인과 공통점이 없으며, 그가 전기 충격을 받는 모습을 끝까지 봐야 하는 그룹. 일레인은 두 번의 전기 충격을 받았고, 얼굴을 고통스럽게 일그러뜨리며 연기를 했다. 이때 연구진은 학생들에게 일레인과 자리를 바꿔서 남은 전기 충격 여덟 번을 대신 받겠냐고 질문했다.

일레인과 공통점이 없던 참가자 중 이 끔찍한 모습을 지켜보는 일을 멈추고 가도 된다는 얘기를 들은 사람은 일레인의 고통을 대신하길 원하지 않았다. 그들은 "전 나갈게요!"라고 말하며, 타인의 고통을 지켜보는 스트레스에서 벗어났다. 일레인과 공통점이 없지만 남은 과정을 전부 지켜봐야 하는 사람은 일레인과 자리를 바꾸겠다고 했다. 타인의 고통을 지켜보는 불편함을 견디느니, 자신이 충격을 받는 것이 감정 소모가 덜 하리라 생각해서였다. 일레인과 공통점이 있는 참가자는 일레인의 고통에 크게 동감했다. 그들은 그냥 모른 척 나갈 수 있을 때도 일레인과 자리를 바꾸겠다고 나섰다. 누군가는 진정한 이타적 동기가 존재할 수 없다고 말한다. 하지만 이 실험 결과는 동감이 이타심을 촉발하며, 따라서 순수한 이타적 동기가 존재함을 보여준다.

동감은 타인의 감정을 느끼고 이해하는 것을 수반하기에 비용이 따른다. 하지만 공감과 적극적인 이타성은 동감에 따르는 고통을 상쇄하고 훌쩍 뛰어넘는 보상을 가져다줄 것이다.

"나는 진정으로 타인을 위하는데, 내 보상은 어딨지?"

우리는 론이라는 친구에게 타인에게 공감과 정서적 지지를 보내면 베푸는 쪽이 심리적 안녕감을 느낄 수 있다는 스탠퍼드대학교의 연구 결과[15]를 들려주었다. 연구에 따르면 정서적 지원이 동반될 때와 기계적이고 단순한 지원이 선사하는 심리적 효과는 상당한 차이가 있었다. 즉, 내 노력에 상응하는 깊은 따스함과 안정감을 느끼려면 다른 사람에게 진정으로 마음을 써야 한다는 얘기다. 이 이야기를 들은 론은 흥분해서 말했다. "헛소리! 내 보상은 어디 있는데?" 그는 스물다섯 살인 딸 클로이와의 이야기를 들려줬다. "우리는 그 애가 최근에 겪은 이별에 관해 이야기하며 두 시간 동안 통화했어. 나는 입이 마를 때까지 아낌없이 격려해줬고, 전화를 끊을 무렵에는 클로이도 기분이 나아진 것 같았어. 하지만 나는 완전히 지쳤지. 통화하고 난 뒤에 나는 '안녕감'과는 거리가 멀었다고."

그 친구는 스스로 선택하여 딸에게 시간을 내어줬다. 호혜성을 전혀 기대하지 않은 채 염려하는 마음으로 딸을 도왔다. 그럼에도 베풂에 따르는 혜택을 전혀 느끼지 못했다. 어떻게 된 일인가? 이때 고려해야 할 부분은 시간의 범위다. 소방관이나 구조요원은 희생을 무릅쓰면서 생명을 구하는 일을 한다. 그렇다면 이분들이야말로 업무를 통해 커다란 혜택을 얻지 않을까? 애덤 그랜트의 연구[16]에 따르면, 실제로 소방관은 일을 통해 정서적인 혜택을 받는다고 보고했다. 하지만 현장에 투입된 그 치열한 순간에 그런 것을 느끼는 것은 아니었다. 현장 일을 수습한 뒤, 자신이 얼마나 중요한 일을 했으며 사람들에게 도움을 주었는지를 되돌아볼 틈이 생긴 다음에야 긍정적인 감정을 느꼈다. 강조하고 싶은 것은, 긍정적인 혜택은 시간이 지나면서 축적된다는 사실이다. 타인의 슬픔에 동감하고 위로를 건넨다고 해서 즉각 심리적 보상이 쏟아지진 않을 순 있다. 하지만 서로의 불안이나 생각을 나누는 일은 친밀감을 쌓고 관계를 돈독하게 하는 데 꼭 필요한 요소들이다. 시간이 흐른 뒤 돌아보면 자신이 소중한 사람에게 꼭 필요한 도움을 주었으며, 사랑을 표현할 기회를 누릴 수 있음에, 돈독해진 관계에 행복감을 경험하게 될 것이다.

타인의 슬픔을 경청하는 일에는 또 다른 이점이 있다. 론은 클로이와 통화를 하며 딸이 겪는 어려움에 집중하는 동안 자기 고민을 잊어버렸다. 적어도 일시적으로는 사라졌다. 마감 일자나 업무 때문에 생긴 두통이 생각나지 않았다. 타인을 염려하고 공감하는 일은 자기 문제에 골몰하여 생기는 스트레스와 불안을 밀어낸다. 다른 사람에게 집중하면, 기분이 가볍고 단순해질 수 있다.

마지막으로, 이타적 행동을 실천하려는 모든 사람은 한 가지를 기억해야 한다. 우리는 론이라는 친구에게 스탠퍼드대학교의 의미 있는 연구 결과[17]를 들려주었다. 타인에게 공감과 정서적 지지를 보내면 베푸는 쪽이 심리적 안녕감을 느낄 수 있다는 내용이었다.

이 책이 마치 이타적인 행동으로 온갖 혜택을 누리고, 더 나은 삶을 살게 하는 치트키를 알려주는 것처럼 보일지 모른다. 어떤 면에서는 사실이다. 하지만 완전한 혜택을 누리기 위해선, '동기'와 '진심'이 동반되어야 한다. 어쩌면 어떤 독자는 '진심'이라는 추가 조건을 골치 아프게 생각할지 모른다. 하지만 진심 어린 배려를 훈련하기란 그리 어렵지 않다. 공감을 연습한다면, 진심을 끌어낼 수 있다.

'감정노동'이라는 개념은 서비스 산업에서 유래했다. 우리는 감정노동이 다른 사람을 기분 좋게 만들어주기 위해 억지로 하는 일이라고 생각한다. 워싱턴대학교는 《미국의사협회 학술지》에 발표한 논문[17]에서 감정노동에 관한 중요한 질문을 던졌다. "마음이 저절로 움직이지 않을 때, 예컨대 정말로 길고 스트레스받는 하루가 끝나갈 무렵에 어떻게 활발한 공감을 할 수 있을까?" 논문 저자들은 감정노동을 두 가지 유형으로 구분했다. 하나는 심층 연기deep acting로, '환자에게 동감하며 감정적으로, 인지적으로 반응하는 것'이다. 다니엘 데이 루이스가 메소드 연기를 하듯이, 우리는 우리 나름대로 감정을 모아 '돌봄 제공자'라는 역할에 완전히 깃들 수 있다. 속이는 것이 아니다. 감정은 진짜이고, 다만 타인을 위해 에너지를 끌어올렸을 뿐이다. 배우가 자기 역할에 몰입하여 감정적으로 그 인물이 '될' 때 하는 것처럼 말이다.

다른 감정노동 유형은 표면 연기surface acting로, '일관된 감정 및 인지적 반응 없이 환자를 향한 동감 행위를 위조하는 것'이다. 다른 말로 하면 속이는 것이다. 논문의 연구진이 결론 내리길, 당연히 심층 연기가 '더 바람직'하지만, 감정을 다 소진했거나 진짜 감정을 끌어모을 만큼 그 사람을 잘 몰라서 심층 연기가 어려울 때는 표면 연기라도 하는 게 낫다. 기술을 배울 때처럼 동감도 연습이 필요하다. 동감하고자 조금만 노력해도 더 효과적으로 일할 수 있으며, 직업 만족도도 높아진다. 그러면 더 단단한 발판을 딛고 표면 연기를 심층 연기(사실 전혀 연기가 아니다)로 끌어 올릴 만큼 감정 대역폭을 넓힐 수 있다.

어린아이가 집에 있는 사람이라면 꽤 자주 심층 연기를 펼칠 것이다. 사려 깊은 부모는 보통 얼마나 스트레스를 받았든, 피곤하거나 당혹스럽든 아이와 함께 하는 데 필요한 힘을 끌어모으려고 노력한다. 아이와 이야기할 때, 특히 아이가 겁을 먹었거나 속상해한다면 부모는 그 순간에 아이를 위해 적절한 표정을 지으며 사랑과 이해와 희망을 담은 메시지를 전달한다. 자기가 하는 말과 행동, 서로 나누는 상호작용이 아이에게 각인됨을 이해하기 때문이다. 업무 스트레스와 청구서 같은 걱정거리를 마음 한구석으로 밀어두고, 아이를 돌볼 힘을 내려면 때로는 감정노동이 필요하다. 늘 쉽지만은 않다. 그 순간이 스트레스로 느껴질 수도 있다. 하지만 그럼에도 부모는 그 일을 해낸다. 이는 사랑에서 비롯된 행동이지 속이는 일이 아니다.

연구에 따르면 진심에서 우러난 이타적 행동을 할 때 혜택을 얻을 수 있으며, 그러한 사실을 인지한다고 해도 이득을 얻는 건 변하지 않는다.[18] 그렇다는 사실을 아는 것과 이기적인 목표를 추구하기 위해 행동하는 것은 다른 얘기다. 이타성이 사신의 안녕에 유익하다고 믿으면 그렇게 될 것이다.

이게 끝이다. 우리가 모은 데이터를 탈탈 털었고, 이제 독자 여러분은 타인을 도울 때 몸과 마음의 건강, 행복, 성공을 얻을 수 있다는 과학적 사실을 알게 되었다. 그리고 이를 위해 갖춰야 하는 가장 좋은 태도와 동기에 관한 증거를 얻었다. 이제는 실습 단계로 넘어갈 차례다. 공감이라는 특효약을 제대로 복용하는 방법은 무엇일까? 3부에서는 공감의 효능을 일상에서 구현하는 구체적인 처방전과 추천 복용량을 알려드리도록 하겠다.

3부

처방

The Prescription

주는 사람이 되는
7 가지 로드맵

내가 무엇을 하는지 스스로 보기 전까지
내가 누구인지 어떻게 알 수 있을까?

E.M. 포스터

작가

11

작게 시작하기
16분 처방

우리는 누구도 혼자 살아가도록 만들어지지 않았다. 지금부터 누구에게든 삶의 변화를 불러오는 처방을 이야기하려 한다. 이 처방대로만 한다면, 멀리 떠나거나 퇴사하지 않고도, 즉 삶을 완전히 뒤집어 놓지 않고도 행복과 만족감을 되찾을 수 있다.

의지만 있다면 더 좋은 삶을 살기에 늦은 때는 없다. 사소한 일부터 시작하자. 장담컨대, 이타적 행동으로 인한 혜택은 즉시 쌓이기 시작할 것이다.

시간이 없다는 핑계

우리가 사람들에게 공감과 이타적 행동의 힘에 관해 들려주면 대개 고개를 끄덕이며 동의한다. 그러고는 이렇게 대답한다.

"지금 당장은 그럴 시간적 여유가 없어요. 아마 나중에 은퇴하면 할 수 있겠죠."

'시간이 없다'라는 핑계는 아주 흔하다. 하지만 과연 근거가 있는 이야기인가? 매주 토요일마다 이웃을 돕거나 자원봉사를 하기란 어려울 것이다. 하지만 반대로 텔레비전을 보거나 인터넷 쇼핑을 하거나 소셜미디어를 훑는 데는 얼마나 많은 시간을 사용하는가? 연구에 따르면 사람들의 '시간 빈곤time poverty'에 대한 주장은 보통 과장됐다. 시간이 부족하다는 인식은 자기중심적 증상의 하나다. 펜실베이니아대학교 와튼스쿨 연구[1]에서 발견한 바에 따르면, 다른 사람을 위해 잠시라도 시간을 내어주면 '시간 풍요time affluence'라는 주관적인 느낌이 증가한다. 이는 조급해할 필요가 없다는 느낌, 불안에 떨지 않아도 된다는 안도감이다. 연구진은 실험 참가자를 네 그룹으로 나눠 나를 위해 혹은 타인을 위해 시간을 쓰거나, 시간을 그저 낭비하거나, 예상치 못하게 얻은 자유시간을 보내게 했다. 이중 시간이 더 많다고 느낀 그룹은 오직 타인을 도왔던 이들뿐이었다. 타인을 위해 시간을 내어줄 때는 특별한 일이 발생한다. 시간을 느끼는 방식이 달라지는 것이다. 시간을 더 얻고 싶다면 시간을 내어주자.

당신이 누구든 얼마나 바쁘든, 적어도 40초를 내어줄 여유는 있을 것이다. 존스홉킨스병원 연구진[2]에 따르면, 의사가 환자에게 40초만 더 공감해도 환자의 불안은 눈에 띄게 감소했고, 진료에 필요한 정보를 더 잘 기억했다. 의사가 표준 진찰(필요한 정보 제공)만 할 때보다 '제가 도와드리겠습니다', '우리는 이 과정을 함께 헤쳐나갈 겁니다' 등의 지지와 응원의 말을 할 때 환자들은 의사를 더 신뢰했고 위안을 얻었다. 여기서 중요한 발견은, 이처럼 타인의 마음을 따뜻하게 덥히는 '더 나은 대화'를 하는 데 고작 40초가 더 걸렸다는 사실이다.

하루 16분의 친절

그렇다고 하루에 40초만 타인에게 집중하라는 말은 아니다. 앞서 베풂을 통해 얻을 수 있는 혜택을 두루 살펴보았으니, 이번에는 이를 얻기 위해 필요한 이타성 '복용량'은 얼마일지 계산해보았다. 그 결과, 하루 16분이라는 답이 나왔다. 하루에 16분만 타인에게 관심을 돌리고, 공감하고, 사심 없이 도움을 주면 건강하고, 만족스럽고, 행복한 삶을 오래오래 누릴 수 있다.

16분이라는 숫자는 어떻게 나왔을까? 심리학자 애덤 그랜트는 1년에 100시간 이상 이타적 행동에 기여할 때 혜택을 얻을 수 있다는 '100시간 법칙'을 설명한 바 있다. 이 숫자는 일본,[3] 호주,[4] 영국[5]에서는 물론이고 에릭 김이 진행했던 연구(6장에서 자세히 다뤘다)[6]에서도 확인되었다. 미국 성인 1만 3000명을 대상으로 진행했던 한 종단연구에서는 1년에 봉사활동을 100시간만 해도 사망하거나 신체 기능이 제한될 위험이 줄었으며, 신체 활동과 긍정적 정서, 삶의 목적 지향성은 더 높아졌고, 우울감과 외로움은 더 낮아졌다는 사실을 밝혔다. 자, 1년에 100시간이 많게 느껴질 수 있다. 하지만 이를 1년 365일로 쪼갠다면? 100시간은 6000분이므로, 하루 16.43분이라는 부담 없는 할당량이 나온다. 누구나 적어도 하루에 25초(0.43분)는 다른 사람에게 집중할 테니, 소수점은 과감히 버렸다.

하루에 단 16분만 타인에게 적극적으로 공감해보자. 16분은 고작 좋아하는 노래 네 곡을 들으며 1.5킬로미터를 슬렁슬렁 산책하는 데 걸리는 시간이다. 하지만 '고작 16분'이 하루하루 쌓이면, 엄청난 혜택을 거둘 수 있다. 굳이 초시계를 맞출 필요는 없지만, 이 숫자를 기억하길 바란다. 아침, 점심, 저녁에 한 번씩 나눠서 공감을 실천할 수도 있을 것이다. 작은 친절을 하루 세 번 베푼다면, 시간이 지나면서 쌓인 선행이 삶에 큰 힘이 될 것이다.

매일 소소하게 이타적 행동을 실천하는 건 매일 혈압약을 먹는 일, 그러니까 건강을 유지하고 예방하는 일과 비슷하다. 예컨대 주말에 봉사활동을 한다면, 매주 장거리 달리기를 하는 것과 같다. 하루에 16분씩 이타적 행동을 한다고 해서 나머지 1424분 동안 자기중심적인 얼간이처럼 굴어도 되는 건 아니다. 그렇다고 24시간 내내 성자처럼 지낼 필요도 없다. 그런 부담에 시달린다면 오히려 악효과만 날 것이다. 어쨌든 우리는 인간이니 말이다. 하지만 우리가 서로에게 더 공감하며 그날그날 작은 흙을 한 줌씩 옮긴다면, 결국에는 산을 옮길 수 있을 것이다.

당장 내 코가 석 자인데

우리가 갓 대학을 졸업한 청년들에게 이타적 행동을 권하면, 종종 이런 대답이 돌아온다. "저는 학자금 대출을 받아서 빚이 엄청 많아요. 남한테 뭘 줄 경제적, 시간적 여유도 없는걸요. 돈을 더 벌면 그때 할게요." 하지만 지금까지 책을 읽은 독자라면 알 것이다. 이타적 행동의 경이로운 힘은 '얼마나 많은 돈을 주느냐'에서 나오는 게 아니라는 것을. 게다가 '가진 게 많아서 기부한다'는 태도는 공감의 혜택을 얻는 데 조금도 도움이 되지 않는다.

내가 가진 게 없다고 생각할 때라도, 얼마든지 우리는 주는 사람이 될 수 있다. 돈보다 훨씬 귀중한 시간, 지혜를 내어주자. 지지하는 말을 건네자. 문제를 해결할 수 있게 도와주자. 내가 경제적으로 여유롭지 않더라도, 내가 할 수 있는 선에서 나보다 더 어려운 누군가를 위해 기부해보자. 그러면 약속하건대, 전만큼 우울하지 않을 것이다.

이 책의 독자라면, 꼭 직접 경험해보기를 바란다. 관심 있는 단체에 작게 기부금을 보내봐도 좋다. 이게 시작이다. 일단 시작하고 나면, 돌아오는 혜택이 커서 멈추고 싶지 않을 것이다.

◦ 가까운 사람을 위하는 기쁨 ◦

누누이 강조했듯 건강과 행복의 핵심은 친밀한 관계다. 혹시 가까운 사이라고 오히려 더 성의 없이 대하고 있지는 않은지 돌아보자. 브리티시컬럼비아대학교와 하버드 경영대학원의 던, 애크닌, 노턴은 '행복 연구 드림 팀'을 꾸려 사회적 유대가 강한 사람과 약한 사람에게 돈을 쓸 때 느끼는 행복감을 살펴보았다.[7] 연구진은 대학생 참가자 80명을 무작위로 나눈 뒤, 다음 상황 중

하나를 자세히 떠올리게 했다. 친한 친구나 가족, 연인처럼 가까운 사람에게 20달러를 썼던 때, 그리고 지인이나 친구의 친구처럼 유대가 약한 사람에게 같은 액수를 지출했던 때. 피험자는 그 순간을 회상한 뒤 표준 척도에 따라 자신의 행복 수준을 보고했다. 예상할 수 있듯, 사람들은 친밀한 관계일수록 소소한 베풂에서 더 큰 행복을 느꼈다. 세 저자는 결론을 내린다. "가까운 사람을 위해 돈을 쓸 때 가장 큰 정서적 보상을 거둔다. 유대감이 있는 사람에게 베풀 때 솟아나는 긍정적인 느낌은 베푸는 행동을 강화한다. 베풂으로 인해 기분이 좋아진다면, 반복해서 줄 가능성이 더 크다."

이 실험의 교훈은 연인에게만 돈을 쓰라거나 낯선 사람을 돕는 일에 인색하게 굴라는 것이 절대, 절대 아니다. 우리는 유대감이 거의 없는 사람에게 무언가를 내주어도 행복감을 느낄 수 있다. 이 실험을 소개한 건, 가까운 사람들에게 작은 선물을 주며 그들의 소중함을 일깨워주는 일이 우리의 정서적 안정과 관계에 얼마나 중요한지를 말하기 위해서였다. 게다가, 그저 몇 번 인사 정도만 나눴던 사람에게 커피 한 잔을 사는 행동이 더 굳건하고 아름다운 미래의 우정으로 이어질지는 아무도 모르는 법이다.

어디서부터 시작할까?

내가 사는 곳에서 시작하면 된다. 가족, 룸메이트, 직장 동료를 돕는 일도 모르는 사람을 위해 봉사활동을 하는 것만큼이나 강력한 효과를 발휘한다. 나서서 설거지하거나 쓰레기를 모아 버리자. 말하는 데는 비용이 전혀 들지 않는다. 감사를 표현하고 정확히 칭찬하자. 이렇게만 해도 '주는 사람'이 되는 데 시동을 걸 수 있다.

캘리포니아대학교의 대커 켈트너는 한 연구[8]에서 연인을 위해 대가를 바라지 않고 소소하게 희생할 때 얻는 내적보상, '상호간의 힘communal strength'을 소개했다. 연구진은 실험에 참가한 연인 69쌍에게 2주 동안 매일 서로를 위하는 일을 하라고 했다. 휴대전화를 치우고 의미 있는 대화에 집중하기, 먼저 저녁 차리기, 마중 나가기, 응원 보내기 같은 일 등 말이다. 결과는 예측대로였다. '희생'을 하는 동안 연인은 긍정적인 감정과 감사함을 느끼고, 관계에 대한 만족도가 온종일 높게 이어졌다.

유타주립대학교 연구[9]에서 기혼 부부 1365쌍을 조사하여 얻은 데이터에 따르면 일상적으로 배려하고, 존중과 애정을 보이며 배우자의 허물과 실패를 용서할 의사가 있는 커플은 결혼 만족도가 더 높고, 더 적게 싸우며 이혼할 가능성이 작았다. 일상적인 배려의 효과는 길다.

관계가 만족스러우면 스트레스가 적다. 스트레스가 적으면 더 오래 살 수 있다. 그러니 당장 작은 친절을 실천하여 생활의 질을 높이자. 노인 부부 4374쌍을 8년 동안 추적 연구한 종단연구[10]에 따르면, 배우자의 삶의 만족도가 한 단계 높으면 다른 쪽의 사망 위험이 13퍼센트 낮았다. 즉 '배우자가 행복해야 삶이 행복하다'라는 오래된 격언은 '배우자가 행복해야 행복하고 장수한다'라고 수정할 수 있을 것이다.

'사는 곳'에서 실천하자는 말은 대단한 투자를 하거나 새로운 기술을 익힐 필요 없이 지금 가진 능력을 활용하라는 뜻이다. 할 수 있는 일을 하자. 가장 자연스럽고 적절한 방법으로 이타적인 행동을 하면, 그 일에 '몰입'할 수 있고 지속가능해진다.

　기억하자. 누구나 다른 이에게 무언가를 줄 수 있다. 그리고 주는 일(정서적 지원이든 물질적 도움이든)은 거기서 끝나는 게 아니다. 분명히 훨씬 커다란 결과로 이어진다.

주는 사람으로 변신하는 작은 발걸음

　주는 일의 핵심은 그렇게 하겠다고 결정을 내리는 데 있다.

　배려하기, 양보하기, 돕기, 관계 맺기. 매일, 하루에도 몇 번씩 이 결정을 반복하자.

　작게 시작하자. 예컨대 규칙적인 운동을 시작하려 한다면, 훈련 첫날은 동네를 몇 바퀴 걷는 것으로 시작할 것이다. 나아가 튀긴 음식과 술을 줄이고 건강한 선택을 하면서 이를 점차 습관화하는 게 지속가능성을 높이는 방법이다.

　'주는 사람'이 되는 일도 이와 같다. 공감하는 말, 배려하는 행동, 기분 좋은 기부, 타인에게 의식적으로 집중하는 순간을 조금씩 늘리자. 그러면 나도 모르게 하루에 16분이라는 목표를 달성하다가 어느 순간 넘어서게 될 것이다. 우리의 목표는 공감과 이타적 행동을 새로운 기본값으로 설정하는 것이다. 공감을 습관화하여 감정의 부하를 느끼지 않고, 숨 쉬듯 자연스럽게 '주는 사람'이 되는 것이다. 제임스 클리어의 베스트셀러 『아주 작은 습관의 힘』을 인용해 정리하자면 이렇다.

- 작게 시작하기: 집 혹은 일터에서 사람들에게 관심을 쏟고 배려를 베풀기
- 덩어리 나누기: 1년에 100시간을 목표로, 하루 한 번 16분, 혹은 하루 세 번 5~6분 동안 이타적인 일을 실천하기
- 조금씩 늘리기: 꾸준히 하기. '비용이 드는 행동'은 천천히 늘리기
- 지속하기: 하루 실천하지 못했다면, 자신을 용서하고 내일 다시(작게) 시작하기

이타적인 행동 방식은 생각보다 금세 익숙해진다. 마치 아침에 커피를 마시거나 잠자리에 들기 전에 문을 잠그는 일처럼 자연스럽게 느껴질 것이다. 이타성을 발휘하지 않으면 무언가 잘못된 느낌이 들 것이다. 그러다 보면 마침내 '주는 행동'이 정체성에 통합된다. 처음에는 이기적인 이유로, 예컨대 이력서에 한 줄 채워 넣기 위해 구호단체에 가입했다 하더라도, 시간이 지나면서 봉사에 몰입하면 정말로 이타적인 사람이 될 수 있다. 우리가 꾸준히 하는 일은 시간이 지나면 우리 자신이 된다.

그저 다른 사람을 돕겠다고 마음먹는 것만으로는 부족하다. 제임스 클리어는 '동작motion'과 '실행action'을 구분했다. 동작은 무언가를 하려고 계획하고 실행을 준비하는 단계다. 비효율적인 사람은 동작의 함정에 쉽게 빠진다. 예를 들어 책을 쓰는 '동작'은 아

이디어를 떠올리고, 약간의 조사를 하고, 거기에 관해 많이 이야기하는 것이다. 동작은 중요하고 꼭 필요하지만 '실행'이 없으면 원하는 곳에 도달할 수 없다.

실행이란 원하는 결과를 가져와 주는 모든 행동이다. 당신이 바라는 결과가 이타적인 사람이 되어 더 건강해지고 행복해지는 것이라면, 동작은 이 책을 읽으며 개인적인 인식을 바꾸는 일이다. 실행은 내 삶에만 집중하는 일을 멈추고, 일상에서 공감을 습관화하며, 내가 도움이 될 기회가 있다면 그것을 놓치지 않는 것이다. 그리고 이 일을 매일 16분 이상 하는 것이다.

클리어는 동작을 실행으로 바꾸는 두 가지 전략을 제안한다. 하나는 반복적이지 않은 이벤트를 미리 챙기는 일이다. 예컨대 '이번 주 금요일이 후배의 생일인데, 프로젝트 마감 때문에 늦게까지 일할 것 같아. 늦지 않게 퇴근할 수 있도록 내가 도와줄 부분을 찾아봐야지'라고 생각할 수 있다. 두 번째는 루틴으로 만들면 좋을 일을 계획하는 것이다. 하루 한 번은 동료, 파트너, 친구에게 다정한 관심을 보이는 일일 수도 있고, 한 달에 한 번 봉사를 계획할 수도 있다. 옥스퍼드대학교 연구에서 밝히길, 단 7일만 작은 친절을 베풀어도 행복감은 뚜렷이 증가했다. 월요일부터 작은 친절을 실천하면 주말 무렵에는 행복 효과가 나타나기 시작할 거라는 얘기다.[11]

미소가 생명을 구한다

플로리다주립대학교의 저명한 심리학자이자 자살행동 치료 전문가인 토머스 조이너는 저서 『왜 사람들은 자살하는가?』[12]에서 한 남자의 유서를 인용했다. "나는 다리로 걸어갈 것이다. 가는 길에 한 사람이라도 내게 미소 짓는다면, 다리에서 뛰어내리지 않을 것이다."

이 운명을 건 산책에서 그를 스쳐 간 사람들은 그가 어떤 고통을 짊어졌는지 몰랐다. 어쩌면 정말로 다리로 가는 동안 다정한 한 사람을 마주쳤고, 그가 잠시 미소를 보냈다면, 남자는 그날 삶을 끝내지 않았을 수도 있다. 비유하자면 우리는 모두 다리로 가는 길에 있는 셈이다. 내가 위태로운 사람일 수도 있고, 혹은 내 옆을 지나는 사람이 위태로운 상황 속을 걷고 있을지도 모른다. 이때 나에게만 몰두하고 있다면 서로의 먹구름을 전혀 눈치채지 못할 것이다. 우리가 서로에게 조금만 더 집중한다면, 그리하여 상대를 알아본다면, 공감과 미소 같은 사소한 몸짓으로 서로의 삶에 햇살과 희망을 가져다줄 수 있을 것이다.

감사는 가장 큰 미덕일 뿐 아니라
모든 미덕의 근원이다.

키케로

12

감사 연습하기

지난 10년 동안 속세를 떠나 있지 않았다면, '감사하는 태도'가 안녕감에 도움이 된다는 이야기를 한번은 들어봤을 것이다. 감사하는 마음을 가지면 따라오는 장점과 이득은 정말 많다. 하지만 여기서 중요한 점은 감사하는 태도가 우리를 이타적인 삶으로 이끈다는 점이다. 이번 장에서는 이를 증명하는 사례를 공유하며, 감사가 지닌 특효에 대해 살펴볼 것이다.

감사를 느끼는 마음에는 종류가 있다. 노팅엄대학교의 연구[1]에 따르면, 단순히 내가 지금 누리는 것들에 감사하는 게 아니라, 특정한 타인에게 감사를 느끼거나, 서로 감사를 주고받을 때 우리는 이타적 행동을 이어갈 동기를 가장 크게 얻을 수 있을 때다. 간단히 말해, 우리가 '주는 사람'으로 변화하는 데는 관계형 감사 relational gratitude, 즉 특정한 존재에게 느끼는 고마움이 전반적인 감사 generalized gratitude 보다 더 효과적이라는 뜻이다.

감사함을 느끼고 표현하는 것은 타인중심적 주파수와 공명하는 훌륭한 방법이다. 고마움을 느끼고 표현하기 시작하면, 이타적 삶이 우리 뇌에 보내는 신호와 그 신호가 전송하는 메시지가 강력해진다. 오레곤대학교와 하버드대학교에서는 감사가 이타성을 발휘하는 동기가 되는 신경학적 원인을 살펴봤다.[2] 이중맹검 실험어떤 참가자가 실험군이고 대조군인지를 참가자는 물론 연구자도 모르는 상태로 진행하는 실험—옮긴이으로 진행된 이 연구에서는 젊은 참가자에게 3주 동안 감사일기를 쓰게 하고, 일기를 쓰는 기간 전후로 뇌 활동의 변화를 살펴보았다. 그 결과 일기를 쓰지 않은 대조군과 비교했을 때, 감사일기를 쓴 사람은 뇌의 보상중추에서 '신경학적 이타성' 반응이 증가했다. 이는 감사하는 마음을 연습하면, 이타적인 행동에 심리적 보상을 느끼도록 뇌 활동이 변화한다는 사실을 증명한 것이다.

노스이스턴대학교의 데이비드 데스티노는 실험 참가자에게 감사하는 마음을 유도하기 위해 정교한 상황극을 연출했다(이를 감정 조작 환경이라고 부른다). 연구진은 참가자에게 컴퓨터를 활용한 실험을 할 예정이라고 설명한 뒤, 참가자에게 할당된 컴퓨터가 오류를 일으키도록 했다. 이때 다른 참가자 역할을 맡은 배우가 등장해서 고장 난 컴퓨터를 최선을 다해 고치는 척했다. 연구진이 발견한 바에 따르면, 도움을 받은 참가자는 실험에 참여하는 내내 감사함을 느꼈다. 감사하는 마음은 다른 긍정적 정서(행복감)나 호혜성 인식(나를 도와줬으니 나도 당신을 돕겠다)보다 강력하게 상대와 연결되고 싶은 마음을 부추겼다. 감사하는 마음은 사회적 유대(친밀감)를 촉진하며, 관계를 쌓고 강화하게 한다.[3] 데스티노의 다른 실험에서는 감사하는 마음이 금전적 기부에도 영향을 준다는 것을 확인했다.[4] 감사를 느끼는 사람은 그렇지 않은 사람보다 자기 이득을 희생하더라도 타인에게 약 25퍼센트 더 베푸는 것으로 나타났다.[5] 이는 감사하는 태도의 힘과 그 힘이 '주는 사람'으로 살아가는 강력한 동기가 될 수 있다는 것을 보여준다.

감사 되돌려주기

젊은 사람에게 지혜를 전수하는 일은 노인이 느낄 수 있는 삶의 만족도와 큰 관련이 있다. 그리고 이에 감사를 느끼는 청년은 공동체에 공헌할 동기를 얻고, 그로 인해 이득을 얻는다.

캘리포니아대학교의 로버트 이먼스가 진행한 횡단 연구[6]에 따르면, 감사함을 느끼는 아이들은 이웃과 공동체와 세상사에 더 참여하고픈 욕구를 느낀다. 연구자들은 먼저 중학생 700명을 대상으로 감사, 친사회적 행동, 삶의 만족, '사회 통합(자기 능력을 활용해 다른 사람을 돕고, 자기보다 거대한 무언가에 연결되고자 하는 동기)' 수준을 측정한 뒤 6개월 동안 규칙적으로 후속 조사를 했다. 그 결과, 연구를 시작할 때 가장 감사함을 많이 느꼈던 청소년은 타인을 도우며 공동체에 보답할 가능성이 컸다. 감사는 이타적 삶이라는 버스에 시동을 거는 점화장치다. 버스가 한번 달리기 시작하여 선행을 베푸는 데 동참하고 나면, 버스는 선순환 고리를 따라 계속 달릴 것이다. 내 이득과 관련된 일에만 관심을 쏟는 한정된 시야를 버리고, 세상과 더 넓고 깊게 연결되고 싶다면, 감사하는 마음에서 영감을 찾는 일이 시작점이 될 수 있다.

당신의 진정한 벗이

『긍정심리학』을 쓴 심리학자 마틴 셀리그만은 '감사 방문 gratitude visit'이라는 활동을 제시했다. 방법은 이렇다. 옛 인연 중 그 당시에 충분히 감사를 표현하지 못했던 사람을 떠올려 보고, 그를 찾아가 온전히 감사를 표현하는 것이다. 셀리그만은 감사 방문을 통해 감사를 건네는 사람과 받는 사람 모두 행복과 안녕감이 증가함을 발견했다. 그러나 먼 바닷가에서 은퇴 생활을 하는 중학교 때 영어 선생님을 뵈러 갈 여유가 없다면, 언제든지 더 쉬운 형태로 감사 방문을 할 수 있다. 그저 편지를 쓰면 된다.

'감사 방문'이라는 발상 자체가 다소 꺼림직하게 느껴질지 모른다. 예컨대 갑자기 찾아가 문을 두드리고 "20년 전 운동장에서 내 편을 들어줬던 일 기억나? 사실 나한테는 큰 의미가 있었어…" 라고 말한다면 얼마나 이상할까. 말하는 사람이나 듣는 사람 모두 엄청나게 당황스러워질 것이다. 하지만 이런 두려움은 어쩌면 과도한 '자기편향ego bias'일 수 있다. 이는 다른 사람이 자기를 어떻게 생각하거나 생각할지 알고 있으며 그 믿음이 옳다는 생각이다. 당연히 자기편향은 자기중심적이며, 그에 따른 추측도 틀리는 경우가 허다하다.

시카고대학교 연구[7]에서 니컬러스 에플리는 참가자에게 감사 편지를 쓰는 과제를 내면서, 받는 사람이 어떻게 느낄지 예상해보라고 했다. 연구자들이 편지를 받은 사람을 인터뷰한 결과, 발신인은 수신인이 얻게 될 행복을 훨씬 과소평가했음이 밝혀졌다. 사실 받는 사람은 전혀 어색해하거나 곤란해하지 않았다. 우리는 감사 표현의 영향력을 경시하는 경향이 있다. 증거에 기반해 조언하겠다. 진심 어린 감사 표현에서 느껴지는 어색함을 극복하고, '감사합니다'라는 말이 발휘하는 힘을 이용해보자. 감사의 힘은 과학적으로 증명됐으니 말이다.

일주일에 한 번은 진심을 담아 감사 편지나 이메일을 보내보자. 유의미한 변화를 위해선 감사를 일상적인 활동으로, 매일 먹는 영양제처럼 만들어야 한다.

이렇게 실천하다 보면, 감사하다는 말 뒤에 담긴 감정을 의식하고 성찰하게 될 것이다. 심사숙고하든 아니든 표현 자체는 똑같다. 하지만 감사함을 느낌으로써 이타적 동기를 갖고 실천한다면, 판타스틱4 호르몬이 나와 즉시 갖가지 혜택을 얻을 수 있을 것이다. 이 기회를 빌려 책을 읽어주고 온갖 재미없는 농담에도 관대하게 페이지를 넘겨준 독자 여러분께 감사를 전한다.

삶의 의미는 자기 재능을 발견하는 것이다.
삶의 목적은 그 재능을 나누는 것이다.

파블로 피카소

13

삶의 새로운 목적과
기쁨 찾기

삶의 목적을 풀어서 설명하자면 '매일 아침 침대에서 일어나는 이유'라고 할 수 있다. 당신의 목적이 타인중심적이라면 심장이 더 튼튼해지고, 오래 살고, 치명적인 질병을 피하고, 밤에 잘 자고, 더 성공할 가능성이 크다.

따라서 우리는 이 장에서 여러분에게 목적 처방전을 써주려 한다. 어떻게 나에게만 집중하던 일상의 패턴을 바꾸고 타인에게 집중하는 일상을 만들 수 있을까? 특수 안경이 필요할까? 나에게 몰두하는 언어(1인칭 대명사)를 쓸 때마다 알람을 윙윙 울리면서 '당신'과 '우리'로 시작하는 문장을 사용하라고 알려주는 장치가 있어야 할까?

제대로 묻기 그리고 함께 침묵하기

마주치는 모든 이에게 친절하라.
모든 사람은 저마다 힘겨운 전투를 벌이고 있다.

이안 맥라렌

아무리 신경과학 기술이 발달해도, 인간은 타인의 생각을 읽을 수 없을 것이다. 이심전심은 가능하다(5장 참고). 타인의 감정을 느끼고 감지할 수 있기 때문이다(이런 기술을 '동감 정확성'이라고 부른다). 하지만, 실제로 상대에게 물어보지 않으면 영영 알 수 없는 것들도 있다. 그리고 묻지 않으면, 도울 기회를 놓친다.

이와 관련해 콜로라도대학교 의과대학에서는 매우 놀랄만한 연구[1]를 진행했다. 연구자들은 응급의학과에서 치료를 받는 환자에게 "가장 걱정되는 점은 무엇인가요?"라고 묻는 카드를 배포하고 답변을 살펴보았는데, 환자들이 가장 절박하게 걱정하는 점은 애초에 그들이 응급의학과에 오게 된 이유와 거의 관련이 없었다.

초진 기록에 따르면 흉통이 주요 증상이던 45세 남성은 이렇게 썼다. "아이들이 자라는 모습을 못 보고 너무 일찍 죽는 것. 마약 때문에 심장에 문제가 생겼음. 병원에 다시 오고 싶지 않지만, 오지 않을 수 없음." 질 출혈로 병원을 찾은 27세 임신부는 이렇게 썼다. "다시 우울증을 겪고 싶지 않음. 유산은 괴로움." 만약 물어보지 않았더라면, 환자의 근본적인 문제(약물 중독)나 심각한 위험(우울증)을 다루기는커녕 발견하거나 인식하지도 못한 채 지나쳤을 것이다.

당연한 말이지만, 양질의 치료를 제공하려면 환자가 무엇을 염려하는지도 알아야 한다. 우리는 이 연구를 알게 된 후로 환자와 그의 가족들에게 무엇이 가장 걱정되는지 구체적으로 물었었는데, 종종 예상과 벗어나는 대답에 충격을 받고는 했다. 하마터면 환자들이 속으로 어떤 고통을 느끼고 있는지, 근본적으로 어떻게 도울 수 있는지 모르고 지나갈 뻔한 것이다.

우리는 서로가 어떤 고통을 짊어지고 있는지 모른다. 충분히 신경 써서 물어볼 때까지는 말이다. 일명 '스트레스 박사'인 한스 셀리에는 "도와드릴까요?" 또는 "제가 해드릴 만한 일이 있을까요?" 같은 형식적인 질문이 듣는 사람의 귀에는 "아니요, 괜찮습니다"라는 대응답을 하라는 요구로 들린다고 말했다. 그러니 진정으로 상대의 이야기를 듣고 싶다면, '예' 또는 '아니오'로 대답할 수 없는 질문을 해야 한다. 우리도 속으로는 비참할지라도 "요즘 어때요?"라는 질문을 받으면 기계적으로 "괜찮아요"라고 대답하지 않는가.

그러니, 주변 사람들에게 제대로 질문하는 것부터 시도해보자. "요즘 잘 지내지?"라고 하지 말고 "요즘 '어떻게' 지내?"라고 문 물어보자. 무엇이 가장 즐겁거나 걱정되는지 먼저 물어보는 습관을 들이자. 물어보지 않았더라면 전혀 몰랐을 이야기를 알게 되고, 도움을 줄 기회를 잡을 수 있을 것이다. 한 번은 스티브가 그리 가깝게 지내지 않던 동료에게 먼저 다가가 안부를 물었다. 처음에는 으레 하듯 잘 지낸다는 이야기가 이어지다가, 동료는 최근 매우 심각한 퇴행성 질환을 진단받은 참이라고 털어놓았다. 스티브는 그의 이야기를 듣고, 동감하며, 필요한 것은 없는지 자주 확인하고,

다른 사람이 자신이 아프다는 걸 알길 바라지 않는 동료의 비밀을 지켰다. 2년 뒤, 그가 더는 일을 계속할 수 없게 됐을 때 스티브는 그가 가장 중요하게 생각했던 위엄을 지키며 조직을 나갈 수 있도록 도왔다. 두 사람은 서로에 대해 알게 된 것을 계기로 소중한 유대관계를 형성하게 되었다.

하지만 '질문하기'가 부적절한 상황도 있다. 예컨대 스티브는 중환자 집중치료 병동에서 환자를 돌보는데, 종종 치료할 방도가 없는 심각한 예후를 전해야 할 때가 있다. 어떤 말로도 환자나 그 가족에게 위안을 줄 수 없을 때. 그런 순간에 할 수 있는 건 그저 괴로워하는 사람과 함께 앉아 있는 것이다. 이른바 '나타나서 입 다물기'다. 적막을 깨려는 충동에 저항해야 한다. '상황을 바꿀 수는 없지만, 함께 있을게요. 저는 여기에 있고 아무 데도 가지 않을 거예요'라고 말없이 말하는 방법이다.

질문에는 용기가 필요하다. 누군가에게 진심으로 다가가 말을 거는 일이 두려울 수 있다. 막상 그의 이야기를 듣게 되어도, 내가 도와줄 능력도 준비도 되어 있지 않다는 생각에 주저하게 될 수도 있다. 사람들은 '해결사'가 되고 싶어한다. 하지만 항상 해법을 떠올리거나 문제를 해결할 필요는 없다. 그저 곁에 있는 것만으로도 도움이 된다. 그러니 피상적인 질문으로 사람들의 감정과 걱정을 얼버무리지 말고, 제대로 질문하자. 그럴 수 없을 땐 함께 침묵하자. 묻지 않는다면 공감의 기회와 의미 있는 관계를 놓치게 될지 알 수 없으니까.

다른 사람 책임지기

"수용소 바깥의 삶에 책임질 것이 없는 사람이 가장 먼저 무너지고 세상을 떠났다." 오스트리아의 정신의학자이자 홀로코스트 생존자인 빅터 프랭클은 『죽음의 수용소에서』에 이렇게 썼다. 살아남은 사람은 살아야만 하는 어떤 이유가, 목적이 있어 버텨낼 힘을 얻었다.

프랭클이 말한 것처럼, '무엇이 나를 행복하게 하지?'라는 물음은 내 행복에 아무런 도움이 되지 않는다. 오히려 삶이 내 기대에 얼마나 못 미치는지에만 집중하게 될 뿐이다. 하지만 '삶이 나에게 요구하는 것은 무엇이지?'라고 물으면 결핍과 욕구와 불만족을 지우고 '왜'에 집중하게 된다. 목적이 있을 때 우리는 살아갈 수 있다. 프랭클은 이렇게 썼다.

"애정을 담아 자신을 기다리는 사람이나 끝나지 않은 과업에 대해 짊어진 책임을 자각하는 사람은 결코 자기 목숨을 버릴 수 없을 것이다. 이런 사람은 자신이 '왜' 존재하는지를 알며 거의 어떤 상황도 견딜 수 있을 것이다."

목적이란 다른 사람을 도울 책임을 다하며 우리가 서로에게 해줄 수 있는 일을 하는 것이다. 우리에겐 고통스러운 시기에 동료 곁을 지켜줄 의무가 있다. 그렇지 않다면 세상은 그저 끔찍해질 뿐이다. 2021년 뉴욕에서는 아시아인 혐오 폭력이 빈발했다. 한 중년 남자가 환한 대낮에 타임스퀘어 호텔 앞에서 인종차별적 욕설을 외치며 나이 든 아시아 여성을 잔인하게 공격했다. 이 폭행은 무척 끔찍했지만, 많은 사람이 정말로 혐오감을 느꼈던 건 호텔 안에서 그 광경을 지켜본 세 남자가 그대로 문을 닫아버렸다는 것이었다. 우리는 이렇게 노골적으로 타인을 외면하는 사례를 보면 두려움에 움츠러든다. 각양각색의 뉴욕 사람이 자문했다. "나라면 끼어들었을까? 아니면 적어도 그 미치광이가 떠난 뒤에 땅에 쓰러진 여성을 도우러 달려갔을까?"

프린스턴대학교의 저명한 심리학자 존 달리와 C. 대니얼 뱃슨은 그 유명한 착한 사마리아인 연구[2]를 진행했다. 두 심리학자는 프린스턴신학대학생들을 불러 모아 한 그룹에게는 성경의 '착한 사마리아인 우화(두들겨 맞고 길가에 버려진 낯선 사람을 공감하며 도운 일에 관한 교훈)'를, 다른 그룹은 평범한 성경 단락을 읽게 했다. 그런 다음 교정 내 다른 건물로 걸어가서 방금 읽은 글에 관해 짧게 강론하라고 지시했다. 이때 한 가지 조건을 추가했는데, '서두르라'는 것이었다. 연구진은 학생 절반에게는 강론에 늦었으니 서두르라고 말했고 나머지 절반에게는 시간 여유가 있다고 말했다. 교정의 지리를 잘 아는 학생들은 가는 길에 도움이 필요한 낯선 이와 마주쳤다. 행색이 헝클어진 채 길에 쓰러져 신음하는 것이 명백하게 고통스러워 보였는데, 방금 흠씬 두들겨 맞은 것 같았다. 물론 이 '피해자'는 실험을 위해 연구진이 고용한 배우였다.

학생들은 어떻게 반응했을까? 전체 학생 중 40퍼센트(16명)가 직간접적인 도움을 주었다. 즉 목사 수습생 중 60퍼센트는 피해자 곁을 뒤도 안 돌아보고 떠났다는 뜻이다. 연구진은 실험을 시작하기 전 학생들이 얼마나 신앙심이 깊은지 면담을 통해 확인했는데, 독실함 자체는 학생이 쓰러진 사람을 도와줄것인지 예측할 수 있는 지표가 아니었다. 피해자를 적극적으로 도왔던 몇몇 학생은 다른 사람에게 피해자의 상황을 전하거나, 피해자에게 괜찮은지 묻는 데서 그치지 않고, 곁에 머물면서 병원에 데려가 치료를 받도록 도와주겠다고 제안했다.

　연구진의 발견에 따르면, '적극적인 도움'과 '외면'을 결정지은 주된 변수는 학생이 '자신이 얼마나 바쁘다고 생각하는가'였다. 어떤 학생은 바삐 돌진하다가 말 그대로 피해자를 넘어갔다. 서둘 필요가 없던 학생들의 63퍼센트는 멈춰서 의미 있는 도움을 주었다. 서둘러야 했던 학생 중에는 10퍼센트만 멈춰서 의미 있는 도움을 줬다. 서둘렀던 학생 중 일부는 실험 후 면담에서 말하길, 피해자가 골목에 쓰러져 있는 모습을 목격했지만 자기 문제에 너무 집중한 나머지 그가 도움이 필요하다는 사실을 인지하지 못했다고 했다. 어떤 학생은 피해자가 처한 상황을 보고 불안함을 느꼈는데, 너무 부담스러운 나머지 그 사람이 처한 어려움을 모른 척했다고 답했다.

　'착한 사마리아인'에 관해, 즉 고통에 처한 사람을 돕는 일에 대해 강의하려는 사람조차 아는 바를 행동에 옮기지 못했다. 달리와 뱃슨은 예리한 결론으로 우리를 이끈다. "일상생활의 속도가 점점 더 빨라질수록 윤리는 사치가 되며… 학생들이 멈추지 못한 것은 냉정해서라기보다는 그들이 처한 갈등 때문이라고 설명할 수 있다."

　'갈등'은 자기중심과 타인중심 사이에서 끊임없이 발생한다. 바쁘게 살며 자기에게 집중하는 나머지 명백히 도움이 필요한 사람을 돕는 걸 회피하거나 심지어 못 본다면, 우리는 서로를 인간답게 책임지는 데 실패하고 만다. 심지어 그러한 일이 우리의 가치관에 부합할 때조차 말이다. 타인에게 집중하는 일은 타인을 살피고, 필요하다면 달려가 도움을 주는 일이다. 그럴 때 우리는 삶의 의미와 목적의식을 느낄 수 있을 것이며 그 노력에 따라 혜택을 얻을 수 있다. 누가 되고 싶은가? 보지 못하거나 외면하는 사람, 아니면 도움의 손을 내미는 사람?

로버트 이야기

많은 사람이 진정한 행복에 관해 잘못 알고 있다.
진정한 행복은 자기만족이 아니라
가치 있는 목적에 헌신할 때 얻어진다.

헬렌 켈러

우리 병원의 매우 특별한 두 의사, 알렉산드라 레인과 제니퍼 아브라친스카스는 '이동식 집중치료병동'이라 불리는 외래환자 전문 진료소에서 근무한다. 이 진료소는 고난도 치료가 필요한 환자를 전문으로 돌본다. 특히 빈곤과 사회적 지원의 부족으로 심각한 질환을 제때 적절하게 치료받지 못한 환자가 많다.

어느 날 이동식 집중치료병동에 로버트라는 중년 환자가 찾아왔다. 로버트는 50대에 가까워지면서 건강이 나빠지기 시작해 적어도 한 달에 한 번은 응급실을 찾았고, 보통은 입원 치료가 필요한 상태였다. 심각한 고혈압, 심장병, 알코올과 약물 남용, 어린 시절 경험한 폭력으로 심각한 우울증을 앓았다. 그는 혼자 나이 든 어머니를 돌봤는데, 어머니 역시 로버트와 마찬가지로 경제적으로 어려웠다. 로버트는 안과 질환이 있어 실내에서도 선글라스를 쓰는 터라 더욱 다가가기 어려운 사람처럼 보였다. 로버트는 점차 더 고립되었고 좌절감을 느꼈다. 그리고 매번 병원에 올 때마다 자신이 언제까지 살 수 있을지 궁금해했다.

로버트는 시간이 지나면서 레인과 아브라친스카스를 신뢰하게 되었고, 그들은 로버트에게 빈곤과 중독, 만성 질환으로 고통받는 사람이 많은 교회 공동체에서 봉사할 것을 권했다. 로버트는 치료를 받는 동시에 타인을 돕는 일을 병행하며 점차 건강해졌고, 공동체에 소속감을 느꼈다. 그는 보람과 활력으로 일상을 채우며 수년 전에 잃어버렸던 삶의 의욕과 자신을 잘 돌보겠다는 동기를 되찾았다. 다른 사람을 효과적으로 도우려면 자기 건강을 관리해야한다는 것을 깨달은 것이다. 그는 처음으로 중독된 약물 사용을 완전히 멈췄다. 그리고 또렷한 정신으로 치료 계획을 엄격하게 지켰다. 처방 약을 한 회분도 빼먹지 않았다. 정신 건강 전문가와 잡은 약속을 전부 지켰고, 마침내 필요했던 안과 수술을 받았다. 로버트의 이야기는 이타적 행동이 강력한 치유력을 지닌다는 사실, 타인과의 관계가 삶에 의미를 부여한다는 사실을 보여주는 빛나는 사례다.

레인과 아브라친스카스는 로버트가 나아지는 과정에서 영감을 받아 새로운 치료 활동을 개발했다. 회복이 어려운 환자에게 새로운 삶의 목적을 찾아주는 일이었다. 로버트는 여전히 만성 질환을 앓지만, 한밤중에 병원에 입원하는 일은 현저히 줄었다. 건강은 물론 삶 전체가 달라졌다. 삶이 괴롭다면, 내게 의미를 부여해줄 목적을 찾아 헌신해보자. 삶의 목적은 선순환 고리를 돌리는 힘이다.

자기 생각에서 벗어나자. 성공을 좇으며 돌진하는 삶을 멈추고 눈을 크게 뜨고 옆을 보자. 스파이더맨은 말했다. "큰 힘에는 큰 책임이 따른다." 우리는 이렇게 바꿔보겠다. "큰 목적에는 큰 책임이 따른다. 하지만 그 책임을 짐으로써 우리는 큰 힘을 얻는다." 나를 바꾸고 타인을 바꾸고 세상을 바꿀 힘을. 단순하지만 심오한 진리다.

누군가의 경험에 동감하기 위해서는

내가 상상하는 대로가 아닌

그가 보는 대로 믿어야 한다.

브레네 브라운

심리학자

14

내 편 늘리기

우리는 종종 타인의 이타심을 과소평가한다. 이런 예측은 틀릴 때가 많고 우리의 건강과 행복을 방해할지도 모른다. 이타적 삶을 위한 우리의 네 번째 처방은 극단적으로 분열되고 있는 우리 사회에서 점점 더 어려워 보이는 일, 바로 생각이 다른 사람과 공통점을 찾는 연습이다.

사람들은 워싱턴 D.C.에서 예의가 사라지게 된 원인이 제트기 때문이라고 말한다. 제트엔진 전용기가 등장하기 전, 정치인들은 서로 물어뜯을 듯이 싸우다가도 국회 의사 일정이 끝나면 정당과 상관없이 함께 주말을 보내며 어울리곤 했다. 하지만 반세기 전부터는 볼일이 끝나면 전용기를 타고 바로 집으로 날아가고, 워싱턴 D.C.에 있을 때도 자기 파벌 안에만 머무른다. 요즘 정치인은 다른 당 의원과 식사를 했다가는 같은 당에서 욕을 먹는다. '절충'을 나약함 또는 패배 신호로 취급하기 때문이다. 이러한 변화는 개인에게도 커다란 영향을 미쳤다. UCLA 정치학 교수 린 바브레크의 《뉴욕타임스》 기사[1]에 따르면, 1985년의 대다수 미국 국민은 자녀가 결혼 상대로 민주당 지지자를 데려오든 공화당 지지자를 데려오든 개의치 않는다고 대답했다. 하지만 바브레크가 2016년 대선을 앞두고 대대적인 여론조사를 시행한 결과, 응답자 상당수는 미래 사위나 며느리의 지지 정당에 크게 신경 썼고, 정치적 결속력이 강한 사람 중 3분의 2가량은 자녀가 가치관이 같은 사람과 결혼하기를 바랐다. 1985년에는 부모 중 5퍼센트만이 자녀가 자신과 다른 정당을 지지하는 사람과 결혼하는 일에 부정적인 반응을 보였는데, 2016년에는 그 수치가 40퍼센트로 뛰어올랐다.

우리 두 저자는 다양한 관점의 뉴스를 읽고, 어느 한 극단으로 기울지 않도록 의식적으로 노력한다. 하지만 자극적인 콘텐츠를 원하는 지금의 미디어 시대에서, 이러한 '포괄정당big tent이념이나 계층이 다양한 사람들이 모인 조직으로, 1명의 유권자도 배제하지 않고 국민 전체를 대표하고자 하는 정당—옮긴이' 의견은 인기가 없다. 매즈는 종종 뉴스 프로그램에 출연하는데, 몇몇 방송사의 프로듀서에게 "특정한 사람을 특정한 방식으로 비난하지 않을 거라면 프로그램에 출연할 수 없다"는 말을 들었다. 매즈가 "그건 그렇게 단순하게 말할 수 없어요"라고 대답하자 한 프로듀서는 말을 끊어버렸다. 매즈가 라디오와 TV 프로그램에 출연하여 과학에 근거한 의견을 전달하면, 보수 정당을 지지하는 시청자에게 "왜 좌파 편을 드냐"는 이메일을 수십 통 받는다. 동시에 그만큼 많은 진보 정당 쪽 시청자가 매즈의 보수적인 관점을 비난하는 이메일을 보낸다. 모두 같은 내용을 들었지만, 듣고 싶은 것만 듣는 것이다. 요즘에는 동감하려 노력하는 시도조차 찾아보기 어려워졌다. 정치학자 네이선 P. 칼모와 릴리아나 메이슨이 미국인 1000명을 대상으로 한 여론조사 결과,[2] 공화당 지지자 40퍼센트와 민주당 지지자 40퍼센트는 상대 정당을 '순수한 악'으로 정의했다. 20퍼센트는 상대편 구성원이 "온전한 인간이라고 볼 만한 특성이 부족하며 동물처럼 행동한다"라고 의견을 모았고, 상대편이 대폭으로 자연사하면 이 나라가 더 나아질 것이라 믿었다. 심지어 각 당의 5~15퍼센트는 상대편에 대한 폭력 행위를 지지한다고 말했다.

인터넷 알고리즘의 부상으로 우리는 의식하지 못한 채 버블bubble개인화 알고리즘이 맞춤형 정보만을 제공하여 사용자가 자기 신념을 확증하는 정보에 갇히는 현상—옮긴이의 함정에 빠지게 됐다. 넷플릭스 다큐멘터리 〈소셜 딜레마〉에서는, 인공지능이 우리가 온라인에서 읽고 쓰고 검색하는 모든 것을 추적하여 우리에게 어떤 광고를 보여줘야 하는지 알아내는 모습을 보여준다. 이러한 인공지능 데이터 수집이 발생시킨 부작용은 생각보다 훨씬 크다. 우리는 알고리즘에 따라 체계적으로 분류되므로 나의 기존 이념에 부합하는 기사만을 보게 된다. 내 신념과 결이 다른 기사를 볼 가능성은 적다. 이 버블은 비눗방울이라기보단 풍선에 가깝다. 비눗방울은 투명하여 빛을 투과하지만, 풍선 안에서는 밖을 내다볼 수도 없다. 이러한 버블 안에서는 나와 타인을 있는 그대로 볼 수 없고, 공감은커녕 서로를 배타적으로 보게 될 뿐이다. 그리고 이는 우리의 건강과 행복을 방해하는 요인이다. 양쪽으로 나뉘어 다른 쪽 절반을 완전히 미쳤다고 생각하는 이 유독한 사태를 수습하기 위해, 공감 능력 회복이 시급하다.

배경이나 이념이 다르다고 해서 부도덕하다고 가정하지 말고, 더 나아가 그의 의도가 선하다고 생각해보길 권한다. 동의할 수 없어도 동감해보려 노력하자. 거기서 시작하면 된다. 맨몸으로 대륙을 횡단하는 일처럼 멀고 어렵게 느껴지긴 하지만, 그래도 우리는 이 사회에 공감을 처방하려 한다. 공감 능력은 마치 공기 같아서 개인의 삶 구석구석에 파고들어 우리를 보호하거나 파괴하는 힘이 되기 때문이다.

우리에겐 정말로 공통점이 있다

우리는 내일은 일을 미루지 않으리라 맹세한다. 우리는 불꽃을 보며 '와!'하며 감탄사를 내뱉는다. 우리는 감동적인 저녁노을을 보며 겸손해진다. 우리는 사랑하는 사람이 세상을 떠나면 눈물을 흘린다. 차이가 얼마나 명백하든, 우리는 근본적으로 같은 인간이다.

의료에서 동감은 꼭 필요한 임상 역량으로, 공감하며 환자를 돌보도록 유도하는 감정적 다리다. 동감의 필수 선행조건은 다른 사람을 나와 같은 온전한 인간으로 보는 것이다. 차별, 인종차별, 증오범죄, 집단 학살은 우리가 같은 인감임을 인지하지 못하기에 벌어지는 사례다.

지난 팬데믹 기간 우리는 코로나 바이러스로 인한 사회적 약자의 높은 사망률을 목격했다. 이러한 건강 및 의료격차는 약자에 대한 동감과 공감이 부족한 데서 비롯된다. 인종에 따른 '공감 격차

compassion gap'도 있다. 연구에 따르면 의사는 고통스러운 질환을 앓는 흑인 환자에게 백인 환자보다 진통제를 덜 주는 경향이 있다. 무의식적 편견은 의료계에 실재하는 문제이며, 이를 바꾸려면 정확히 문제를 인식하고 정면으로 부딪치는 수밖에 없다.

당신이 사회적 정의를 어떻게 생각하든, 모든 환자가 필요한 치료를 받아 마땅하다는 데는 동의할 것이다. 인간이 기후변화를 초래했다고 믿든 안 믿든, 맑은 공기가 좋다는 데는 동의할 수 있듯이 말이다.

우리가 서로한테 해야 하는 질문은 "어느 편인가요?"가 아니다. 기억해두어야 할 질문은 단순하다. "나, 나와 함께 살아가는 사람들, 그리고 세상이 더 좋아지도록 하려면 오늘 나는 무엇을 할 수 있을까?" 그리고 이 질문을 시작할 수 있게끔 도와주는 것이 바로 동감이다. 평범한 사람에게 동감의 기회는 하루에도 여러 번 찾아온다. 기회가 나타나면 망설임 없이 반응하자. 최근 토론토대학교 연구진이 인구를 대표할 수 있는 표본을 구성하여 성인 246명의 참가자와 진행한 연구[3]에 따르면, 사람들에게는 하루 평균 9번 타인에게 동감할 기회가 있었다. 놀랍지 않게도, 일상생활에서 더 자주 동감하는 사람일수록 심리적 안녕감이 높았다.

내 편 늘리기

우리는 뉴욕시와 필라델피아 사이, 뉴욕 자이언츠의 고장과 필라델피아 이글스의 고장 사이에 산다. 미식축구 팀 자이언츠와

이글스는 아주 오랜 숙적이다. "제가 가장 좋아하는 두 팀 중 하나는 이글스고, 하나는 누구든 자이언츠랑 붙는 팀이에요"라고 말하는 사람도 봤다. 이런 적대감은 어떤 영향을 미칠까? 팀을 향한 열렬한 사랑이 상대에 대한 배타심으로 변할 수도 있을까?

영국 랭커스터대학교의 마크 레빈 교수(키티 제노비스 사건의 목격자 증언을 다시 살펴봤던 그 연구자다)는 '사회 범주 소속감social category membership'에 관한 흥미로운 한 쌍의 실험[4]을 진행했다. 실험 참가자는 45명의 20대 초중반 남성이었고, 모두 맨체스터 유나이티드의 팬이었다. 연구진은 우선 참가자들에게 '맨유'를 얼마나 지지하는지 물었다. 이는 팀에 대한 충성심을 강화하고 활성화하는 연구 수법이었다. 그다음에 진짜 실험을 위해 영화관으로 이동해 축구 영화를 볼 것이라고 알렸다. 예상하겠지만, 진짜 실험은 지금부터였다. 참가자들은 아무런 의심 없이 영화관으로 향하는 도중에 연구진이 투입시킨 배우가 길가에 넘어져 발목을 붙잡고 고통스럽게 신음하는 모습을 목격했다. 연구진은 넘어진 남자가 맨유 유니폼을 입고 있을 때, 리버풀 유니폼을 입고 있을 때, 그리고 축구와 관계없는 셔츠를 입고 있을 때로 나눠 참가자의 반응을 살펴보았다. 놀랍게도, 열혈 축구 팬의 94퍼센트가 내집단in-group에 있는 사람을, 즉 맨유 유니폼을 입고 넘어진 남자를 도왔다. 반면 리버풀 셔츠나 일반적인 셔츠를 입은 '외집단out-group' 사람을 도운 사례는 30퍼센트에 불과했다. 나머지는 그냥 남자가 길가에서 신음하도록 내버려뒀다. 어떤 참가자는 리버풀 셔츠를 입은 남자가 쓰러져 있는 것을 전혀 눈치채지도 못했다.

두 번째 실험에서 레빈은 맨유를 응원하는 젊은 남성 참가자

32명을 대상으로 이 상황을 반복했다. 하지만 이번에는 자극제 역할을 하는 질문지 작성 단계에서 '맨유에 대한 사랑'이 아닌 '축구라는 멋진 스포츠에 대한 사랑'에 집중하도록 유도했다. 결과는 상당히 흥미로웠다. 이번엔 축구 팬의 80퍼센트가량이 맨유 유니폼을 입고 넘어진 남자를 도왔다. 팀에 대한 충성심이 가득 찼을 때보다 살짝 낮은 수치였다. 그러나 리버풀 유니폼을 입은 사람을 도우러 나선 비율도 70퍼센트로 상승했다. 이번에는 넘어진 사람 또한 '내집단'에 속하는 것으로, 한 사람의 동료 축구 팬으로 인식했기 때문이었을 것이다. 축구 유니폼이 아닌 셔츠를 입은 남자는 외롭게 남겨졌다. 축구 팬이 아니라는 이유로 '외집단'에 속하게 된 그 남자에게 도움을 손길을 건넨 건 22퍼센트밖에 되지 않았다. 하지만 넘어진 남자를 아예 인식하지조차 못한 참가자의 수는 감소했다.

교훈은 이렇다. 공통점을 발견하면 우리는 '내집단'을 보는 시야를 넓힐 수 있다. 기억하자. 내가 가장 싫어하는 사람에게도 나와 닮은 점이 있고 공통점이 있다. 내집단을 넓히면, 더 많은 사람에게 동감하고 공감할 기회가 생긴다. 이글스와 자이언츠 팬들도 여기에 동의하리라 기대해본다.

동감을 결정하는 뜻밖의 요인

더 많이 동감하려면, 상상력을 발휘해야 한다(이때 '나는 원래 상상력이 빈약하다'는 말은 스크루지나 할 변명이니 접어두자). 타인에 대한 이런 저런 판단이 들어서려 할 때, 잠시 멈추고 그가 어떻게 느낄지를 상상해보자. 그의 삶이 실제로 어떨지 생각해보자. 어떤 상황을 경험하고 지금과 같은 생각을 갖게 됐을까? 이는 '관점 옮기기'라는 연습이다. '나는 저렇게 안 돼서 감사해' 같은 방어적이고 이기적인 사고 흐름에서 벗어나, 단 몇 분이라도 자기 생각과 생활환경 밖으로 시각을 옮겨 타인의 상황이 되어보는 것이다.

1980년대와 1990년대에 에이즈 환자는 질병에 걸렸다는 이유만으로 오명을 뒤집어썼다. 대중은 환자의 행동을 비난했다. 어떤 이는 환자가 병을 자초한 것인데 왜 동감해야 하냐고 말했다. 하지만 통계를 들려주자면, 현재 신규 HIV 감염 사례가 가장 많이 나타나는 집단은 나이가 많고, 약물을 사용하지 않는 이성애자다.

'일레인 충격 실험'과 '착한 사마리아인 실험'을 진행했던 C. 대니얼 뱃슨은 1990년대 후반에 프레임에 따라 동감을 조작할 수 있는지 검증하는 연구[5]를 진행했다. 그는 참가자들을 두 그룹으로 나눠 에이즈에 걸린 줄리라는 젊은 여성의 경험담을 들려주었다. 이때 한 그룹에게는 줄리의 이야기를 객관적으로 들으며 감정에 휩쓸리지 않도록 노력하라고 지시했고, 다른 그룹에게는 줄리의 경험을 주의 깊게 듣고, 그가 어떻게 느낄지 상상해보라고 지시했다. 한쪽 그룹은 줄리가 차를 몰다가 술 취한 운전자에게 치인 뒤 수혈을 받으면서 에이즈에 걸렸다는 이야기를 들었다. 다른 집단은 줄리가 대학 시절 자유로운 여름을 보내며 여러 사람과 잠자리를 하다가 바이러스에 감염됐다는 이야기를 들었다.

이때 참가자의 동감을 결정하는 요인은 '줄리가 병에 걸릴만한 위험한 행동을 했는가'가 아니었다. 참가자를 동감하게 한 결정적 요인은 줄리의 경험을 상상해보라는 격려였다. 줄리가 어떻게 느낄지 상상하지 말라는 지시에 따라 의도적으로 객관성을 유지했던 사람들은 어떤 이야기를 들을 때건 조금도 동감하지 않았다.

아무리 서로 이념이 다를지라도, 노력할 의지만 있다면 최소한 서로의 관점이 다름을 존중할 수는 있다. 상대에게 어떤 배경이 있는지 상상할 수 있다면, 상호 존중에 기반한 유대를 맺을 수 있을지 모른다. 매즈는 전국적으로 코로나 바이러스 백신 접종 계획을 시작하던 무렵에, 병원 직원들 중 음모론 신봉자가 있음을 알게 되었다. 그는 백신 접종이 추적 장치를 인체에 심으려는 수단이며, 코로나 바이러스 감염증은 5G 송신탑에서 유발했다는 말을 전하며 동료 직원들에게도 백신을 맞지 말라고 얘기하고 다녔다. 매즈는 그의 비합리적 의견을 지적해봐야 아무런 효과가 없음을 알았기에, 그와 따로 만나 마치 환자와 상담하듯 이야기를 나눴다. 동등한 토론이 끝난 후 직원은 말했다. "다른 사람들이 절 비웃는 거 알아요. 그래도 선생님께서 이렇게 말씀해주셔서 감사하네요. 다른 누구보다 제 마음을 움직이셨어요." 그 직원은 여전히 백신을 안 맞겠지만, 다른 사람이 백신을 맞지 않게 설득하려는 시도는 멈추기로 했다.

내가 볼 때 아무리 어처구니없어 보이는 의견을 가진 사람일지라도, 그를 진심으로 존중하며 대화해보자. 누군가의 생각을 공격하거나 비웃으면, 그는 자기 동굴 속에 더 단단히 틀어박힐 뿐이다. 게다가 이 접근법은 두 가지 면에서 이득이다. 우선 다른 사람이 나의 의견에 마음을 열 가능성을 높일 수 있다. 그리고 두 번째이자 더 좋은 점은, 나와 다른 생각을 지닌 사람과의 대화를 통해 내가 틀렸다는 걸 깨닫게 될 수도 있다는 것이다. 우리는 스스로 틀렸음을 인정하는 순간 더 옳은 사람이 된다.

우리라는 개념을 확장하기

작가 마크 트웨인은 이렇게 말했다. "여행은 편견, 편협함, 옹졸함에 치명적이며 이런 이유만으로라도 많은 사람이 여행을 다녀야 한다. 사람과 사물을 폭넓고 건전하고 너그럽게 바라보는 관점은 평생 한구석에 가만히 있어서는 얻을 수 없다." 여기서 말하는 '여행'은 반드시 비행기에 올라 낯선 나라에 가는 것을 뜻하지는 않는다. 그저 일터나 학교나 동네에서 출신 배경이 다른 누군가에게 먼저 다가가 대화를 나누는 것을 의미할 수도 있다. 하버드대학교의 심리학 교수이자 성격심리학 분야의 선구자인 고든 W. 올포트가 『편견』에 쓰길, 극심한 편견을 해결할 한 가지 방법은 '친분을 쌓는 일'이라고 했다. 사람들은 서로 만나고 알아가기 시작하면서 자신들이 같은 인간임을 깨닫는다. 올포트는 '접촉 요법contact therapy'이라는 개념을 제시하며, 외집단 사람과 친분을 쌓고 공통점을 인식하기 위해서는 단순히 서로를 '보는 것'만으로는 충분하지 않다는 가설을 세웠다. 대화하고 알아가고 시간을 함께 보내야한다. 『공감은 지능이다』의 저자 자밀 자키 역시 "외부인과 시간을 보낼수록 편견은 덜해진다. 접촉은 다양한 외부인을 향한 생각을 따뜻하게 바꾼다"라고 설명한다.

내집단 편애와 싸우는 또 다른 방법은 내집단의 정의를 확장하는 것이다. 누구는 '우리'로 보고 누구는 '우리'로 보지 않을지 구분 짓기 전에, 어떤 사람이든 내집단 안에 들어올 수 있다는 근본적인 사실을 상기하자. 앞서 언급한 실험에서 축구에 대한 사랑을 상기한 참가자들이 우리 팀 팬뿐 아니라 축구 팬 전체를 포용했던 것처럼, 내집단의 범위가 커지면 커질수록 우리는 더 많은 사람에게 동감하고 이타적 행동을 할 기회를 얻을 수 있다. 취리히대학교[6]에서는 이와 관련해 인간의 양면적인 진실을 보여주는 흥미로운 실험을 진행했다. 이 실험에도 재현과 전기 충격이 등장한다.

연구진은 축구 팬인 참가자에게 자기가 응원하는 팀의 팬(내집단)이나 경쟁 팀의 팬(외집단)이 뒤통수에 전극을 붙이고 고통받는 모습을 지켜보게 했다. 그리고 그와 자리를 바꿔 대신 통증을 겪거나, 그가 고통받는 모습을 그만 보고 축구 영상을 볼 수 있는 선택권을 주었다. 연구진은 fMRI로 참가자의 뇌를 관찰했는데, 전기 충격을 받는 사람이 목격자와 같은 팀 팬인지 경쟁 팀 팬인지에 따라 뇌에서 다른 영역이 활성화됐다. 같은 팀을 응원하는 사람이 충격을 받는 모습을 보면 뇌에서 동감을 담당하는 영역에 불이 들어왔고, 대신 고통을 받겠다고 나설 가능성이 더 컸다. 경쟁 팀의 팬이 충격을 받는 모습을 보면, 오싹하게도 뇌의 보상중추에 불이 들어왔다. 도울 가능성도 작았다. 이 연구는 세 가지 사실을 증명한다. 첫째, 유럽의 심리학자들은 축구 팬 연구에 집착한다. 둘째, 같은 팀이라고 인지하는 누군가를 도우려는 경향에는 신경과학적 근거가 있다. 셋째, 우리는 적이라고 인지하는 사람이 고통을 당할 때 쾌감을 느낀다.

적의 고통을 볼 때 기쁨을 느낀다는 샤덴프로이데schadenfreude

는 인간의 양면적인 본성을 보여준다. 장기적으로 샤덴프로이데는 모두에게 해롭고 공허하기에, 우리에게 이런 면이 있다는 사실을 정확히 인식하는 것이 중요하다. 그러므로 더 많이 동감하고 그로 인해 혜택을 얻으려면, 어떻게 해서든 머릿속 내집단 명단에 더 많은 사람을 올려야 한다.

독재자가 되고 싶지 않다면

심리학자들은 재미있는 게임처럼 보이는 실험을 통해 인간의 행동을 연구하곤 한다. 우리는 동감에 관한 두 가지 심리학 게임을 발견했다.

❶ 독재자 게임

이 게임은 프린스턴대학교의 심리학 교수이자 『생각에 관한 생각』을 쓴 저자 대니얼 카너먼이 만들었다. 게임에는 두 명의 참가자가 필요하다. 한 사람은 '독재자', 다른 사람은 '수령인' 역할을 맡는다. 독재자는 수령인에게 돈을 얼마나 나눠줄지 결정한다. 사람들이 어떤 상황에서 이타성을 발휘하게 되는지 검증하는 게 이 게임의 목적이다. 이 게임을 이용한 스위스·독일 연구[7]에 따르면, 실험을 시작하기 전 참가자에게 공정함의 가치를 일깨우고 동감을 유도할 경우, 참가자는 대조군과 비교해 수령인과 훨씬 공평하게 돈을 나눴다. 기억하자. 우리는 동감할 때 공정함을 유지할 수 있고, 독재자가 되지 않을 수 있다.

❷ 죄수의 딜레마

경찰이 나오는 수사 드라마를 본 적이 있다면, 이 게임이 어떻게 돌아가는지 쉽게 이해할 것이다. 두 '범인'은 따로 분리된 취조실에 있다. 형사가 방에 들어가서 말한다.

"친구를 밀고하면 형량을 깎아주지."

"할 말 없어!"

죄수의 대답에 경찰이 말한다.

"좋아. 저쪽 방에 가서 똑같이 제안하겠어. 네 친구는 당장이라도 모든 걸 말할 태세거든. 먼저 부는 놈이 우리랑 거래하는 거야."

죄수의 딜레마 게임은 바로 이 상황에서 시작한다. 어쩌면 경찰이 엄포를 놓는 것인지 모른다. 가장 좋은 시나리오는 두 범인이 모두 침묵하는 것이다. 그러면 두 사람 다 풀려날 수 있을지 모른다. 하지만 경찰이 엄포를 놓는 게 아니라면? 이때 나는 친구가 침묵을 지키며 우리에게 가장 좋은 일을 할 거라고 믿을 수 있을까? 뒤통수를 치고 경찰과 거래하는 건 아닐까? 내가 먼저 선수를 쳐야 할까? 실험 참가자들은 이러한 딜레마에 처한다.

이런 상황에서 프레임은 우리의 결정에 상당한 영향을 미친다. 그리고 그 프레임은 게임의 이름만으로도 달라질 수 있다. 이스라엘 연구[8]에서는 두 번의 실험을 진행했는데, 한 번은 스탠퍼드대학교 학부생을 대상으로 했고 다른 한 번은 이스라엘 비행기 조종사와 교관을 대상으로 했다. 연구진이 실험을 설명하며 '공동체 게임'을 하게 될 거라고 프레임을 씌우자, 참가자의 3분의 2가 친구가 침묵을 지킬 거라고 믿었다. 연구진이 '월 스트리트 게임'을 할 거라고 프레임을 씌운 그룹에서는 참가자의 3분의 2가 빠르게 서로를 배신했다. 같은 게임, 다른 프레임, 다른 결과였다.

인간의 행동이 얼마나 프레임에 따라 쉽게 달라지는지 놀랍지 않은가? 이 실험 결과는 또한 우리가 의도적으로 동감과 공정함과 신뢰를 유도할 수 있다는 증거이기도 하다.

편협한 공감 주의

비이성적으로 동감하는 일을 경고하는 학자들도 있다. 토론토대학교의 심리학 교수 폴 블룸은 『공감의 배신』[9]이라는 책에서 지나친 동감이 터무니없는 결정으로 이어질 수 있다고 지적했다. 예컨대 정치적인 이유로 암살당한 희생자에게 동감할 때, 부패한 정치인은 그 동감을 악용하여 '외집단'을 향한 격렬한 분노를 끌어낼 수도 있다. 블룸은 이러한 선동에 휩쓸리지 않도록 근거와 타당한 판단이 바탕이 되는 '이성적인 공감'을 권한다.

자기와 비슷한 사람에게만 국한해서 동감하는 일, 즉 '편협한 동감'은 이타심의 증폭에 도움이 되지 않는다. 펜실베이니아대학교와 하버드대학교가 진행한 연구[10]에서는 서로 적대적인 집단 사이에서 '동감 실패'가 발생하는 현상을 살펴보았다. 연구자들은 아랍인에 대한 미국인, 난민에 대한 헝가리인, 독일인에 대한 그리스인이라는 세 가지 맥락에서 집단 관계를 살펴본 결과, 외집단에 동감할 경우에는 집단 간 피해를 억제하면서 서로 도움을 주는 일이 활성화되었다. 내집단에게만 동감할 경우에는 집단 사이의 피해가 증가하고 상호 도움이 중단됐다.

휴스턴대학교 연구[11]에서는 미국 내의 정치 극단화 현상의 맥락을 살펴보았는데, 자기편을 향한 염려와 극단화 현상은 깊은 관련이 있었다. 사람들이 '내 것'에 더 연연할수록, 정치적 쟁점이 있는 주제에 대한 당파적 편향은 더욱 심해졌다. 이는 다시 말해 의견이 같은 사람을 더 깊이 사랑하고 염려할수록, 의견이 다른 사람에게 더 적대적이 될 수도 있다는 뜻이다. 극단적인 사랑은 때때로 극단적인 혐오를 동반한다.

우리는 지금까지 자기에게 비추던 빛의 방향을 돌려 다른 사람에게 비춰주라고 이야기했다. 이제 그 빛을 저 멀리까지 비춰주는 등대로 만들어보자. 평소라면 다가가지 않았을 법한 사람과 말을 나누고, 일터에서든 모임에서든 다른 문화에 관해 배우면서 넓고 깊게 동감할 기회를 찾자. 외집단에서 친구를 한 명이라도 사귄다면, 그 집단 전체에 더 잘 동감할 수 있게 된다. 내집단은 무한히 확장할 수 있다. 그러다 보면, 마침내 '주는 사람'에 훌쩍 가까워지고, 더 행복한 삶을 영위할 수 있을 것이다.

혼자서 세상을 바꿀 수는 없지만,
물에 돌을 던져 많은 물결을 만들 수는 있습니다.

테레사 수녀

15

무력함에 지지 않기

내집단의 범위를 확장하고, 더 많은 존재에게 공감하기 위해 노력하다 보면, 문득 '세상에 고통은 넘치고 도움이 필요한 곳도 너무 많은데, 이렇게 한들 무슨 의미가 있을까. 나 혼자서는 변화를 만들어낼 수 없다'는 무력감을 느끼게 될 수도 있다. 압도적 숫자 앞에서 수리적 편향numeracy bias을 느끼는 것이다. 문제를 해결하기 위해 애썼으나 해결되지 않아 무능감을 느끼는 일이 반복되면 번아웃이 찾아올 수 있다. 노력을 기울여도 긍정적인 효과가 발생하는 모습을 (계속해서) 보지 못한다면, 아무것도 안 한 것과 마찬가지라고 느낄지 모른다. 과학자들은 긍정적인 반응을 얻지 못해 낙담하는 현상을 '기버의 번아웃giver burnout'이라고 부른다. 어떤 이는 '공감 피로'라고 부르는데, 이는 너무 많이 배려하고 베풀어서 피로감을 느끼는 게 아니라, 능력껏 도왔으나 어떤 변화도 보이지 않을 때 발생한다.

혹시 지금 우울한 시기를 보내고 있거나 번아웃에 시달리고 있다면, 이타적으로 행동하기 어렵다고 생각할 수 있다. 하지만 오히려 그런 당신이야말로 수월하게 '주는 사람'이 될 수 있다. 노스이스턴대학교 연구[1]에 따르면, 살면서 역경을 겪은 사람은 타인에게 더 잘 동감하고, 수리적 편향에 더 잘 저항하며, 당장 가시적인 변화가 보이지 않을지라도 베푸는 행동을 할 가능성이 더 크다. 힘든 일을 겪어본 사람은 도움이 필요한 시기의 작은 친절이 얼마나 큰 힘이 되는지 더 마음 깊이 이해하기 때문일 것이다.

즉각적인 쾌락을 추구하는 시대에, 이타적인 행동이 주는 혜택은 마치 먼 약속처럼 느껴질 수 있다. 하지만 이타적 행동은 단기적이거나 근시안적인 임무가 아니다. 평생을 살아가는 방식에 가깝다. 이를 실천한다면, 그 보상은 수년 동안 이어지는 긴 지평선 너머로 차곡차곡 쌓일 것이고 당신에게 더 길고 행복한 삶을 선사할 것이다.

내가 어떤 차이를 만들어내는지 알기

나의 노력이 다른 사람에게 어떤 이득이 되는지 분명히 볼 수 있다면, 우리는 더 열정적으로 주는 사람이 될 가능성이 크다. 브리티시컬럼비아대학교 심리학 교수인 엘리자베스 던의 실험[2]에 따르면, 사람들은 세계적인 자선단체인 유니세프에 기부할 때보다 규모가 훨씬 작지만 기부금이 정확히 어떻게 쓰이는지 구체적으로 보여주는 자선단체에 기부할 때 만족감이 더 높았다. 던은 테드 강연[3]에서 이렇게 말했다. "자선단체에 기부하는 일은 우리를 행복하게 하지만, 진정한 기쁨을 느끼기 위해서는 그 혜택을 얻는 사람을 생생하게 상상할 수 있어야 합니다. 연구에 따르면 사람들은 자기가 돕는 사람과 실제로 유대감을 느끼고 내가 그의 삶을 어떻게 바꾸는지 상상할 수 있을 때, 줌으로써 얻는 혜택이 훌쩍 높아졌습니다."

세상 모든 일은 구체적인 전략이 있을 때 달성하기 쉬워진다. 이타적인 행동을 지속하는 일 또한 그러하다. 휴스턴대학교의 연구[4]를 보자. 실험 참가자는 '타인을 행복하게 하기' 혹은 '환경을 생각하기'처럼 추상적인 목표를 수행하거나, '친구를 웃게 하기', '동료에게 먼저 점심 제안하기', '재활용 철저히 하기' 등 구체적인 목표를 수행했다. 임무를 완수한 뒤 더 행복하다고 보고한 쪽은 구체적 목표를 수행한 쪽이었다. 목표를 구체화한 참가자는 현실적인 기대를 설정하고 달성함으로써 행복을 느꼈다. 반대로 누군가를 '행복'하게 만들라는 목표는 지나치게 거창하고 모호했기에 참가자들은 구체적 실행에 어려움을 느꼈고, 제대로 달성하지 못한 것 같다는 느낌에 실망했다. 즉, 주는 사람이 되어 혜택을 얻고 싶다면 누구에게, 언제, 어떻게 도움을 줄 것인지 자세하고 현실적인 그림을 그려야 한다.

되감고 다시 재생하기

이타적 행동의 특장점은 그 행동의 영향력이 행하는 순간에 그치지 않는다는 점이다. 공감의 순간을 회상하기만 해도 그때마다 다시 기쁨이 되살아난다. 캘리포니아대학교의 연구[5]에 따르면 친절한 행동을 실천하거나, 친절한 행동을 실천하고 곱씹어보거나, 과거에 했던 친절한 행동을 회상하기만 해도 모두 비슷한 만족감을 얻었다. 그러니 내 기운을 북돋고 싶다면, 이타적으로 행동한 뒤 그 기억을 머릿속 파일함에 고해상도 사진으로 찍어 보관해보자. 그 장면을 돌려보면서 다시금 체험할 때마다, 이득은 계속 늘어날 것이다.

하지만 앞서 동기에 관해 이야기할 때 강조했듯, 친절한 행동 뒤에 숨은 동기에 따라서 그 행동을 떠올렸을 때 느끼는 행복도 달라진다. 자발적이며 마음에서 우러나온 이타심으로 행동했다면 행복감은 더 강력하게 증가한다. 좋은 인상을 주려는 이기적인 동기로 행동했다면 그 경험을 다시 떠올려도 별로 좋지 않을 것이다. 실제로 사이먼프레이저대학교가 참가자 680명을 대상으로 세 가지 실험[6]을 진행하여 발견한 바에 따르면, 이기적인 목적을 위해 타인을 위하는 척했던 사람은 기억을 떠올렸을 때 오히려 부끄럽고 창피한 감정을 느꼈다.

애덤 그랜트와 미시간대학교의 제인 더튼은 대학 기금 모금 상담센터에서 실험[7]을 진행했다. 그들은 상담원 32명을 그룹으로 나눠 4개월 동안 매일 일기를 써달라고 부탁했다. 한 그룹은 살면서 누군가에게 도움을 받아 감사했던 때('수혜자' 조건)를, 다른 그룹은 자신이 누군가에게 도움을 주었던 경험('후원자' 조건)을, 마지막 그룹은 대조군으로 아무 일기도 쓰지 않았다. 4개월 뒤, 일기를 쓴 두 그룹은 시간당 통화 횟수와 전체통화량이 증가했다. 하지만 '후원자' 집단이 '수혜자' 집단보다 증가 폭이 훨씬 컸다. 타인에게 친절하게 행동하고 감사를 받았던 때를 곱씹는 행동은 그들의 기분을 무척 나아지게 했고, 덕분에 의욕도 생겨났던 것이다.

도움을 받는 쪽도 힘을 얻는 것은 분명하다. 감사하는 마음이 차오르면 웰빙에도 좋다. 하지만 주는 일만큼 개인의 정서를 긍정적으로 오랫동안 유지하지는 못한다. 그랜트와 더튼은 다음과 같은 결론을 내렸다. "주는 행동은 개인에게 '나는 타인을 도울 능력이 있고, 배려하는 사람'이라는 정체성을 부여하고 단단하게 만든다. 이는 다시 그의 친사회적 행동을 부추기는 선순환을 만든다."

앎이 우리를 구원하리라

대다수 사람은 사회 규범을 지키며 표준에 맞춰 행동할 때 편안함을 느낀다. 그렇다면 내가 속한 '공동체'가 이타주의 규범을 따르고 있다는 것을 깨닫는다면, 우리는 더욱 자연스럽고 수월하게 이타적 행동을 하도록 자신을 촉구하게 될 것이다.

하버드대학교의 에리카 와이즈는 또래 집단과의 관계에 특히 예민한 10대 청소년의 공감 능력을 길러주는 아주 유익한 연구를 진행했다. 와이즈와 자밀 자키는 샌프란시스코에 사는 중학교 1학년 1000명에게 공감이 지닌 중요성과 유용성에 관해 글을 쓰게 한 뒤 서로 바꿔 읽게 했다.[8] 청소년들은 서로를 얼마나 자기중심적이라고 가정했든, 글을 교환해 읽으며 자기 또래가 자기만큼 이타적 행동을 긍정적으로 생각한다는 사실을 확인했다. 연구진은 학생들에게 스탠퍼드대학교 학부생들이 보낸 '이타주의의 중요성'에 관해 쓴 쪽지를 읽게 했고, 마지막으로 자기가 얼마나 이타적이고 멋진지를 다른 학교 아이들에게 들려주는 모습을 상상해보라고 요청했다. 이 연구의 결론에 따르면, 대부분의 10대 학생은 배려를 실천하고자 노력했다. 그리고 서로 그렇다는 사실을 확인함으로써 다른 사람에게 더 동감하고, 이타적으로 행동할 동기를 얻었다. 즉, 이타적 행동을 자연스러운 규범으로 여길 때, 거기에 따르고자 노력했다.

행동 규범을 인식하는 게 공감 능력에 부스터를 달 수 있는 하나의 방법인만큼, 생물학적인 지식을 알게 되어도 비슷한 효과를 얻을 수 있다. 우리가 앞서 알게 된 사실, 즉 행동으로 공감 능력을 향상할 수 있고 뇌의 회로마저 바꿀 수 있다는 사실 말이다. 와이즈는 또 다른 연구[9]에서 대학 신입생 292명을 대상으로 실험을 진행했는데, 우리에게 신경 가소성이 있어서 행동으로 동감 능력을 향상할 수 있다는 것을 배운 학생들은 8주 뒤 사회적 상황 실험에서 대조군보다 높은 동감 정확성을 보였다. 게다가 공감을 연습한 학생들은 실험 전보다 친구가 늘어났다고 보고했다. 자신을 공감하는 사람이라고 여기고 공감을 실천하면, 사회적 관계가 개선되고 풍성해진다. 그러니 나는 공감하는 사람이라고 정의내려보자. 사람들은 이타적 가치를 언제나 높이 평가한다는 사실을, 그들이 생각보다 이타적이라는 사실을 상기하자. 그리고 의식적으로 동감해보자. 그러다보면 이타적인 사람들에게 둘러싸인 풍요로운 삶에 가까이 다가가게 될 것이다.

보면 하게 된다

어렸을 때 뉴스에서 무시무시한 사건을 보곤 했는데,
그러면 어머니는 시선을 돌려 도움을 주는 사람을 찾아보라고
말씀하시곤 했다. 우리는 언제나 돕는 사람을 찾을 수 있다.

프레드 로저스 (방송인, 작가)

원숭이는 보는 대로 따라 한다는 말을 들어본 적이 있을 것이다. 사람도 원숭이처럼 흉내를 낼 수 있지만, 거기서 더 나아갈 수 있다. 하버드대학교와 스탠퍼드대학교에서 '친사회적 순응성'에 관해 진행한 연구[10]에 따르면, 참가자는 타인이 기부하는 모습에 상당한 영향을 받았다. 다른 사람이 많이 기부하는 걸 보면 많이 기부했고, 인색한 기부를 관찰하면 적은 금액을 냈다.

하지만 정말로 흥미로운 발견은 따로 있었다. 연구진은 참가자들에게 힘든 시기를 보내는 다른 이에게 쪽지를 쓰도록 했는데, 관대한 기부를 관찰한 참가자는 더 동감하며 응원하는 쪽지를 썼다. 친사회적 순응성은 행동을 따라 하는 것(금전 기부)에 그치지 않았으며, 타인을 향한 염려로 확대됐다. 관점의 변화까지 일어난 것이다. 이타적 행동을 더 자주 목격할수록, 우리는 자기중심적 프레임에서 빠져나와 공감하는 사고방식을 더 쉽게 받아들인다.

이타적 행동의 동기와 영감을 얻고자 한다면, 내 행동이 어떤 영향을 미칠 수 있는지 눈을 크게 뜨고 지켜보자. 즉각적인 보람이나 만족감이 오지 않는다고 해서 쉽게 포기하지 말자. 이타적 행동의 보상은 다른 쾌락적 행동과 달리 천천히, 깊게 다가온다. 마지막으로 명확하고 실현 가능한 목표를 세우고 실천해보자. 계획을 그대로 실행하기만 해도, 기대가 충족되어 세로토닌이 분비될 것이다.

인간이 된다는 것,
그것은 바로 책임을 지는 일이다.
그것은 자신과 관계없는 것처럼 보이는 비참함 앞에서
부끄러움을 느끼는 일이다.

앙투안 드 생텍쥐페리

작가

16

고양감 느끼기

'고양감elevation'은 일종의 정서 상태로, 선행이나 영웅적인 행동을 목격할 때 정신이 북돋워지는 느낌을 말한다. 진심으로 타인을 염려하고 위하는 모습을 포착하면, 가슴에 뭉클하면서도 기분 좋은 감각이 번지며 나도 그런 일을 하고 싶다는 동기가 생겨난다. 이때가 고양감을 느끼는 순간이다.

반대로 누군가가 다른 사람에게 끔찍하게 구는 모습을 보면 차갑고 역한 느낌이 가슴으로 전해진다. 이런 '사회적 혐오'는 우리가 타락했다는 느낌이 들게 한다.

뉴욕대학교 스턴경영대학원 교수이자 사회심리학자인 조너선 하이트는 개인의 도덕적 기반을 연구한다. 그는 타인이 저지르는 선행 혹은 악행을 보는 일이 어떤 영향을 미치는지 연구했다. 내가 발휘하는 이타성이 나에게 미치는 영향에 관한 연구는 많지만,

남이 이타성을 발휘하는 모습을 볼 때 내가 받는 영향에 관한 연구는 많지 않다. 하이트를 비롯하여 동료 과학자들은 그 공백을 메우고자 부단히 노력했다.

하이트에 따르면[1] 우리는 함께 시간을 보내는 사람의 이타적 혹은 이기적 행동에 지대한 영향을 받는다. 그가 주장하길 사람들은 '고양과 타락'이라는 하나의 축에 분포한다. 내가 이타적인 사람 곁에 있다면, 축을 쭉 올라가 고양감을 느낄 행동을 할 동기를 얻을 것이다. 반대로 이기적인 사람 곁에 있다면, 서서히 축의 아래로 끌려내려갈 것이다. 인지하지도 못하는 사이에 서서히 추락하다가 어느날 일어나 '내가 이렇게 나쁜 사람이 됐다니!' 하며 깨달을지도 모른다. 이 시대의 현자인 매즈의 어머니는 이렇게 말씀하실 것이다. "개랑 같이 누워 있으면 개벼룩이 옮는 건 당연하단다."

누군가의 이타적 행동은 주변 사람들과 공명한다. 그의 사회 관계망에는 공감과 배려가 퍼져나갈 것이다. 서로 돕는 작은 물결은 모여서 해일이 된다. 고양감은 냉소주의를 치료하는 힘이며, 사람들이 건강하고 행복하도록, 그리하여 성공하도록 돕는다. 이는 순진한 낙관론도 우리의 의견도 아니다. 고양감의 강력한 잠재력은 과학이 뒷받침하는 진정한 힘이다.

이타심 자가 접종 부스터 샷

도덕적 고양감을 느끼는 강력한 순간
머릿속에 있는 새로고침 버튼이 눌린다.

냉소를 지우고 그 자리를

희망과 사랑과 영감으로 채우게 된다.

조너선 하이트

고양감은 이렇게 작동한다. 누군가가 이타적인 행동을 하는 모습을 보면, 나도 따라 하고 싶은 동기를 얻고, 내가 행동하는 모습을 본 누군가가 다시 배턴을 이어받는다. 선행 이어달리기는 이런 식으로 이어진다. 하이트는 이를 '집단 효과'라고 부른다. 한 사람이 친절을 베풀며 나눠준 행복이 집단 전체로 퍼지는 것이다.

하이트와 노스캐롤라이나대학교의 사라 알고에 따르면, 사람들은 개인적인 만족감(행복감)보다 고양감이 차오를 때, 더 나은 사람이 되고자 하는 욕구를 강하게 느꼈다. 케임브리지대학교 실험[2]에서도 타인의 선행을 보며 고양감을 느낀 참가자들은 그렇지 않은 대조군보다 누군가가 '지루한 작업'을 하는 걸 두 배 오래 도와주었고, 무보수 조사 연구에 참여할 가능성도 더 컸다. 고양감은 그 어떤 감정과도 다른 강력하고 행복한 정서이며, 그 독특한 친사회적 성질은 실제로 이타성을 높인다. UCLA 연구[3]에서는 고양감이 선사하는 독특한 영감에 관한 실험을 했다. 연구자들은 먼저 참가자에게 다음 영상 중 하나를 보여줬다.

❶ 〈숨은 영웅Unsung Hero〉이라는 3분짜리 태국 텔레비전 광고. 유튜브 조회 수가 1억 900만 회를 넘는다. 한 젊은이가 거리에 나앉은 모녀에게 돈을 주고, 떠돌이 개에게 먹이를 주고, 길거리 상인이 무거운 수레를 인도 위로 올리도록

도와주는 장면이 나온다. 아무도 알아주지 않지만 계속 그렇게 한다. 그 행동이 주는 쪽과 받는 쪽 모두에게 미치는 뭉클하고 감동적인 결과를 보여준다.

❷ 한 청년이 벽을 타고, 뒤로 공중제비를 넘으며(파쿠르라고 부르는 도시 스포츠) 예술적인 기교를 보여주는 3분짜리 동영상. 조회 수 또한 위 영상과 비슷하게 높다.

❸ 지루해하는 승객이 가득 찬 통근 열차를 30초 동안 보여주는 영상(대조군).

다음으로 참가자들에게 연구에 참여한 대가로 5달러를 주면서 그 돈을 어린이병원에 기부할 수 있다고 말했다. 의무는 아니고 원하는 사람만 나눠준 봉투에 돈을 담으면 됐다. 예상대로 〈숨은 영웅〉 영상을 본 참가자들은 다른 참가자보다 훨씬 관대했다. 심지어 몇몇 봉투에는 5달러보다 많은 현금이 들어 있었다. 고양감을 느낀 참가자가 자기 지갑을 열어 돈을 더 낸 것이다.

이 연구에 대해 《애틀란틱》에 칼럼을 쓴 애니 로우리는 이렇게 말했다. "이 실험이 시사하는 바는 우리가 단순히 가족뿐만 아니라, 공동체 전체에까지 선행의 선순환을 만들어낼 수 있다는 사실이다. 사람들은 누군가가 이득을 기대할 수 없을 때도 친절하게 행동하는 모습을 보며, 자신도 그렇게 할 의욕을 얻는다."

연구자들은 고양감이 얼마나 확실하게 친사회적 행동에 영감을 제공하는지를 보고 무척 놀랐다. 연구진은 이 결과를 확인하기 위해, 8000명 이상을 대상으로 비슷한 실험을 14번 더 진행했다. 결과는 항상 같았다.

자기를 이타적인 사람이라고 자신있게 말할 수 있는 사람은 많지 않을 것이다. 그러기에는 내겐 이기적인 면이 많다거나 부족하다고 생각할 수 있다. 하지만 케임브리지대학교 연구진[4]에 따르면, 이타심에 관한 '자기 확신'은 무척 효과가 좋다. 연구진은 실험 참가자에게 자신이나 타인이 선행을 베풀었던 일을 떠올려보게 하고, "나는 배려하는 사람이다"라는 말을 하게 하며 자기의 이타심을 확신하게 했다. 이 과정을 거친 참가자는 대조군에 비해 친절한 행동을 실천할 가능성이 더 컸다. 그러니 두려워말고 자기 확신을 갖자. 타인의 흠보다는 배려하고 돕는 행동에 시선을 고정하자. 그러면 주는 사람에 더 가까워질 수 있다.

일리노이대학교에서는 참가자가 2만 5354명에 이르는 연구 88건을 메타분석[5]하여 '친사회적 모델링 효과'가 존재한다는 증거를 찾아냈다. 연구 결론에 따르면, 사람들은 누군가 친사회적 행동을 하는 걸 보면 마치 런웨이를 걷는 모델을 보듯, 그 발자취를 따라가고 싶은 마음을 느낀다.

행복한 사람이 1.5킬로미터 근방에 있으면 나도 행복해진다

사회관계망 및 감정 전염emotion contagion 분야의 선두주자는 단연 니컬러스 크리스타키스와 제임스 파울러일 것이다. 두 과학자는 『행복은 전염된다』를 공동 집필하기도 했다. 크리스타키스는 예일대학교 인간본성연구소 소속 의사이자 사회학자이고 파울러는 캘리포니아대학교의 정치학 교수다. 부모가 비만이면 자식도 비만이 될 가능성이 크다거나, 친한 친구가 담배를 끊으면 나도 금연을 하게 되는 경향에 관한 뉴스를 본 적이 있는가? 크리스타키스와 파울러에 따르면, 비만과 담배만큼이나 감정 또한 쉽게 확산된다. 그렇다면 누군가의 행복이 타인에게 옮겨갈 수도 있을까? 2008년에 발표된 한 종단연구[6]에서는 이를 조사해보았다. 연구진은 1983년부터 2003년까지 진행한 프레이밍햄 심장 연구Framingham Heart Study의 참가자 4739명의 데이터를 바탕으로 거대한 사회관계망 속 행복한 사람의 무리와 행복하지 않은 사람의 무리를 발견했다. 이 무리는 소위 '끼리끼리 뭉친다'는 말처럼 성격과 생각이 비슷한 사람끼리 서로를 끌어당겨 형성된 것이 아니었다. 이는 물리적 근접성에 따른 결과였다. 행복한 친구가 가까이에(1.5킬로미터 안에) 있으면 자기도 행복할 가능성이 25퍼센트 증가했다. 배우자, 근처에 사는 형제, 이웃 사람이 행복할 때도 내가 행복할 가능성이 비슷하게 증가하는 것으로 나타났다. 만약 행복한 친구나 형제나 이웃이 이사해서 물리적 거리가 멀어진다면, 행복할 가능성이 감소했다.

감정은 관계를 세 번 건너뛸 때까지 퍼져나간다. 이는 즉 친구의 친구의 친구가 정말로 행복하거나 불행하다면 나도 더 행복하거나 불행해진다는 뜻이다. 크리스타키스와 파울러가 발견한 바에 따르면, 관계망에 행복한 사람을 가능한 한 많이 포함시키면, 나 또한 머지 않은 미래에 행복해지리라 예상할 수 있다. 행복은 집합적이다. 모두가 행복해야 모두가 행복할 수 있다.

타인중심적인 사람이 곁에 있을수록 나 또한 그런 사람이 될 가능성이 커진다. 즉 우리가 해야 할 일은 선행을 전파하는 선순환을 만드는 일이다. 크리스타키스와 파울러는 협동과 동기에 관한 흥미로운 연구[7]를 진행했다. 실험 참가자들은 낯선 사람들과 '공익 게임Public Goods Game'을 했다. 진행 방식은 이렇다. 참가자들은 냄비에 돈을 넣을지 말지 선택하고, 그렇게 모은 돈은 나중에 똑같이 나누어 갖는다. 자기 분담금을 아예 내지 않아도 냄비에 모인 돈에서 자기 몫은 받을 수 있다. 개인의 공정성과 이타심이 드러나는 게임이다. 연구진은 참가자들에게 퍼즐 풀기 같은 과제를 주고 함께 완성하게 하며 '협동'을 경험하게 했다. 그다음에 공익 게임을 했는데, 협동을 경험한 참가자는 대조군보다 냄비에 돈을 더 많이 낼 가능성이 컸다. 참가자들은 게임을 여러 차례 했지만, 같은 사람과는 한 번 이상 협력하지 않았으므로 호혜성이나 '평판 관리', 일명 자신을 좋아 보이게 만들려는 행동이 나타날 가능성은 없었다. 협동은 개인 안에서 친사회적 불꽃을 일으켜 집단과 나중 회차 실험 참가자들에게 영향을 미쳤다. 따라서 게임을 할수록 모두가 더 너그러워지면서, 이전에 협력하거나 만나지조차 않았던 사람들에게 친절을 전파했다(그렇다고 완전한 쿰바야kumbaya 흑인 영가로 사람들이 자기 내면의 선함과 조화를 이루리라 믿는다는 의미로 사용하는 용어—옮긴이는 아니었다. 참가자 사이에서는 비협조적인 행동도 협조적인 행동만큼이나 전염성이 있었다).

이 연구는 우리와 인류 전체에 커다란 희망을 준다. **집단 안에 이타적인 개인이 한두 명만 있어도, 공동체 대다수에게 이타심을 전염시킬 수 있다.** 크리스타키스는 이 연구에 관한 인터뷰에서 말했다.

"사회관계망과 선량함 사이에는 근본적이고 깊은 연관성이 있습니다. 사회관계망이 지속되기 위해서는 선함을 비롯하여 이념, 사랑, 친절 같은 바람직한 성질이 흘러들어야 하며, 또한 이런 성질이 퍼지기 위해서는 관계망이 필요하죠."[8]

친사회적 행동이 전파된다는 강력한 증거는 직장 내에서도 찾을 수 있다. 케임브리지대학교의 연구[9]에서 발견한 바에 따르면, 직장 내 '주는 사람'과 가까운 관계를 유지하면 안녕감이 증가하고 그 자신도 배려하는 행동을 더 많이 하게 된다. 반면 '받는 사람'과 가까우면 안녕감이 떨어지는 경향을 보였다. 미소를 지으며 배려하는 사람이 있으면 분위기가 즐거워지고, 유독한 자기중심적 아우라를 내뿜는 얼간이가 있으면 맑던 기분도 더러워진다는 사실은 사회학자가 아니어도 알 수 있다. 과학이 밝혀내길, 나부터 공감과 이타적 행동을 실천하면, 이기주의자조차 친절을 목격하고 영감을 받아 얼간이 같은 행동을 멈출지 모른다. 아니면 적어도 이타적인 사람들에 둘러싸여 겁을 먹고 도망갈 것이다. 어느 쪽이든 분위기는 나아지며 문제는 해결된다.

무례함은 바이러스처럼 쉽게 옮는다

행복, 협동, 이타심 등 긍정적인 감정과 행동이 집단 내 전염성이 있듯 불행, 분열, 이기심, 심지어 번아웃[10] 등 부정적인 감정과 행동도 마찬가지다. 공동체에 무엇이 있든, 우리는 거기에 쉽게 영향을 받는다.

노스캐롤라이나대학교 윌밍턴 캠퍼스에서 교직원 81명을 대상으로 진행한 연구[11]에 따르면, 아침에 직장에서 무례한 사건을 하나만 목격해도 사람들은 남은 하루 동안 모든 일과 사람을 형편 없게 느끼는 것으로 나타났다. 아침에 목격한 무례함은 참가자의 관점을 바꿨을 뿐 아니라(연구자들은 이를 '무례함 색안경rude-colored glasses'을 낀다고 비유했다), 낮은 업무 성과를 예견하며, 회피나 결정 취소로 이어졌다. 기본적으로 사람들은 자기만의 공간으로 후퇴 하여 문을 굳게 닫아 걸고 싶어 했다. 즉 아침 회의에서 누군가가 다른 누군가의 의견을 깔아뭉개거나 거만하게 콧방귀를 뀌는 걸 목격하면, 불쾌한 기분과 함께 어디를 보든 모두가 얼간이로 보일 지 모른다.

아니, 어쩌면 내가 얼간이가 될지도 모른다. 같은 연구 팀이 발견한 바에 따르면, '무례함'은 감기 바이러스만큼이나 쉽게 옮 는다. 행동 전염에 관한 일련의 연구[12]에서는 무례한 일이 한 번만 발생해도 거친 감정을 촉발한다는 걸 확인했다. 이는 우리의 뇌 구조 때문이다. 무례함은 적대감을 담당하는 뇌 신경망을 활성화 하며, 이 신경 활동은 행동에 영향을 준다. 뇌는 이때 무례함에 반 응하여 싸움을 벌이길 원한다. 내가 무례함에 똑같은 식으로 반격 하는 걸 선호하지 않는 사람이라 해도, 뇌는 이렇게 반응할 것이 다. '감히? 덤벼 봐!' 혹은 그러한 반응을 억누르고자 노력하다가, 나도 모르게 보균자가 되어 제삼자에게 무례한 행동을 하게 될지 도 모른다.

• 연쇄 기증 릴레이 •

사람이 할 수 있는 이타적인 일을 목록으로 작성한다면, 타인에게 신장을 기부하는 일도 포함될 것이다. 《뉴잉글랜드 의학 학술지》는 이 상황에 관한 사례 연구[13]를 발표했는데, 우리가 들어본 중 가장 급진적인 이타주의 전염 사례였다.

대부분 신장 이식이 필요한 환자는 가족과 혈연 관계에서 기증자를 찾는다. 하지만 온 가족이 기증할 의향이 있어도 혈액과 조직이 맞지 않아 부적합 판정이 날 수도 있다. 이런 부적합 쌍은 다른 부적합 쌍을 찾아 신장을 교환할 수 있다. 예컨대 1번 쌍에 있는 수혜자가 2번 쌍에 있는 기증자와 적합하다면, 2번 쌍에 있는 누군가는 자신과 적합한 3번 혹은 14번 쌍에 있는 기증자를 찾아야 모두가 필요한 신장을 얻을 수 있다. 이를 '연쇄 기증'이라고 부른다. 상상할 수 있다시피 연쇄 기증 절차는 상당히 까다로운데, 수혜자와 기증자가 전 세계에 흩어져 있고, 수술은 신속하게 이뤄져야 하기 때문이다. 이론상 연쇄 기증은 낯선 타인에게 신장을 기부해줄 '이타적인 기증자'가 적어도 한 명은 있어야 가능하다. 그래야 이 복잡하고 비동시적이고 지난한 사슬에서 누군가가 신장을 받지 못해 남겨지는 상황을 막을 수 있다.

오하이오주 털리도 대학병원 의사 마이클 A. 리스와 동료들은 신장 기증 등록소 두 곳과 컴퓨터 모형을 이용해 장기 교환 수술 5건을 동시에 진행하도록 준비했고, 여기에 추가적으로 8개월에 걸쳐 5개 주에 있는 병원 6곳에서 이식 수술 5건을 편성해

10건의 수술을 진행하는 긴 연쇄 기증 사슬을 만들었다. 이중 어떤 기증자는 자기 어머니에게 맞는 신장을 다섯 달은 더 기다려야 하는 상황에서 낯선 사람에게 신장을 기증했다. 그는 자신의 선행(기증)이 결국 자기가 사랑하는 사람에게 돌아올 거라고 믿으며 그렇게 했다.

이 대규모 기증 사슬에 관한 뉴스가 보도되자, 많은 사람이 신장 기증 등록소에 서명했다. 2006년 미시간주에 사는 28세 남성이 등록한 것을 시작으로, 연쇄적으로 더 많은 사람이 이타적 기증자가 되겠다고 나선 것이다. 선행이 선사하는 고양감은 내가 속한 인간관계 훨씬 너머로까지 이타적 행동의 범위를 넓힐 수 있다. 몇몇 사람의 이타적 행동이 도미노의 첫 번째 조각을 쓰러뜨리자, 훨씬 많은 사람이 장기기증 체계를 알게 되고 참여하면서 시스템을 더 낫게 변화시켰고, 잠재적으로 이는 수천 명을 돕는 결과를 불러왔을 것이다. 이타적 행동은 내 생각보다 훨씬 멀리 뻗어나갈 수 있다.

"기억해요, 레드. 희망은 좋은 거예요.
모든 것 중에서 최고라고 할 수 있죠.
그리고 좋은 것은 절대 사라지지 않아요."

영화 〈쇼생크 탈출〉 중에서

17

내 힘을 확신하기

"희망이란 절망이 우리를 지배할 수 없다는 확신이다."[1] 이는 우리가 가장 좋아하는 희망에 관한 정의다. 희망이 없으면 우리는 살 수 없다. 실제로 희망은 우리의 생존을 좌우한다. 회복될 거라 믿으면 정말로 회복될 가능성이 높아진다. 관상동맥심장병 환자를 20년에 걸쳐 연구했던 듀크대학교[2]에 따르면, 퇴원 후 10년이 되는 시점에서 회복에 대한 희망이 가장 낮았던 환자는 기대가 가장 높았던 환자와 비교해서 사망률이 두 배가량 높았다. 이는 나이, 성별, 질병 중증도, 동반 질병, 치료법, 인구 통계, 우울 증상, 사회적 지원, 기능 상태를 통제한 결과였다.

우리의 삶은 늘 희망차지만은 않다. 때로 절망이 나를 삼킬 것 같을 때도 있다. 의사로 일하면서 자신의 상태를 실제보다 비관적으로 바라보는 환자를 종종 만난다. 그럴 때마다 회복할 수 있다는 강한 믿음과 희망을 심어주기 위해 노력한다. 딱딱한 정보와 숫자만을 전달하는 게 아니라, 같은 인간으로서 공감과 지지의 말을 건넨다. 공감은 희망을 되살리는 힘이기 때문이다.

노스웨스턴대학교의 심리학자 필립 브릭먼은 20세기 후반에 가장 잘 알려진 연구 중 하나[3]를 이끌었다. 그가 연구한 것은 다름 아닌 지속적인 행복의 조건이었다. 그와 연구진은 다음 질문을 파고들었다. 복권에 당첨되거나 큰 사고를 당하는 것처럼 인생을 크게 바꿔놓는 경험은 개인의 행복에 어떤 영향을 미칠까? 그들은 세 그룹의 행복 수준을 비교해보았다. (1) 최근 큰 금액의 복권에 당첨된 사람, (2) 사고로 사지마비가 된 환자 혹은 하반신마비 환자, (3) 대조군. 연구진은 각 그룹에게 친구와 어울리고, 아침을 먹고, 텔레비전을 보고, 가족과 농담을 나누는 평범한 일상에서 얼마나 즐거움을 얻는지 물었다. 그 결과 복권 당첨자가 일상에서 얻는 평균 행복 점수는 5점 만점에 3.33점이었다. 사고 피해자는 3.48점이었다. 복권 당첨자는 자신이 사고 피해자보다 행복할 거라 예상했다. 하지만 언제 어떻게 평가하건, 사고 피해자가 복권 당첨자보다 높은 행복 점수를 얻었다.

이 실험에 참여한 표본 크기가 작았기에 논란이 있기는 했다. 고작 고액 복권 당첨자 22명과 사고 피해자 29명을 대상으로 했으니 말이다. 하지만 이 실험은 분명히 어떤 진실을 시사한다. 우선 내 노력이 아닌 운으로 얻은 거액의 돈이 반드시 행복을 가져오진 않는다는 것. 그리고 더 중요하게는 인간이 고통 앞에서 쉽게 무너지지 않는다는 것, 절망이 우리를 지배할 수 없다는 강한 확신이다.

외상 후 성장

'외상 후 스트레스 장애PTSD'라는 용어는 잘 알려져 있다. 그런데 이만큼 잘 알려지진 않았지만, '외상 후 성장'이라는 용어도 있다. 심리학자 리처드 테데스키와 로런스 칼훈은 이를 '부정적인 경험의 결과로 겪게 되는 긍정적인 변화'라고 정의한다.[4] 때로 사람들은 고통스러운 경험 이후 더 지혜로워지고 강해진다. 공감 능력 또한 향상된다. 삶에는 종종 나쁜 일이 일어나지만, 타인과 돌봄을 주고받을 때 고통을 완화할 수 있다는 사실을 깨닫는다.

아무리 운 좋은 사람이라도 살면서 역경에 부딪히지 않을 수는 없다. 폭력을 경험하거나 사랑하는 사람을 잃거나 병을 앓는다. 하지만 사람은 생각보다 강하다. 끔찍한 사건을 겪은 모든 사람이 외상 후 스트레스 장애가 생기는 것은 아니다. 오히려 그 경험을 자기 삶의 이야기로 흡수하고 견뎌냄으로써 더 현명해질 수 있다. 테데스키와 칼훈에 따르면, 성장의 과정에는 거의 항상 '삶과 관계에 감사하고, 새로운 가능성과 목적을 발견하고, 자기 힘을 더 잘 이해하게 되고, 공감과 이타성이 증가하는 일'이 포함된다.

큰 고통을 겪은 후에도 무너지지 않고 성장하는 이들의 비결은 무엇일까? 비밀은 공감의 힘을 깨닫는 것이다. 그들은 자신에게 힘이 있으며, 그 힘으로 비슷한 일을 겪은 사람을 도울 수 있음을 깨닫는다. 경험으로 그들의 마음을 이해하며, 내가 해냈기에 그들도 이겨낼 수 있다는 걸 안다. 나의 경험을 긍정적인 사례로 들려주며, 그들에게 희망을 건넨다. **나의 무언가를 다른 사람에게 줄 때, 우리는 강해진다.**

권위, 우월함, 영향력, 부유함 등은 외부에서 내부로 향하는 힘이다. 이처럼 외부에 존재하는 힘은 만성 스트레스와 전신 염증의 공격을 막아주지 못한다. 우리를 치유하고 행복하게 해줄 진정한 힘은 내면에서 생성되는 힘, '내부에서 외부로 향하는' 힘이다. 그리고 당신에게는 세상에서 가장 강력한 힘을 발휘할 능력이 있다. 자부심, 희열감, 친밀감, 헬퍼스 하이를 유발하는 유일한 원천인 호르몬을 활성화할 능력이 있다. 우리는 사람들과 눈을 맞추고 미소를 짓거나, 동료에게 커피를 사거나, 가치 있는 이상에 기부하거나, 사랑니를 뽑은 친구를 집까지 운전해서 데려다줄 때마다 이 힘을 발휘한다.

　'주는 사람'은 말 그대로 삶을 연장할 수 있다. 이타적인 행동은 만성 스트레스와 염증을 낮추고, 신체 기능을 개선하고, 심혈관 질환과 치매를 피하는 데 도움을 주기 때문이다. 내 행복을 위하는 만큼 타인의 행복을 위한다면, 내면의 힘이 무한히 솟아날 것이다. 1968년 2월 4일 마틴 루서 킹 주니어는 애틀랜타 에베네저 침례교회에서 이렇게 말했다.

　중요한 사람이 되고 싶나요? 좋아요. 인정받고 싶나요? 좋습니다. 위대해지고 싶나요? 그것도 좋습니다. 하지만 우리 중 가장 위대한 사람은 우리에게 베푸는 사람임을 깨달으셔야 합니다. 이것이 위대함에 대한 새로운 정의입니다. 저는 이 정의가 마음에 듭니다. 위대함을 이렇게 정의할 때 모두가 위대해질 수 있고 모두가 베풀 수 있기 때문입니다. 베푸는 일에 대학 학위는 필요 없습니다. 플라톤과 아리스토텔레스의 철학, 아인슈타인의 상대성 이론을 알 필요도 없습니다. 물리학의 열역학 제2법칙을 알 필요도 없죠. 은총이 가득한 심장이, 사랑으로 탄생한 영혼이 필요할 뿐입니다.

공감은 잊히지 않는다

전설적인 시인이자 전기작가 마야 안젤루는 언젠가 말했다. "사람들은 당신의 말을 잊을 것이다. 무얼 했는지도 잊어버릴 것이다. 하지만 어떤 느낌을 주었는지는 절대 잊지 않을 것이다." 그의 말은 아름다운만큼이나 과학적으로도 정확하다. 끔찍한 버스 사고를 겪은 피해자 56명을 인터뷰한 스웨덴 연구 결과, 시간이 지나자 피해자들은 자신이 어떤 치료를 받았는지 기억하지 못했다. 5년 뒤 그들이 기억한 것은 응급실에서 의료진에게 받았던 공감 어린 돌봄이었다.[5]

우리는 가장 어두운 시기를 지날 때 받은 공감과 사랑의 기억을 아주 오랫동안, 때로 평생 간직한다. 신경과 전문의인 에이드리언 보아시는 그 이유를 이렇게 설명했다. 우리 뇌에서 강렬한 감정 경험을 담당하는 편도체는 기억을 담당하는 해마 바로 옆에 있다. 이 근접성은 진화의 결과다. 인류의 조상은 두려움, 공포 등 강렬한 감정을 명확히 기억해야 했다. 그래야 사자를 보면 도망갈 수 있으니 말이다. 마찬가지로 고통스러운 일을 겪을 때 어깨를 내어주었던 타인의 존재는 강한 기억으로 남아 평생을 우리를 지켜준다.

에필로그

스티브입니다.

마지막으로 제게 깊은 영향을 남겼던 이야기를 들려드리며 마무리를 하려 합니다.

최근 저는 집중치료 병동에서 생사를 걸고 병마와 싸우는 환자의 보호자에게 끔찍한 소식을 전해야 했습니다. 할 수 있는 모든 치료를 동원했지만, 환자에겐 죽음이 임박해 보였습니다. 이 소식은 보호자에게 무척 충격적이었을 것입니다. 환자는 그가 평생 의지해온 사람이었기 때문입니다.

어려운 이야기가 끝날 무렵에 보호자가 말했습니다.

"선생님은 저를 기억 못 하시나 보네요, 그렇죠?"

저는 깜짝 놀랐습니다. 집중치료 병동에서 그리 자주 듣는 질문은 아니기 때문이죠. 저는 대답했습니다.

"죄송하지만 기억이 안 납니다."

"그러실 것 같았어요. 환자를 많이 보시니까요. 괜찮아요. 7년 전에 제 어머니가 저기 복도 맞은편 병실에 계셨어요. 선생님이 담

당 의사셨어요. 그때 제게 어머니를 구하기 위해 할 수 있는 일이
더는 없다고 하셨죠. 저는 선생님이랑 이 대화를 전에도 했던 거예
요."

숨이 턱 막혔습니다. 그는 자신의 기억을 들려주었습니다.

"저는 그때 간호사 선생님들이 보여준 친절을 절대 못 잊을 거
예요. 제게는 천사나 다름없었어요. 혼자 있던 제가 외로움을 느끼
지 않도록 얼마나 배려해주셨는지 몰라요. 어머니 생각이 지금도
자주 나지만, 그럴 때마다 간호사 선생님들이 생각나서 위안을 받
아요. 여전히, 지금도 도움이 돼요."

그의 말을 듣고 저는 우리가 서로에게 미치는 반향에 대해, 죽
비를 맞은 듯한 깨달음을 얻었습니다. 저는 이제 달리 행동합니다.
환자나 환자의 가족과 어려운 대화를 하러 병실에 들어갈 때마다
내 말이 앞으로 수년간 잊히지 않고 떠오르는 기억이 될 수 있음을,
그리고 위안이 될만한 힘을 발휘할 수도 있음을 생각합니다. 이제
저는 그러한 힘을 학생과 수련의에게도 가르칩니다.

우리는 모두 내면에서 외부로 향하는 놀라운 힘을 발휘할 수 있습니다. 함께 살아가는 이들에게 공감하는 그 다정함이 시간이 흘러도 휘발되지 않고 오래도록 메아리친다는 걸 이해한다면, 삶을 경험하는 방식이 달라질 것입니다. 누구라도 그 힘 앞에 겸허함과 경외감을 느낄 것입니다.

공감을 의도적으로 실천하지 않았다면, 작은 공감이 우리의 삶을 얼마나 크게 바꿔놓는지 알지 못했을 것입니다. 공감으로 얻을 수 있는 혜택은 상상 그 이상으로 강력합니다. 그 행복감은 사라지지 않습니다. 우리 안의 이야기로 온전히 남아 되살아납니다. 24시간 만에 사라지는 SNS 스토리와는 다르죠. 우리는 다른 사람에게 영원한 기억으로 남을 무언가를 할 수 있습니다. 동감, 공감, 감사, 배려, 대가 없이 베푸는 일은 인류가 지닌 가장 강력한 힘입니다. 그 힘을 사용하는 일을 미루지 않길 바랍니다.

출처

1부 | 진단   **행복한 이기주의자는 존재하지 않는다**

(1) '나' 중심 문화의 소용돌이

1   Clarke TC, Black LI, Stussman BJ, Barnes PM, Nahin RL. (2015).
     Trends in the use of complementary health approaches among
     adults: United States, 2002–2012. Natl Health Stat Report. (79): 1–16.

2   Twenge JM, Martin GN, Campbell WK. Decreases in psychological
     well-being among American adolescents after 2012 and links to
     screen time during the rise of smartphone technology. Emotion.
     2018 Sep;18(6):765–80.

3   See https://www.ted.com/talks/robert_waldinger_what_makes_a_good_
     life__lessons_from_the_longest_study_on_happiness.

4   Chopik W, Joshi D, Konrath S. (2014). Historical changes in American
     self interest: State of the Union addresses 1790 to 2012. Pers Individ
     Differ. 66: 128–33.

5   Making Caring Common, Harvard Graduate School of Education.
     (2021). The President and Fellows of Harvard College.

6   Konrath SH, Chopik WJ, Hsing CK, O'Brien E. Changes in adult
     attachment styles in American college students over time: A meta-
     analysis.Pers Soc Psychol Rev. 2014 Nov;18(4):326–48.

7   Konrath SH, O'Brien EH, Hsing C. Changes in dispositional empathy in American college students over time: A meta-analysis. Pers Soc Psychol Rev.15, no. 2 (May 2011): 180–98.

8   Pew Research Center. "A Divided and Pessimistic Electorate," November 2016.

9   Hampton KN. Why is helping behavior declining in the United States but not in Canada?: Ethnic diversity, new technologies, and other explanations. City & Community. 2016;15(4):380–99.

10   Konrath S. "The Joy of Giving." In Burlingame D, Seiler T, Tempel G (eds.), Achieving Excellence in Fundraising (4th ed., pp. 11–25). Wiley, 2016.

11   https://www.ted.com/talks/david_brooks_should_you_live_for_your_resume_or_your_eulogy?lnguage=en#t-27178.1.

12   Achor S. The Happiness Advantage: The Seven Principles of Positive Psychology That Fuel Success and Performance at Work. Broadway Books, 2010.

13   See https://www.ted.com/talk/david_brooks_the_lies_our_culture_tells_us_about_what_matters_and_a_better_way_to_live/transcript?language=en.

14   Brooks D. The Second Mountain: The Quest for a Moral Life. Penguin, 2019.

(2) 다정한 타인이 살아남는다

1   Wilson EO. The Meaning of Human Existence. Liveright, 2014.

2   Aknin LB, Hamlin JK, Dunn EW. Giving leads to happiness in young children. PLOS ONE. 2012;7(6):e39211.

3   Aknin LB, Barrington-Leigh CP, Dunn EW, Helliwell JF, Burns J, Biswas-Diener R, Kemeza I, Nyende P, Ashton-James CE, Norton MI. Prosocial spending and well-being: Cross-cultural evidence for a psychological universal. J Pers Soc Psychol. 2013 Apr;104(4):635–52.

4   Calvo R, Zheng Y, Kumar S, Olgiati A, Berkman L. Well-being and social capital on planet earth: Cross-national evidence from 142 countries. PLOS ONE.2012;7(8):e42793.

5   Scheffer J, Cameron C, McKee S, Hadjiandreou E, Scherer A. (2020).

Stereotypes about compassion across the political spectrum. Emotion. June 29 (online ahead of print).

6   Klein KJK, Hodges S D. (2001). Gender differences, motivation, and empathic accuracy: When it pays to understand. Pers Soc Psychol Bull. 27(6): 720–30.

7   Kraus MW, Cote S, Keltner D. Social class, contextualism, and empathic accuracy. Psychol Sci. 2010 Nov;21(11):1716–23.

8   Miller DT, Ratner RK. The disparity between the actual and assumed power of self-interest. J Pers Soc Psychol. 1998 Jan;74(1):53–62.

9   Flynn FJ, Bohns V. (2008). If you need help, just ask: Underestimating compliance with direct requests for help. J Pers Soc Psychol. 95(1): 128–43.

10   Zaki J. Catastrophe compassion: Understanding and extending prosociality under crisis. Trends Cogn Sci. 2020 Aug;24(8):587–89.

11   Drury J. (2018). The role of social identity processes in mass emergency behaviour: An integrative review, Eur Rev Soc Psychol. 29(1): 38–81.

12   Philpot R, Liebst LS, Levine M, Bernasco W, Lindegaard MR. (2020). Would I be helped? Cross-national CCTV footage shows that intervention is the norm in public conflicts. Am Psychol. 75(1), 66–75.

13   Manning R, Levine M, Collins A. (2007). The Kitty Genovese murder and the social psychology of helping: The parable of the 38 witnesses. Am Psychol. 62.555–62.

14   Levine M, Crowther S. (2008). The responsive bystander: How social group membership and group size can encourage as well as inhibit bystander intervention. J Pers Soc Psychol. 95(6): 1429–39.

15   See https://theconversation.com/do-people-become-more-selfless -as-they-age-130443.

16   Cutler SJ, Hendricks J. (March 2000). Age differences in voluntary association memberships: Fact or artifact, J Gerontol: Series B 55(2): S98–S107.

17   Mongrain M, Barnes C, Barnhart R, Zalan LB. (2018). Acts of kindness reduce depression in individuals low on agreeableness. Transl Issues PsycholSci. 4(3): 323–34.

(3) 줄수록 얻는다는 역설

1   Grant AM. Give and Take: A Revolutionary Approach to Success. Viking, 2013.

2   See https://www.youtube.com/watch?v=rCvhOqThYJ4.

3   Lievens F, Ones DS, Dilchert S. Personality scale validities increase throughout medical school. J Appl Psychol. 2009 Nov;94(6):1514–35.

4   Fritz HL, Helgeson VS. (1998). Distinctions of unmitigated communion from communion: Self-neglect and overinvolvement with others. J Pers Soc Psychol. 75(1): 121.

5   See https://www.ted.com/talks/adam_grant_are_you_a_giver_or_a_taker_?language=en.

6   Jackson M. The pursuit of happiness: The social and scientific origins of Hans Selye's natural philosophy of life. Hist Human Sci. 2012 Dec;25(5):13–9.

(4) 공감은 뇌 배선을 바꾼다

1   Nickell G. (August 1998). "The Helping Attitudes Scale." Paper presented at 106th Annual Convention of the American Psychological Association, San Francisco, CA.

2   Huml AM, Thornton JD, Figueroa M, Cain K, Dolata J, Scott K, Sullivan C, Sehgal AR. Concordance of organ donation and other altruistic behaviors among twins. Prog Transplant. 2019 Sep;29(3):225–29.

3   Spalding KL, Bergmann O, Alkass K, Bernard S, Salehpour M, Huttner HB,Bostrom E, Westerlund I, Vial C, Buchholz BA, Possnert G, Mash DC, Druid H, Frisen J. Dynamics of hippocampal neurogenesis in adult humans. Cell.2013 Jun 6;153(6):1219–27.

4   Maguire EA, Gadian DG, Johnsrude IS, Good CD, Ashburner J, Frackowiak RS, Frith CD. (April 11, 2000). Navigation-relatedstructural change in the hippocampi of taxi drivers. PNAS 97(8):4398–403.

5   Dweck CS. Mindset: The New Psychology of Success. Ballantine, 2008.

6   Schumann K, Zaki J, Dweck CS. Addressing the empathy deficit:

Beliefs about the malleability of empathy predict effortful responses when empathy is challenging.J Pers Soc Psychol. 2014 Sep;107(3):475–93.

7   Goleman D, Davidson RJ. Altered Traits: Science Reveals How Meditation Changes Your Mind, Brain, and Body. Avery, 2017.

8   Lutz A, Greischar LL, Rawlings NB, Ricard M, Davidson RJ. (November 16,2004). Long-term meditators self-induce high-amplitude gamma synchrony during mental practice. PNAS 101(46):16369–73.

9   Leung MK, Chan CC, Yin J, Lee CF, So KF, Lee TM. (January 2013). Increased gray matter volume in the right angular and posterior parahippocampal gyri in loving-kindness meditators. Soc Cogn Affect Neurosci. 8(1): 34–39.

10   Weng HY, Fox AS, Shackman AJ, Stodola DE, Caldwell JZK, Olson MC, Rogers GM, Davidson RJ. (July 1, 2013). Compassion training alters altruism and neural responses to suffering. Psychol Sci. 24(7):1171–80.

11   Shin LJ, Layous K, Choi I, Na S, Lyubomirsky S. (2019). Good for self or good for others? The well-being benefits of kindness in two cultures depend on how the kindness is framed. J Posit Psychol. 15(6):795–805.

12   Klimecki OM, Leiberg S, Ricard M, Singer T. (June 2014). Differential pattern of functional brain plasticity after compassion and empathy training. Soc Cogn Affect Neurosci. 9(6): 873–79.

13   Klimecki OM, Leiberg S, Lamm C, Singer T. (July 2013). Functional neural plasticity and associated changes in positive affect after compassion training. Cereb Cortex. 23(7):1552–61.

14   Lim D, Condon P, DeSteno D. Mindfulness and compassion: An examination of mechanism and scalability. PLOS ONE. 2015 Feb 17;10(2):e0118221.

(5)　포옹이 지닌 강력한 치유력

1　Goldstein P, Weissman-Fogel I, Dumas G, Shamay-Tsoory SG. Brain-to-brain coupling during handholding is associated with pain reduction. PNAS. 2018 Mar 13;115(11):E2528-E2537.

2　Cohen S, Janicki-Deverts D, Turner RB, Doyle WJ. Does hugging provide stress-buffering social support? A study of susceptibility to upper respiratory infection and illness. Psychol Sci. 2015 Feb;26(2):135-47.

3　Lamm C, Decety J, Singer T. Meta-analytic evidence for common and distinct neural networks associated with directly experienced pain and empathy for pain. Neuroimage. 2011 Feb 1;54(3):2492-502.

4　Klimecki OM, Leiberg S, Lamm C, Singer T. Functional neural plasticity and associated changes in positive affect after compassion training. Cereb Cortex. 2013 Jul;23(7):1552-61.

5　Engen HG, Singer T. Compassion-based emotion regulation up-regulates experienced positive affect and associated neural networks. Soc Cogn Affect Neurosci. 2015 Sep;10(9):1291-301.

6　Morelli SA, Sacchet MD, Zaki J. Common and distinct neural correlates of personal and vicarious reward: A quantitative meta-analysis. Neuroimage. 2015 May 15;112:244-253.

7　Luks A. "Helper's high: Volunteering makes people feel good, physically and emotionally." Psychology Today, October 1988, 34-42.

8　Bachner-Melman R, Gritsenko I, Nemanov L. et al. (2005). Dopaminergic polymorphisms associated with self-report measures of human altruism: A fresh phenotype for the dopamine D4 receptor. Mol Psychiatry. 10: 333-35.

9　Swain JE, Konrath S, Brown SL, et al. Parenting and beyond: Common neurocircuits underlying parental and altruistic caregiving. Parent Sci Pract. 2012;12(2-3): 115-23.

10　Bernstein E. "Why Being Kind Helps You, Too—specially Now." Wall Street Journal, August 11, 2020.

11   Szeto A, Nation DA, Mendez AJ, Dominguez-Bendala J, Brooks LG, Schneiderman N, McCabe PM. Oxytocin attenuates NADPH-dependent superoxide activity and IL-6 secretion in macrophages and vascular cells. Am J Physiol Endocrinol Metab. 2008 Dec;295(6):E1495–501.

12   Brown SL, Brown RM. Connecting prosocial behavior to improved physical health: Contributions from the neurobiology of parenting. Neurosci Biobehav Rev. 2015 Aug;55:1–17.

13   Dolen G, Darvishzadeh A, Huang KW, Malenka RC. Social reward requires coordinated activity of nucleus accumbens oxytocin and serotonin. Nature. 2013 Sep 12;501(7466):179–84.

14   Han SH, Kim K, Burr JA. Stress-buffering effects of volunteering on salivary cortisol: Results from a daily diary study. Soc Sci Med. 2018 Mar;201:120–126.

15   Inagaki TK, Bryne Haltom KE, Suzuki S, Jevtic I, Hornstein E, Bower JE, Eisenberger NI. The neurobiology of giving versus receiving support: The role of stress-related and social reward-related neural activity. Psychosom Med. 2016 May;78(4):443–53.

16   Cosley BJ, McCoy SK, Saslow LR, Epel ES. (2010). Is compassion for others stress buffering? Consequences of compassion and social support for physiological reactivity to stress. J Exp Soc Psychol. 46(5):816–23.

17   Field TM, Hernandez-Rief M, Quintino O, Schanberg S, Kuhn C. Elder retired volunteers benefit from giving massage therapy to infants. J Appl Gerontol. 1998;17(2):229–39.

18   Nelson-Coffey SK, Fritz MM, Lyubomirsky S, Cole SW. Kindness in the blood: A randomized controlled trial of the gene regulatory impact of prosocial behavior. Psychoneuroendocrinology. 2017 Jul;81:8–13.

19   Fredrickson BL, Grewen KM, Algoe SB, Firestine AM, Arevalo JM, Ma J, Cole SW. Psychological well-being and the human conserved transcriptional response to adversity. PLOS ONE. 2015 Mar 26;10(3):e0121839.

20   Furman D, Campisi J, Verdin E, et al. Chronic inflammation in the etiology of disease across the life span. Nat Med. 25, 1822–1832 (2019).

21   Pace TW, Negi LT, Dodson-Lavelle B, Ozawa-de Silva B, Reddy SD,

Cole SP, Danese A, Craighead LW, Raison CL. Engagement with Cognitively-Based Compassion Training is associated with reduced salivary C-reactive protein from before to after training in foster care program adolescents. Psychoneuroendocrinology. 2013 Feb;38(2): 294-9.

22 McClelland DC, Krishnit C. (1988). The effect of motivational arousal through films on salivary immunoglobulin A. Psychology & Health 2(1):31-52.

(6) 느리게 나이 들고 오래 사는 법

1 Arias E, Tejada-Vera B, Ahmad F. Provisional life expectancy estimates for Januarythrough June, 2020. Vital Statistics Rapid Release; no 10. National Center for Health Statistics, February 2021.

2 Poulin MJ, Brown SL, Dillard AJ, Smith DM. Giving to others and the association between stress and mortality. Am J Public Health. 2013 Sep;103 (9) :1649-55.

3 Brown SL, Nesse RM, Vinokur AD, Smith DM. Providing social support may be more beneficial than receiving it: Results from a prospective study of mortality. Psychol Sci. 2003 Jul;14(4):320-27.

4 Okun MA, Yeung EW, Brown S. Volunteering by older adults and risk of mortality: A meta-analysis. Psychol Aging. 2013 Jun;28(2):564-77.

5 Oman D, Thoresen CE, McMahon K. Volunteerism and mortality among the community-dwelling elderly. J Health Psychol. 1999 May;4 (3):301-16.

6 McClellan WM, Stanwyck DJ, Anson CA. Social support and subsequent mortality among patients with end-stage renal disease. J Am Soc Nephrol. 1993 Oct;4(4):1028-34.

7 O'Reilly D, Rosato M, Moriarty J, Leavey G. Volunteering and mortality risk: A partner-controlled quasi-experimental design. Int J Epidemiol. 2017 Aug 1;46(4):1295-1302.

8 Le Nguyen KD, Lin J, Algoe SB, Brantley MM, Kim SL, Brantley J, Salzberg S, Fredrickson BL. Loving-kindness meditation slows biological aging in novices: Evidencefrom a 12-week randomized controlled trial. Psychoneuroendocrinology. 2019 Oct;108:20-27.

9   Hoge EA, Chen MM, Orr E, Metcalf CA, Fischer LE, Pollack MH, De Vivo I, Simon NM. Loving-Kindness Meditation practice associated with longer telomeres in women. Brain Behav Immun. 2013 Aug; 32:159–63.

10 Hainsworth J, Barlow J. Volunteers' experiences of becoming arthritis self-management lay leaders: "It's almost as if I've stopped aging and started to get younger!" Arthritis Rheum. 2001 Aug;45(4):378–3.

11 Arnstein P, Vidal M, Wells-Federman C, Morgan B, Caudill M. From chronic pain patient to peer: benefits and risks of volunteering. Pain Manag Nurs. 2002 Sep;3(3):94–103.

12 Wang Y, Ge J, Zhang H, Wang H, Xie X. Altruistic behaviors relieve physical pain. Proc Natl Acad Sci U S A. 2020 Jan 14;117(2):950–58. 13. Lopez-Sola M, Koban L, Wager TD. Transforming pain with prosocial meaning: A functional magnetic resonance imaging study. Psychosom Med. 2018 Nov/Dec;80(9):814–25.

13 Lopez-Sola M, Koban L, Wager TD. Transforming pain with prosocial meaning: A functional magnetic resonance imaging study. Psychosom Med. 2018 Nov/Dec;80(9):814–25.

14 Kochanek KD, Xu JQ, Arias E. Mortality in the United States, 2019. NCHS Data Brief, no. 395. National Center for Health Statistics, 2020.

15 Piferi RL, Lawler KA. Social support and ambulatory blood pressure: An examination of both receiving and giving. Int J Psychophysiol. 2006 Nov;62(2):328–36.

16 Schreier HM, Schonert-Reichl KA, Chen E. Effect of volunteering on risk factors for cardiovascular disease in adolescents: A randomized controlled trial. JAMA Pediatr. 2013 Apr;167(4):327–32.

17 Sneed RS, Cohen S. A prospective study of volunteerism and hypertension risk in older adults. Psychol Aging. 2013 Jun;28(2):578–86. 18 Whillans AV, Dunn EW, Sandstrom GM, Dickerson SS, Madden KM. Is spending money on others good for your heart? Health Psychol. 2016 Jun;35(6):574–83.

18 Whillans AV, Dunn EW, Sandstrom GM, Dickerson SS, Madden KM. Is spending money on others good for your heart? Health Psychol. 2016 Jun;35(6):574–83.

19 Scherwitz L, Berton K, Leventhal H. Type A behavior, self-involvement,

and cardiovascular response. Psychosom Med. 1978 Dec;40(8):593–609.

20   Scherwitz L, McKelvain R, Laman C, Patterson J, Dutton L, Yusim S, Lester J, Kraft I, Rochelle D, Leachman R. Type A behavior, self-involvement, and coronary atherosclerosis. Psychosom Med. 1983 Mar;45(1):47–57.

21   Scherwitz L, Graham LE 2nd, Grandits G, Buehler J, Billings J. Self involvement and coronary heart disease incidence in the multiple risk factor intervention trial. Psychosom Med. 1986 Mar–Apr; 48(3-4): 187–99.

22   Matthews KA, Xu W, Gaglioti AH, et al. Racial and ethnic estimates of Alzheimer's disease and related dementias in the United States (2015–2060) in adults aged ≥65 years. Alzheimer's Dement. 2019;15 (1):17–4.

23   Anderson ND, Damianakis T, Kroger E, Wagner LM, Dawson DR, Binns MA, Bernstein S, Caspi E, Cook SL; BRAVO Team. The benefits associated with volunteering among seniors: A critical review and recommendations for future research. Psychol Bull. 2014 Nov;140 (6):1505–33.

24   Corrêa JC, Ávila MPW, Lucchetti ALG, Lucchetti G. Altruistic behaviour, but not volunteering, has been associated with cognitive performance in community-dwelling older persons. Psychogeriatrics. 2019 Mar;19(2):117–25.

25   Fried LP, Carlson MC, Freedman M, Frick KD, Glass TA, Hill J, McGill S, Rebok GW, Seeman T, Tielsch J, Wasik BA, Zeger S. A social model for health promotion for an aging population: Initial evidence on the Experience Corps model. J Urban Health. 2004 Mar;81(1):64–78.

26   Volpi E, Nazemi R, Fujita S. Muscle tissue changes with aging. Curr Opin Clin Nutr Metab Care. 2004;7(4):405–10.

27   Kim ES, Whillans AV, Lee MT, Chen Y, VanderWeele TJ. Volunteering and subsequent health and well-being in older adults: An outcome-wide longitudinal approach. Am J Prev Med. 2020 Aug;59(2):176–86.

28   Cohen R, Bavishi C, Rozanski A. Purpose in life and its relationship to all-cause mortality and cardiovascular events: A meta-analysis. Psychosom Med. 2016 Feb-Mar; 78(2):122–33.

29   Alimujiang A, Wiensch A, Boss J, Fleischer NL, Mondul AM, McLean K, Mukherjee B, Pearce CL. Association between life purpose and mortality among US adults older than 50 years. JAMA Netw Open. 2019 May 3;2(5):e194270.

30   Boyle PA, Barnes LL, Buchman AS, Bennett DA. Purpose in life is associated with mortality among community-dwelling older persons. Psychosom Med. 2009 Jun;71(5):574–79.

31   Kim ES, Sun JK, Park N, Peterson C. Purpose in life and reduced incidence of stroke in older adults: "The Health and Retirement Study." J Psychosom Res. 2013 May;74(5):427–32.

32   Kim ES, Kawachi I, Chen Y, Kubzansky LD. Association between purpose in life and objective measures of physical function in older adults. JAMA Psychiatry. 2017 Oct 1;74(10):1039–45.

33   Kim ES, Strecher VJ, Ryff CD. Purpose in life and use of preventive health care services. Proc Natl Acad Sci U S A. 2014 Nov 18;111(46): 16331–6.

34   Kim ES, Hershner SD, Strecher VJ. Purpose in life and incidence of sleep disturbances. J Behav Med. 2015 Jun;38(3):590–97.

35   Hawkley LC, Thisted RA, Masi CM, Cacioppo JT. Loneliness predicts increased blood pressure: 5-year cross-lagged analyses in middle-aged and older adults. Psychol Aging. 2010 Mar;25(1):132–41.

36   Valtorta NK, Kanaan M, Gilbody S, et al. (2016). Loneliness and social isolation as risk factors for coronary heart disease and stroke: Systematic review and meta-analysis of longitudinal observational studies. Heart. 102:1009–16.

37   Holt-Lunstad J, Smith T. (2016). Loneliness and social isolation as risk factors for CVD: Implications for evidence-based patient care and scientific inquiry. Heart 102(13):987–9.

38   Holt-Lunstad J, Smith TB, Baker M, Harris T, Stephenson D. Loneliness and social isolation as risk factors for mortality: A meta-analytic review. Perspect Psychol Sci. 2015 Mar;10(2):227–37.

39   Lara E, Caballero FF, Rico-Uribe LA, Olaya B, Haro JM, Ayuso-Mateos JL, Miret M. Are loneliness and social isolation associated with cognitive decline? Int J Geriatr Psychiatry. 2019 Nov;34(11): 1613–1622.

40   Perissinotto CM, Stijacic Cenzer I, Covinsky KE. Loneliness in older persons: A predictor of functional decline and death. Arch Intern Med. 2012 Jul 23;172(14):1078–83.

(7) 무너지지 않는 마음을 위하여

1   https://www.psychiatry.org/patients-families/depression/what-is-depression#:~:text =Depression%20affects%20an%20estimated%20 one, than%20men%20to%20experience%20depression.

2   Czeisler ME, Lane RI, Petrosky E, et al. Mental health, substance use, and suicidal ideation during the COVID-19pandemic—United States, June 24–30,2020. MMWR Morb Mortal Wkly. Rep 2020;69: 1049–57.

3   Miron O, Yu K, Wilf-Miron R, Kohane IS. Suicide rates among adolescents and young adults in the United States, 2000–2017. JAMA. 2019;321(23) :2362–64.

4   Mascaro J, Kelley S, Darcher A, Negi L, Worthman C, Miller A, Raison C. (2016). Meditation buffers medical student compassion from the deleterious effects of depression. J Posit Psychol. 13(2):133–142.

5   Padilla-Walker LM, Millett MA, Memmott-Elison MK. (2020). Can helping others strengthen teens? Character strengths as mediators between prosocial behavior and adolescents' internalizing symptoms. J Adolesc 79: 70–0, ISSN 0140–1971.

6   Schacter HL, Margolin G. When it feels good to give: Depressive symptoms, daily prosocial behavior, and adolescent mood. Emotion. 2019 Aug;19(5):923–27.

7   Telzer EH, Fuligni AJ, Lieberman MD, Galvan A. Neural sensitivity to eudaimonic and hedonic rewards differentially predict adolescent depressive symptoms over time. Proc Natl Acad Sci U S A. 2014 May 6;111(18):6600–5.

8   Stirman SW, Pennebaker JW. Word use in the poetry of suicidal and nonsuicidal poets. Psychosom Med. 2001 Jul-Aug; 63(4):517–22.

9   Crocker J, Canevello A, Breines JG, Flynn H. Interpersonal goals and change in anxiety and dysphoria in first-semester college students. J Pers Soc Psychol. 2010 Jun;98(6):1009–24.

10   Kashdan TB, McKnight PE. Commitment to a purpose in life: An antidote to the suffering by individuals with social anxiety disorder. Emotion. 2013 Dec;13(6):1150–59.

11   Brown SL, Brown RM, House JS, Smith DM. Coping with spousal loss: Potential buffering effects of self-reported helping behavior. Pers Soc Psychol Bull. 2008 Jun;34(6):849–61

12   McKee A, Wiens K. "Why Some People Get Burned Out and Others Don't." Harvard Business Review, November 23, 2016.

13   Taylor SE. (2006). Tend and befriend: Biobehavioral bases of affiliation under stress. Curr Dir Psychol Sci. 15(6):273–77.

14   von Dawans B, Fischbacher U, Kirschbaum C, Fehr E, Heinrichs M. The social dimension of stress reactivity: Acute stress increases prosocial behavior in humans. Psychol Sci. 2012 Jun;23(6):651–60.

15   Pagano ME, Friend KB, Tonigan JS, Stout RL. Helping other alcoholics in alcoholics anonymous and drinking outcomes: Findings from project MATCH. J Stud Alcohol. 2004 Nov;65(6):766–73.

(8) 비교 불가능한 진짜 행복을 찾는 법

1   Steger MF, Kashdan T, Oishi S. (2008). Being good by doing good: Daily eudaimonic activity and well-being. J Res Pers 42: 22 42.

2   Csikszentmihalyi M. Flow: The Psychology of Optimal Experience. Harper Perennial, 2008.

3   https://www.ted.com/talks/martin_seligman_the_new_era_of_ positive_psychology/transcript?language=en.

4   Brooks D. The Second Mountain: The Quest for a Moral Life. Penguin, 2019.

5   Goleman D, Davidson RJ. Altered Traits: Science Reveals How Meditation Changes Your Mind, Brain, and Body. Avery, 2017.

6   Kashdan TB, Breen WE. (2007). Materialism and diminished well-being: Experiential avoidance as a mediating mechanism. J Soc Clin Psychol. 26(5):521–39.

7   Kahneman D, Deaton A. (September 2010). High income improves evaluation of life but not emotional well-being. Proc Natl Acad Sci U S A 107(38): 16489–93.

8 Borgonovi F. Doing well by doing good: The relationship between formal volunteering and self-reported health and happiness. Soc Sci Med. 2008 Jun;66(11):2321–34.

9 Dunn EW, Aknin LB, Norton MI. Spending money on others promotes happiness. Science. 2008 Mar 21;319(5870):1687–88.

10 Aknin L, Dunn E, Norton M. (2011). Happiness runs in a circular motion: Evidence for a positive feedback loop between prosocial spending and happiness. J Happiness Stud. 13. 347–55.

11 Aknin LB, Barrington-Leigh CP, Dunn EW, Helliwell JF, Burns J, Biswas-Diener R, Kemeza I, Nyende P, Ashton-James CE, Norton MI. (2013). Prosocial spending and well-being: Cross-cultural evidence for a psychological universal. J Pers Soc Psychol. 104(4): 635–52.

12 See https://www.ted.com/talks/elizabeth_dunn_helping_others_makes_us_happier_but_it_matters_how_we_do_it/footnotes.

13 Park SQ, Kahnt T, Dogan A, Strang S, Fehr E, Tobler PN. A neural link between generosity and happiness. Nat Commun. 2017 Jul 11;8:15964.

14 Moll J, Krueger F, Zahn R, Pardini M, de Oliveira R, Grafman J. (2006). Human front-mesolimbic networks guide decisions about charitable donation. Proc Natl Acad Sci U S A. 103: 15623–28.

15 Kumar A, Killingsworth M, Gilovich T. (2020). Spending on doing promotes more moment-to-moment happiness than spending on having. J Exp Soc Psychol. 88. 103971.

16 Nelson SK, Layous K, Cole SW, Lyubomirsky S. (2016). Do unto others or treat yourself? The effects of prosocial and self-focused behavior on psychological flourishing. Emotion. 16(6):850–61.

17 Mongrain M, Chin JM, Shapira LB. (2011). Practicing compassion increases happiness and self-esteem. J Happiness Stud. 12:963–81.

(9) 가장 깊이 성공하는 법

1 Gini A. (1998). Work, identity and self: How we are formed by the work we do. J Bus Ethics. 17: 707–14.

2 See http://www.apaexcellence.org/assets/general/phwp_fact_sheet.

pdf.

3 See https://www.ted.com/talks/shawn_achor_the_happy_secret_to_ better_work?language=en.

4 Caprara GV, Barbaranelli C, Pastorelli C, Bandura A, Zimbardo PG. Prosocial foundations of children's academic achievement. Psychol Sci. 2000 Jul; 11(4) : 302–6.

5 Vergunst F, Tremblay RE, Nagin D, Algan Y, Beasley E, Park J, Galera C, Vitaro F, Cote SM. Association between childhood behaviors and adult employment earnings in Canada. JAMA Psychiatry. 2019 Oct 1;76(10):1044–51.

6 Jones D, Greenberg M, Crowley D. (2015). Early social–emotional functioning and public health: The relationship between kinder-garten social competence and future wellness. Am J Public Health. 105. e1-e8.

7 Layous K, Nelson SK, Oberle E, Schonert-ReichlKA, Lyubomirsky S. Kind-ness counts: Prompting prosocial behavior in preadolescents boosts peer acceptance and well-being. PLOS ONE. 2012;7(12):e51380.

8 Eskreis-Winkler L, Milkman KL, Gromet DM, Duckworth AL. (2019). A large-scale field experiment shows giving advice improves academic outcomes for the advisor. Proc Natl Acad Sci U S A. 116(30):14808–10.

9 Anderson C, Sharps DL, Soto CJ, John OP. (September 2020). People with disagreeable personalities (selfish, combative, and manipulative) do not have an advantage in pursuing power at work. Proc Natl Acad Sci U S A. 117(37): 22780–86.

10 Hollander EP. (1958). Conformity, status, and idiosyncrasy credit. Psychol Rev. 65(2):117–27.

11 Hardy CL, Van Vugt M. Nice guys finish first: The competitive altruism hypothesis. Pers Soc Psychol Bull. 2006 Oct;32(10):1402–13.

12 Kim E, Glomb TM. Get smarty pants: Cognitive ability, personality, and victimization. J Appl Psychol. 2010 Sep;95(5):889–901.

13 Stavrova O, Ehlebracht D. Cynical beliefs about human nature and income: Longitudinal and cross-cultural analyses. J Pers Soc Psychol. 2016 Jan;110(1):116–32.

14 Eriksson K, Vartanova I, Strimling P, Simpson B. Generosity pays:

Selfish people have fewer children and earn less money. J Pers Soc Psychol. 2020 Mar;118(3):532–44.

15 Brooks AC. (2007). Does giving make us prosperous? J Econ Finan. 31: 403–11.

16 Brooks AC. "Why Giving Matters." Y Magazine, summer 2009.

17 De Dreu CK, Weingart LR, Kwon S. Influence of social motives on integrative negotiation: A meta-analytic review and test of two theories. J Pers Soc Psychol. 2000 May;78(5):889–905.

18 Hougaard R, Carter J, Chester L. "Power Can Corrupt Leaders. Compassion Can Save Them." Harvard Business Review, February 15, 2018.

19 Tyran K. (2000). When leaders display emotion: How followers respond to negative emotional expression of male and female leaders. J Organ Behav. 21: 221–34.

20 Zengler J, Folkman J. "Your Employees Want the Negative Feedback You Hate to Give." Harvard Business Review, January 15, 2014

21 Westberg J, Hilliard J. Fostering Reflection and Providing Feedback: Helping Others Learn from Experience. Springer, August 22, 2001.

22 Webster J, Duvall J, Gaines L, Smith R. (2003). The roles of praise and social comparison information in the experience of pride. J Soc Psychol. 143: 209–32.

23 Banerjee R, Bennett M, Luke N. Children's reasoning about the self-presentational consequences of apologies and excuses following rule violations. Br J Dev Psychol. 2010 Nov;28(Pt 4):799–815.

24 Baumeister RF, Bratslavsky E, Muraven M, Tice DM. (1998). Ego depletion: Is the active self a limited resource? J Pers Soc Psychol. 74(5):1252–65.

25 Konrath S, Handy F. (2020). The good-looking giver effect: The relationship between doing good and looking good. Nonprofit and Voluntary Sector Quarterly 50(2):283–311.

26 Grant A, Berry J. (2011). The necessity of others is the mother of invention: Intrinsic and prosocial motivations, perspective taking, and creativity. Acad Manag J 54: 73–96.

27 Chancellor J, Margolis S, Jacobs Bao K, Lyubomirsky S. Everyday prosociality in the workplace: The reinforcing benefits of giving, getting, and glimpsing. Emotion. 2018 Jun;18(4):507–17.

28 Flynn L, Liang Y, Dickson GL, Xie M, Suh DC. Nurses' practice environments, error interception practices, and inpatient medication errors. J Nurs Scholarsh. 2012 Jun;44(2):180–86.

(10) 내면까지 빛나는 사람이 되는 법

1 Savary J, Goldsmith K. (2020). Unobserved altruism: How self-signaling motivations and social benefits shape willingness to donate. J Exp Psychol. Appl 26(3):538–550.

2 Susewind M, Walkowitz G. Symbolic moral self-completion: Social recognition of prosocial behavior reduces subsequent moral striving. Front Psychol. 2020 Sep 4;11:560188.

3 Ariely D, Bracha A, Meier S. (2009). Doing good or doing well? Image motivation and monetary incentives in behaving prosocially. American Economic Review. 99(1):544–55.

4 Brown AL, Meer J, Williams JF. (2019). Why do people volunteer? An experimental analysis of preferences for time donations. Manag Sci. 65(4): 1455–68.

5 Tashjian SM, Rahal D, Karan M, Eisenberger N, Galvan A, Cole SW, Fuligni AJ. Evidence from a randomized controlled trial that altruism moderates the effect of prosocial acts on adolescent well-being. J Youth Adolesc. 2021;50(1):29–43.

6 Harbaugh WT, Mayr U, Burghart DR. Neural responses to taxation and voluntary giving reveal motives for charitable donations. Science. 2007 Jun 15;316(5831):1622–25.

7 Nonaka K, Fujiwara Y, Watanabe S, Ishizaki T, Iwasa H, Amano H, Yoshida Y, Kobayashi E, Sakurai R, Suzuki H, Kumagai S, Shinkai S, Suzuki T. Is unwilling volunteering protective for functional decline? The interactive effects of volunteer willingness and engagement on health in a 3-year longitudinal study of Japanese older adults. Geriatr Gerontol Int. 2019 Jul;19(7):673–78.

8 Stukas AA, Hoye R, Nicholson M, Brown KM, Aisbett L. Motivations to volunteer and their associations with volunteers' well-being. Nonprofit Volunt Sect Q. 2016;45(1):112–32.

9   Konrath S, Fuhrel-Forbis A, Lou A, Brown S. Motives for volunteering are associated with mortality risk in older adults. Health Psychol. 2012 Jan;31(1):87–96.

10 Cutler J, Campbell-Meiklejohn D. A comparative fMRI meta-analysis of altruistic and strategic decisions to give. Neuroimage. 2019 Jan 1;184:227–41.

11 Hein G, Morishima Y, Leiberg S, Sul S, Fehr E. (2016). The brain's functional network architecture reveals human motives. Science. 351:1074–78.

12 Kahana E, Bhatta T, Lovegreen LD, Kahana B, Midlarsky E. Altruism, helping, and volunteering: Pathways to well-being in late life. J Aging Health. 2013;25(1):159–87.

13 Gleason ME, Iida M, Bolger N, Shrout PE. Daily supportive equity in close relationships. Pers Soc Psychol Bull. 2003 Aug;29(8):1036–45.

14 Batson CD, Duncan BD, Ackerman P, Buckley T, Birch K. (1981). Is empathic emotion a source of altruistic motivation? J Pers Soc Psychol. 40(2):290–302.

15 Morelli SA, Lee IA, Arnn ME, Zaki J. Emotional and instrumental support provision interact to predict well-being. Emotion. 2015;15 (4):484–93.

16 Sonnentag S, Grant AM. (2012). Doing good at work feels good at home, but not right away: When and why perceived prosocial impact predicts positive affect. Pers Psychol. 65:495–530.

17 Larson EB, Yao X. Clinical empathy as emotional labor in the patient-physician relationship. JAMA. 2005 Mar 2;293(9):1100–6.

18 Shin LJ, Layous K, Choi I, Na S, Lyubomirsky S. (2019). Good for self or good for others? The well-being benefits of kindness in two cultures depend on how the kindness is framed. J Posit Psychol. 15(6): 795–805.

(11)　작게 시작하기 16분 처방

1　Mogilner C, Chance Z, Norton MI. Giving time gives you time. Psychol Sci. 2012 Oct 1;23(10):1233-38.

2　Fogarty LA, Curbow BA, Wingard JR, McDonnell K, Somerfield MR. Can 40 seconds of compassion reduce patient anxiety? J Clin Oncol. 1999 Jan;17(1):371-79.

3　Fujiwara Y, Sugihara Y, Shinkai S. [Effects of volunteering on the mental and physical health of senior citizens: Significance of senior-volunteering from the view point of community health and welfare]. Nihon Koshu Eisei Zasshi. 2005 Apr;52(4):293-307.

4　Windsor TD, Anstey KJ, Rodgers B. Volunteering and psychological well-being among young-old adults: How much is too much? Gerontologist. 2008 Feb;48(1):59-70.

5　Booth J, Park K, Glomb T. (2009). Employer-supported volunteering benefits: Gift exchange among employers, employees, and volunteer organizations. Hum Resour Manag J. 48(2):227-249.

6　Kim ES, Whillans AV, Lee MT, Chen Y, VanderWeele TJ. Volunteering and subsequent health and well-being in older adults: An outcome-wide longitudinal approach. Am J Prev Med. 2020 Aug;59(2):176-86.

7　Aknin LB, Sandstrom GM, Dunn EW, Norton MI. It's the recipient that counts: Spending money on strong social ties leads to greater happiness than spending on weak social ties. PLOS ONE. 2011;6(2):e17018.

8　Kogan A, Impett E, Oveis C, Bryant HUI, Gordon A, Keltner D. (2010). When giving feels good. Psychol Sci. 21(12):1918-24.

9　Dew J, Wilcox W. (2013). Generosity and the maintenance of marital quality. J Marriage Fam. 75:1218-28.

10　Stavrova O. Having a happy spouse is associated with lowered risk of mortality. Psychol Sci. 2019 May;30(5):798-803.

11　Rowland L, Curry OS. A range of kindness activities boost happiness. J Soc Psychol. 2019;159(3):340-43.

12   Joiner T. Why People Die by Suicide. Harvard University Press, 2007.

(12)   감사 연습하기

1   Ma LK, Tunney RJ, Ferguson E. Does gratitude enhance prosociality?: A meta-analytic review. Psychol Bull. 2017 Jun;143(6):601–35.

2   Karns CM, Moore WE, Mayr U. The cultivation of pure altruism via gratitude: A functional MRI study of change with gratitude practice. Front Hum Neurosci. 2017 Dec 12;11:599.

3   Bartlett M, Condon P, Cruz J, Wormwood J, DeSteno D. (2011). Gratitude: Prompting behaviours that build relationships. Cogn Emot. 26: 2–13.

4   Bartlett M, DeSteno D. (2006). Gratitude and prosocial behavior: Helping when it costs you. Psychol Sci. 17: 319–25.

5   DeSteno D, Bartlett MY, Baumann J, Williams LA, Dickens L. Gratitude as moral sentiment: Emotion-guided cooperation in economic exchange. Emotion. 2010 Apr;10(2):289–93.

6   Froh J, Bono G, Emmons R. (2010). Being grateful is beyond good manners: Gratitude and motivation to contribute to society among early adolescents. Motiv Emot. 34: 144–57.

7   Kumar A, Epley N. (2018). Undervaluing gratitude: Expressers misunder stand the consequences of showing appreciation. Psychol Sci. 2018;29(9):1423-1435.

(13)   삶의 새로운 목적과 기쁨 찾기

1   Chau VM, Engeln JT, Axelrath S, Khatter SJ, Kwon R, Melton MA, Reinsvold MC, Staley VM, To J, Tanabe KJ, Wojcik R. Beyond the chief complaint: Our patients' worries. J Med Humanit. 2017 Dec;38(4):541–7.

2   Darley JM, Batson CD. (1973). "From Jerusalem to Jericho": A study of situational and dispositional variables in helping behavior. J Pers Soc Psychol. 27(1):100–8.

1   Vavreck L. "A Measure of Identity: Are You Wedded to Your Party?" New York Times, January 31, 2017.

2   Kalmoe N, Mason L. (2018). Lethal mass partisanship: Prevalence, correlates, and electoral contingencies. Paper presented at the 2018 American Political Science Association's Annual Meeting, Boston, MA.

3   Depow GJ, Francis ZL, Inzlicht M. (December 11, 2020). The experience of empathy in everyday life. Psychol Sci. 2021;32(8):1198–1213.

4   Levine M, Prosser A, Evans D, Reicher S. Identity and emergency intervention: How social group membership and inclusiveness of group boundaries shape helping behavior. Pers Soc Psychol Bull. 2005 Apr;31(4):443–53.

5   Batson CD, Polycarpou M, Harmon-Jones E, Imhoff H, Mitchener E, Bednar L, Klein T, Highberger L. (1997). Empathy and attitudes: Can feeling for a member of a stigmatized group improve feelings toward the group? J Pers Soc Psychol. 72:105–18.

6   Hein G, Silani G, Preuschoff K, Batson CD, Singer T. Neural responses to ingroup and outgroup members' suffering predict individual differences in costly helping. Neuron. 2010 Oct 6;68(1):149–60.

7   Klimecki OM, Mayer SV, Jusyte A, Scheeff J, Schonenberg M. Empathy promotes altruistic behavior in economic interactions. Sci Rep. 2016 Aug 31;6:31961.

8   Liberman V, Samuels SM, Ross L. The name of the game: Predictive power of reputations versus situational labels in determining Prisoner's Dilemma game moves. Pers Soc Psychol Bull. 2004;30(9):1175–85.

9   Bloom P. Against Empathy: The Case for Rational Compassion. Ecco, 2016.

10   Bruneau EG, Cikara M, Saxe R. Parochial empathy predicts reduced altruism and the endorsement of passive harm. Soc Psychol Pers Sci. 2017;8(8):934–42.

11   Simas E, Clifford S, Kirkland J. (2020). How empathic concern fuels political polarization. Am Political Sci Rev. 114(1):258–69.

(15) 무력함에 지지 않기

1   Lim D, DeSteno D. (2020). Past adversity protects against the numeracy bias in compassion. Emotion. 20(8):1344–56.

2   Aknin LB, Dunn EW, Whillans AV, Grant AM, Norton MI. (April 2013). Making a difference matters: Impact unlocks the emotional benefits of prosocial spending. J Econ Behav Org. 88: 90–95.

3   See https://www.ted.com/talks/elizabeth_dunn_helping_others_makes _us_happier_but_it_matters_how_we_do_it/transcript?language=en.

4   Rudd M, Aaker J, Norton MI. (2014). Getting the most out of giving: Concretely framing a prosocial goal maximizes happiness. J Exp Soc Psychol. 54: 11–24.

5   Ko K, Margolis S, Revord J, Lyubomirsky S. (2019). Comparing the effects of performing and recalling acts of kindness. J Posit Psychol. 16(1):73–81.

6   Wiwad D, Aknin LB. (2017). Motives matter: The emotional consequences of recalled self-and other-focused prosocial acts. Motiv Emot. 41(6):730–40.

7   Grant A, Dutton J. Beneficiary or benefactor: Are people more prosocial when they reflect on receiving or giving? Psychol Sci. 2012;23(9):1033–39.

8   Zaki J. The War for Kindness. Crown, 2019.

9   Weisz E, Ong DC, Carlson RW, Zaki J. Building empathy through motivation-based interventions. Emotion. 2021;21(5):990–999.

10 Nook EC, Ong DC, Morelli SA, Mitchell JP, Zaki J. Prosocial conformity: Prosocial norms generalize across behavior and empathy. Pers Soc Psychol Bull. 2016 Aug;42(8):1045–62.

(16) 고양감 느끼기

1   Algoe SB, Haidt J. Witnessing excellence in action: The "other-praising" emotions of elevation, gratitude, and admiration. J Posit Psychol. 2009;4(2):105–27.

2   Schnall S, Roper J, Fessler DM. Elevation leads to altruistic behavior. Psychol Sci. 2010 Mar;21(3):315–20.

3   Sparks AM, Fessler DMT, Holbrook C. Elevation, an emotion for prosocial contagion, is experienced more strongly by those with greater expectations of the cooperativeness of others. PLOS ONE. 2019 Dec 4;14(12):e0226071.

4   Schnall S, Roper J. (2012). Elevation puts moral values into action. Soc Psychol Pers Sci. 3: 373–78.

5   Jung H, Seo E, Han E, Henderson MD, Patall EA. Prosocial modeling: A meta-analytic review and synthesis. Psychol Bull. 2020 Aug;146 (8):635–63.

6   Fowler JH, Christakis NA. Dynamic spread of happiness in a large social network: Longitudinal analysis over 20 years in the Framingham Heart Study. BMJ. 2008 Dec 4;337:a2338.

7   Fowler JH, Christakis NA. Cooperative behavior cascades in human social networks. Proc Natl Acad Sci U S A. Mar 2010, 107 (12):5334–5338.

8   See https://www.eurekalert.org/news-releases/869835.

9   Chancellor J, Margolis S, Lyubomirsky S. (2016). The propagation of everyday prosociality in the workplace. J Posit Psychol. 1–13.

10   Bakker AB, Le Blanc PM, Schaufeli WB. Burnout contagion among intensive care nurses. J Adv Nurs. 2005 Aug;51(3):276–87.

11   Woolum A, Foulk T, Lanaj K, Erez A. (2017). Rude color glasses: The contaminating effects of witnessed morning rudeness on perceptions and behaviors throughout the workday. J Appl Psychol. 102(12): 1658–72.

12   Foulk T, Woolum A, Erez A. Catching rudeness is like catching a cold: The contagion effects of low-intensity negative behaviors. J Appl Psychol. 2016 Jan;101(1):50–67.

13   Rees MA, Kopke JE, Pelletier RP, Segev DL, Rutter ME, Fabrega AJ, Rogers J, Pankewycz OG, Hiller J, Roth AE, Sandholm T, Unver MU, Montgomery RA.A nonsimultaneous, extended, altruistic-donor chain. N Engl J Med. 2009 Mar 12;360(11):1096–101.

(17) 내 힘을 확신하기

1   Booker C. United: Thoughts on Finding Common Ground and

Advancing the Common Good. Ballantine, 2016.

2 Barefoot JC, Brummett BH, Williams RB, Siegler IC, Helms MJ, Boyle SH, Clapp-Channing NE, Mark DB. (May 23, 2011). Recovery expectations and long-term prognosis of patients with coronary heart disease. Arch Intern Med. 171(10):929–35.

3 Brickman P, Coates D, Janoff-Bulman R. Lottery winners and accident victims: Is happiness relative? J Pers Soc Psychol. 1978 Aug;36(8): 917–27.

4 Tedeschi R, Calhoun L. (2004). Posttraumatic growth: Conceptual foundations and empirical evidence. Psychol Inq. 15: 1–18.

5 Doohan I, Saveman BI. Need for compassion in prehospital and emergency care: A qualitative study on bus crash survivors' experiences. Int Emerg Nurs. 2015 Apr;23(2):115–19.

지은이

앤서니 마자렐리 Anthony Mazarelli

미국 로완대학교 쿠퍼 의과대학의 응급의학과 전문의. 같은 대학 헬스케어 센터의 부학장이자 공동 대표다. 2010년 아이티에서 강진이 일어났을 때 의료 봉사를 위해 의료진을 인솔했고, 이를 계기로 사회적으로 선한 영향력을 끼친 인물에게 수여하는 헤일로상을 수상했다. 리더십에 관한 수많은 표창을 받았으며, 뉴저지에서 가장 영향력 있는 의학자 50인에 이름을 올렸다. 지은 책으로 스티븐 트리지악과 공저한 『공감경제학 Compassionomics』이 있으며, 이 책은 현지 언론과 독자들의 찬사를 받으며 6년 연속 아마존 의료 행정 분야 베스트셀러에 올랐다.

스티븐 트리지악 Stephen Trzeciak

로완대학교 쿠퍼 의과대학의 중환자 집중치료 전문의이자 병원 내 모든 의사들과 진료를 관리하는 최고의료책임자이며, 석좌 교수다. 미국 국립 보건원NIH의 임상 연구자로 소생 과학 분야에서 120여 편의 논문을 발표했으며 《미국의학협회저널JAMA》《뉴잉글랜드저널오브메디슨》과 같은 가장 권위 있는 의학 저널에 게재됐다. 테드, CNN, NPR 등 다양한 미디어 매체에서 이타심의 경이로운 힘에 관해 강연했다. 과학적 증거를 기반으로 전 세계 사람들의 공감 총량을 늘리는 것이 목표다.

옮긴이

소슬기

서강대학교에서 물리학을 공부하고 전공을 바꾸어 경제학 석사를 땄다. 연구소에 들어가 보고서를 번역해 본 일을 계기로 진로를 바꾸어 전문 번역가가 되었다. 경제, 역사, 과학, 문학 다양한 분야를 얕게 파고들기를 좋아하며, 최근 가장 큰 관심사는 환경이다. 분야를 가리지 않는 번역가가 되는 것이 꿈이다. 옮긴 책으로 『습관적 몰입』『오십부터 시작하는 나이 공부』『매슬로의 동기이론』등이 있다.

삶이 고통일 땐
타인을 사랑하는 게 좋다

나를 구하는 인간관계의 과학

펴낸날 초판 1쇄 2024년 8월 15일

지은이 앤서니 마자렐리·스티븐 트리지악

옮긴이 소슬기

펴낸이 이주애, 홍영완

편집장 최혜리

편집2팀 홍은비, 박효주

편집 양혜영, 한수정, 김하영, 강민우, 김혜원, 이소연

디자인 기조숙, 김주연, 윤소정, 박정원, 박소현

마케팅 김민준, 김태윤, 정혜인

홍보 김철, 김준영, 백지혜

해외기획 정미현

경영지원 박소현

펴낸곳 (주)윌북 출판등록 제2006-000017호

주소 10881 경기도 파주시 광인사길 217

홈페이지 willbookspub.com 전화 031-955-3777 팩스 031-955-3778

블로그 blog.naver.com/willbooks 포스트 post.naver.com/willbooks

트위터 @onwillbooks 인스타그램 @willbooks_pub

ISBN 979-11-5581-754-4 (03180)